变革时代的文化思考

范周 等 著

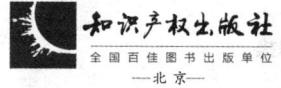

图书在版编目（CIP）数据

言之有范：变革时代的文化思考 / 范周等著. -- 北京：知识产权出版社，2020.9
ISBN 978-7-5130-7055-3

Ⅰ.①言… Ⅱ.①范… Ⅲ.①文化产业—产业发展—研究—中国 Ⅳ.①G124

中国版本图书馆CIP数据核字（2020）第126852号

内容提要

本书以"变革时代"为主题，以改革开放40年为开篇，思考变革时代下的文化发展，同时也从洞察行业发展新趋势、解码文化发展新现象、发掘文化传承新亮点、感悟城市创新与乡村振兴、发掘国际文化发展新模式等维度深入探讨，把握文化发展脉博，对相关领域的研究者具有较高的参考价值。

责任编辑：卢媛媛　　　　　　　　责任印制：刘译文

言之有范——变革时代的文化思考
YANZHIYOUFAN——BIANGE SHIDAI DE WENHUA SIKAO

范周等　著

出版发行：知识产权出版社 有限责任公司	网　　址：http://www.ipph.cn
电　　话：010-82004826	http://www.laichushu.com
社　　址：北京市海淀区气象路50号院	邮　　编：100081
责编电话：010-82000860转8597	责编邮箱：luyuanyuan@cnipr.com
发行电话：010-82000860转8101	发行传真：010-82000893
印　　刷：三河市国英印务有限公司	经　　销：各大网上书店、新华书店及相关专业书店
开　　本：720mm×1000mm 1/16	印　　张：22.5
版　　次：2020年9月第1版	印　　次：2020年9月第1次印刷
字　　数：298千字	定　　价：86.00元
ISBN 978-7-5130-7055-3	

出版权专有　侵权必究
如有印装质量问题，本社负责调换。

◎ 前言

  站在时间的河流里，我们需要回顾，也需要展望。时光飞逝是不变的主题，不经意的改变最终积累成我们今夕对照的错愕。2018年是改革开放的40周年。从开启新时期到跨入新世纪，从站上新起点到进入新时代，40年的改革开放让中国社会发生巨大变革。习近平总书记在庆祝改革开放40周年大会上指出，改革开放铸就的伟大改革开放精神，极大丰富了民族精神内涵，成为当代中国人民最鲜明的精神标识。改革开放40年来，伟大的民族精神为文化的繁荣发展创造了良好的环境和氛围，中华民族文化内核也助推国家文化软实力世界影响力的不断提升。

  从1978年到2018年，是风云莫测的40年，是中国社会发展大变革的40年，更是中华文化蓬勃发展、中国文化产业不断壮大的40年。我们见证了文化消费秩序的恢复，见证了文化消费探索的起步，也见证了文化消费融入社会经济的血脉并日渐繁荣，而40年的文化变迁也构成了每一代人独特的文化记忆，也许是武侠小说，也许是香港电影，抑或是漫画游戏。面向未来，文化与大众生活的互动将产生更多的可能性。

  作为改革开放的亲历者、见证者，2018年12月31日晚在中国传媒大学4K演播厅，我和我的团队组织筹备了"见证文化40年"跨年直播公开课，从音乐、电影、报刊、动漫等方面以讲故事的形式回顾了改革开放40年来的文化现象和文化消费。让我没想到的是，除了现场的600多位观众以外，还有数千万网友在网络平台上观看了此次跨年直播公开课。在许多电视台都在举办跨年晚会的特殊时间点上，一场没有小鲜肉、没有流量明星、没有歌舞娱乐的"知识跨年"竟然能够受到这么多人的关注，这也坚定了我"用知识总结过去，用思索迎接未来"的信心与决心。

在筹备此次公开课之时，我也一直在思考40年来文化发展的逻辑脉络、理论基础，为此，我和其他老师们还召集了文化产业各个高校的相关学者共同探讨40年来文化产业发展的分期问题，而此次研讨会的内容也汇总成文章收录在这本书当中。

改革开放40年，是中国社会大变革的40年。现在与大家见面的言之有范系列书籍第九卷——《言之有范：变革时代的文化思考》便以"变革时代"为主题，以改革开放40年为开篇思考变革时代下的文化发展，同时也从洞察行业发展新趋势、解码文化发展新现象、发掘文化传承新亮点、感悟城市创新与乡村振兴、发掘国际文化发展新模式等维度深入探讨，把握文化发展脉搏。

以上感慨是为序。

2020年10月15日

目录 CONTENTS

变革时代文化发展新思考

改革开放40年，中国文化产业发展分期的学术探讨（上篇） …… 002

改革开放40年，中国文化产业发展分期的学术探讨（下篇） …… 012

"见证：文化40年"跨年直播公开课全文（上） …… 019

"见证：文化40年"跨年直播公开课全文（下） …… 043

发展变革中的文化产业（上）：黄金十年，我们见证了怎样的伟大历程？ …… 065

发展变革中的文化产业（下）：消费战争打响，文化产业未来如何变化 …… 072

文化产业二十年，学科建设仍在路上，专业教材体系亟待建立 …… 080

拥有理论积淀和实践经验远远不够，文化产业师资队伍还必须具备这些素质 …… 085

从"走马观花"到"下马赏花"，让社会实践成为文化产业学科建设的关键抓手 …… 090

把握顶层设计风向标

文旅融合并非"拉郎配"，促进城市发展要警惕"伪文旅" …… 096

终于等到你，基本公共服务有了"国标" …… 102

创新与融合：关于全国文化中心建设的几点思考 …… 108

业态融合浪潮下，地方广电的文化产业新出路 ············· 118
解读《粤港澳大湾区发展规划纲要》，大湾区文化发展将迎来哪些
新机遇？ ··· 125
文化与科技：破壁创新，深度融合，激发产业新动能 ········· 133
透视5年中央一号文件，做好"三农"工作需要关注哪些文化事儿？ ······ 141
上海浦东新区总规发布，浦东离"卓越的全球城市"还有多远？ ······ 148
艺考趋势探析——文化产业越来越热的背后是巨大的人才缺口 ······ 154

洞察行业发展新趋势

新旧动能转换中的文创思考 ····························· 162
旅游纪念品怎么买，记住这两点 ····················· 168
新媒体不再"新"？ ································ 170
六年网络作家富豪榜，一个"大时代"的风向标 ············· 176
短视频最严监管来了，这对行业来说意味着什么？ ············· 182
知识共享许可开放，CC0协议带来的博物馆藏商业化能给文创人
哪些启迪 ··· 188
从"一超"到"多强"，国产片暑期档上演"一出好戏" ············ 191
《流浪地球》：中国科幻电影的春天来了吗？ ·················· 198

解码文化发展新热点

"漫威之父"斯坦·李去世，他究竟为美国文化产业创造了多少价值 ··· 206
老牌企业之殇，影视巨头们的集体"陷落" ·················· 213
自媒体"地震"：9000多个公众号被封，你关注的号还好吗？ ········ 219

黑色幽默照进现实，我们笑着笑着就哭了 …………………… 225
　　"美好生活流水账"：Vlog会是短视频下半场的流量解药吗？…… 231
　　拆解游乐场：我们是如何被迪士尼乐园俘获的 ……………… 236

发掘文化传承新亮点

　　文旅融合背景下，传统文化传承怎样才能获得最大张力？…… 242
　　如何把传统节日的IP做大做强？一文get中秋节的趣味打法 …… 248
　　"互联网+"赋能传统文化，方寸印石里藏着亿元产业 ……… 253
　　灿烂而又孤独的戏曲艺术，如何继续前行？………………… 260
　　故宫口红的"嫡庶之争"，超级IP火爆的背后是文博文创市场的
　　激烈角逐 ………………………………………………………… 268
　　挖掘胡同文化因子，老建筑如何焕发新生机？……………… 275

感悟城市创新与乡村振兴

　　在传统村镇保护性开发中建设文化生态的路径探讨 ………… 282
　　历史文化街区需要怎样的配套商业？………………………… 288
　　知名度就是生产力！"网红城市"如何将关注红利转为发展动力 …… 294
　　狂飙突进式的城市化进程以后，中国城市如何迈向创意城市 …… 299
　　警署、监狱变身香港文创新地标，大馆的华丽转身带给我们哪些启示？…… 306
　　10年拆除万余个，传统城市报刊亭该何去何从？…………… 312

汲取国际文化发展新模式

　　日本、新加坡、泰国老旧厂房保护利用怎么做？…………… 320

究竟是怎样的人才培养模式成就了日本动漫传奇？ ………… 328
美国、荷兰、加拿大的运河保护、利用怎么做？ ………… 333
寓教于乐，日本、美国的"研学游"怎么做？ ………… 339
跟"狮城"学习如何打造城市文化空间 ………… 344

后 记

变革时代
文化发展新思考

习近平总书记在2018年6月提出了一个重大论断,即"当前中国处于近代以来最好的发展时期,世界处于百年未有之大变局"。2018年也是改革开放40周年,变革时代下,回眸文化发展40年从无到有、从有到精、从精到细,可以看出文化产业发展之路并非一蹴而就,而是螺旋式上升、波浪式前进的。

改革开放40年,中国文化产业发展分期的学术探讨(上篇)

言之有范

【写作背景】2018年是中国改革开放40年,也是现代文化产业发展的第40年。对于文化产业40年发展的分期,社会各界始终莫衷一是,各有研判。基于此,中国传媒大学《中国文化产业年鉴》编辑部发起并组织了一场关于中国文化产业40年发展分期研究的专题研讨会。中华文化促进会副主席王永章、中国传媒大学副校长刘延平等文化产业相关部门领导、知名学者等数十位嘉宾出席此次研讨会,中国传媒大学文化产业管理学院院长范周教授担任会议主持。文化产业领域的政界、学界代表从不同的角度探讨中国改革开放40年来文化产业的发展节点、发展重点,梳理了这些年文化产业发展的方向和脉络。

从党的十五届五中全会首次提出"文化产业"的概念,将文化产业纳入国家发展计划,到党的十七大提出"推动社会主义文化大发展大繁荣",将文化产业纳入国家战略层面,再到党的十九大提出"坚定文化自信,推动社会主义文化繁荣兴盛",不同的发展阶段文化产业呈现出不同的特征,也肩负着不同的使命。

范　周（中国传媒大学文化产业管理学院院长）：

2018年是改革开放40周年，也是文化产业发展40年，但是对于这40年中文化产业发展的分期问题却始终没有定论。学术界最早涉及文化产业发展历史的是南京艺术学院副院长李向民，他撰写的《文化产业发展史》梳理了文化产业发展的整个历史脉络，包括封建社会中出现的与文化产业相关联的现象与事件。前不久，蔡武同志主持编写关于改革开放40年中国文化发展的书，就文化体制改革做出了详细分析，让我一直很困惑的是中国文化产业发展40年，如何分期？分期的纵向坐标和横向坐标究竟是什么？因此，希望今天的会议能够共同探讨这个问题。

微评

★　自改革开放以来，我国文化产业发展取得了很大的进步和提升，确实到了总结和回顾的时候，文化产业的分期问题是一个值得探讨的问题。回首来路，只有总结经验，轻装上阵，才能更加自信地走向未来。

王永章（中华文化促进会副主席）：

从政府管理角度出发分为四个阶段。**第一个阶段是从1978年开始**，广州东方宾馆的音乐茶座都能惊动文化部（现文化和旅游部），举办一场青年大联欢还要经过市委常委会批准，可见这个时期的思想有多保守，所以一直到1988年，文化产业都属于启蒙发展阶段。**第二个阶段是学界研讨和舆论造势阶段**，最早的一批学者不断制造舆论，这对于引起政府和社会的关注取得了不错的效果。**第三个阶段是1998—2007年**，政府开始介入，文化体制改革也好，非公有制经济也好，都是政府介入和政策引导的结果，引导文化产业健康发展。**第四个阶段是2008—2017年**，国家把文化产业定位为支柱产业，自此进入快速发展阶段。

在文化产业发展的过程中，最重要的事件之一莫过于文化部文化产业司的成立，使得文化产业发展步入正轨。党的十九大召开之后，中央对文化产业发展归纳成十句话，其中关于工作思路的五句话这样说：

第一句话，打好"两个基础"：一个是统计基础，衡量一个产业的发展不是放多少场电影、有多少演出、多少观众，而是靠一系列的数据来说明问题；另一个是理论基础，从理论上进行研究，在高等院校挂牌，与学术研究进行紧密结合。第二句话，抓好"两个重点"：一是文化企业；二是鼓励创新，培育新兴产业。第三句话，打造"两个平台"：一是交易平台；二是博览会平台。第四句话，面向国内国际"两个市场"。第五句话，"在改革开放的大潮中大力发展文化产业。"这也是1992年时任文化部（现文化和旅游部）副部长的高占祥在文化系统大会上的发言。

微评

★ 改革开放40年，对于文化产业的发展也该有一个总结和回顾。表面来看，这是一个学术问题和理论问题，但是实际上，所有的文化产业从业者都应该关注这件事情，这是一个回顾也是总结的过程。

贾旭东（中国传媒大学文化产业管理学院学术委员会主任）：

总结40周年，是非常重要的理论问题，需要一些学术规范，比如分期的起点、终点，分期逻辑，标志性事件。从我的观点来看分三个阶段比较合适。

第一个阶段是探索发展期，1978—2003年。音乐茶座能不能设立？能否得到文化部申请、批准，因为此前并未有"文化产业"相关说法，所以政府也不知道要不要发展。这个时期政府部门的主要任务是放宽准入，实际是放开文化市场。

第二个阶段是培育发展期，2003年文化体制改革作为标志性事件，事业单位中具有经营属性的部分全部整体改制。这一阶段核心任务是培育市场主体，培育文化企业，包括国有事业单位转企改制，鼓励民营进入文化产业。随着市场准入的放宽，培育了大量的市场主体，加上改革红利,文化产业迅速发展。

第三个阶段是文化产业的创新发展期,这一时期刚刚起步,这跟整个国家鼓励创新的大主题一致,改革的空间还很大,我们还有很多领域没有放开。创新发展是下一步文化产业发展的主题。

魏鹏举(中央财经大学文化与传媒学院院长、文化创意产业研究院院长):

中国文化产业40年的发展,这里面有改革开放的意思,如果抛开改革开放,就拿音乐茶座的出现来说,和政府的关系大不大呢?茶座确实是改革开放自然形成的一种产物,早在1949年以前,发达和开放的地方就已经非常成熟,甚至比1978年的音乐茶座规范得多,市场化、产业化程度也要高得多。1978年,广东音乐茶座的出现和广交会有很大关系,作为中国创汇最重要的窗口,大量外商、华侨汇聚于此,为了有一个适合外宾进行文化活动的场所,音乐茶座就出现了,再加上政府在这方面没有太多管制,这种模式得到了发展和推广,从此成了中国文化市场发生变化的标志性事件。

关于文化产业发展的40年分期,我更倾向于从市场和产业发生、发展的生态角度出发,用一系列标志性的事件来说明。1991年《渴望》播出,这是改革开放以来文化市场和文化产业发展的标志性事件,此后视频内容制作行业得到了快速的发展,也催生很多新的探索,比如广告分成、制播分离。还有2004年、2005年的"超女",引发了非常普遍的社会反响,成为现象级事件。

1996年1月广州报业集团成立,意味着国有事业单位集团化浪潮开始出现,2009年华谊上市,正好赶上《中国

微评

★ 从当时来看,广东音乐茶座的出现就是一件引人瞩目的事情,当我们回头看时,广东音乐茶座的出现,也是一件非常重要的文化事件。它标志着我国文化市场萌芽的出现,对于推动我国文化市场发展产生了很大的作用,产生了深远的影响。

文化产业振兴规划》出台。如果我们再仔细梳理,能不能找出一个基于文化市场和产业发展的线索,同时又能和政策发展形成呼应?**因为中国文化产业的发展确实离不开两种力量:一是政府的推动力;二是市场的拉动力。**不然,我们很容易趋向于从政策层面进行40年的分期,毕竟不同部门管理的文化产业领域不同,可能从文化部门的角度而言,音乐茶座属于中国现代文化市场出现的标志,但从其他角度出发,广告、报纸、电视台的出现,都可以作为现代市场萌芽的标志,由于管理权限的不同,对政策节奏的看法自然不同。

李向民(南京艺术学院副院长、紫金文创研究院院长):

中国改革开放以来,文化产业的发展分期的话,有几个重要的时间节点。

第一阶段:1978—2002年。文化产业是一个很大的概念,不仅仅包括文化管理部门,还包括电影电视等其他行业。1984年广州音乐茶座是一个标志性的事件,确实不错,但是一个事件能不能成为一个节点?**我认为音乐茶座的出现对艺术市场、文化市场的开放是一个重要的信号。如果说音乐茶座的出现是改革开放破冰出现的裂痕,其实这之前融化就已经开始。**1978—2002年这段时间,是中国文化市场开始放开、培育的过程,文化市场的概念出现。

第二阶段:2002—2009年。2002年党的十六大以后,国家正式推动文化体制改革,推动了文化市场主体有组织、有计划的培育,使文化主力军逐步涌现,国有文化事业单位开始全面转变为文化市场主体。在文化体制改革的基础之上,更大地放开和鼓励民营文化企业成长。

第三个阶段:2009—2017年。2009年,国务院出台

微评

★ 金融危机之后,文化产业的优势逐渐开始显现,我国政府开始注意到文化产业的特殊性和可发展性,这次金融危机给我国文化产业带来了发展的机遇。我国出台了《文化产业振兴规划》,文化产业的地位得到了非常大的提升。

《文化产业振兴规划》。也是这一年全球金融危机之后，我们开始注意到文化产业是经济振兴的重要落脚点，所以第一次提出了产业振兴的问题。因此《文化产业振兴规划》出台以后，文化产业被提到了新的高度——战略性支柱产业。

第四个阶段：2017年至今，也就是党的十九大之后。党的十九大重新表述了现阶段社会主义社会的基本矛盾是什么，人民对美好生活的需要已经超越过去对物质财富的追求，社会发生了根本性的变化。这个时候文化产业有助于推动经济的高质量发展。文化产业作为一个支柱产业，既体现在整个GDP中所占比例达到一定规模，更重要的是带动其他相关行业在上、下不同的产业链上有所发展。

魏　建（《山东大学学报（哲社版）》主编）：

从经济发展角度分析，按照市场化进程大致分为四个阶段。1978年—1992年是第一阶段，改革局部推进，市场化道路还没有确定，但是有了大致方向。1992年，邓小平南方谈话，标志着我国改革开放进入一个新阶段。1993年，通过了《中共中央关于完善建设社会主义市场经济体制的决议》，进入了全面市场化改革的进程。2001年加入世贸组织之后，市场化进程更加完善。2001—2012年，随着市场化进程的加快，与之相匹配的社会保障制度、劳动保障制度等开始建立健全，市场化环境愈加完善。2011年至今，是第四个阶段。2011年之后，经济进入新常态阶段，高速增长向高质量发展转变。

总体来看，文化改革相对滞后。2002年文化体制改革全面开始展开，这之前的文化产业发展基本上处于一种非主动、非积极的发展状态。2012年党的十八大以来，发展思路开始调整，不仅要求市场化，也要注重社会效益。2017年之后，未来的发展目前还看不出来，所以建议将2012—2017年划分为一个阶段。

齐　骥（中国传媒大学文化产业管理学院教授）：

文化产业发展阶段分期和文化产业政策分期构造了文化产业学术分期的

现实基础,整体上看我国文化产业的学术分期立足于此,但其实它又相对独立。对于文化产业学术分期的理解主要分为三到四个阶段:

1978—1991年,文化产业学术研究的萌芽期。这个阶段对文化产业还谈不上具体的理论和学术研究,而是以文化产业事件的新闻报道、文化经济现象的分析为核心。比如说从1978年1月4日《天津日报》报道了第一条商业广告;1月26号上海广播电视台的第一条电视广告;以及广州市东方宾馆音乐茶座和1984年的卡拉OK营业厅等,文化市场的动向和变化,围绕着这些具体事件的报道构成了文化产业见诸文件和媒体的资料。

1992—1998年文化产业司设置之前,文化产业学术研究的雏形期。学术从业者和管理工作者针对新时期文化产业发展中的主要问题和现象,开始探索背后的本质。比如说1992年《南风窗》关于文化产业冲破壁垒的研究,这一时期关于文化产业的理论探索集中在广东、上海两地,并且开始向全国扩散。社会在对文化产业的兴起以及一些特色文化产业现象惊叹和关注时,亦开始思索文化产业的本质到底是什么,文化产业对经济的发展、结构的调整到底有什么作用和意义。

1998—2012年,文化产业学术研究逐渐升温并进入白炽化阶段。1998年,文化产业理论和学术研究倍增,学术文献的数量比前十年中任何一年的数量都要多。14年间,文化产业学术文献的数量持续上扬,增速和增长幅度十分迅速。当然不排除2007—2008年金融危机期间,现实经济的不稳定带来了学术文献数量的波动,但学术研究的数量在2012年达到历史性最高点后开始呈现向下的趋势。

2012年至今,文化产业学术研究从热潮走向冷思考。

微评

★ 2012年至今,随着文化和科技的融合速度不断加快,文化产业的发展日新月异,而针对文化产业方面的学术研究、理论研究开始滞后,难以对文化产业产生引导作用,在这种形势下,理论研究亟须跟上文化产业发展的脚步。

一方面是研究数量下降,另一方面学术研究方向性和导向性愈发明显。这一时期的学术研究主要有四个特点:研究的层次和研究的平台越来越高;学术圈和决策圈的互动更加紧密;研究室与智库建设开始有效的对接;学术研究和学科群的建设联系紧密。

杨　矞(中国传媒大学《中国文化产业年鉴》编辑部副主编):

1978—1991年:文化产业发展的萌芽期。文化市场兴起,娱乐性文化消费开始出现;文化事业单位的企业化转型。一方面,文化领域的改革和实践,有力地冲击了中国社会公众原有的价值观念,民众开始意识到,文化不仅仅是上层建筑和意识形态,具有社会属性,还是文化娱乐产品,一个经济门类,具有经济属性和产业属性。另一方面,文化产业的发展还没有完全摆脱计划经济体制的束缚,文化体制深层次的矛盾尚未被触及。文化市场规模小,内容单一,其产值在国民经济中所占比例较小,文化产品和服务的数量和质量尚不能满足社会公众的文化需求,文化还没有被赋予"产业"地位,没有形成完全独立的文化产业市场体系。

1992—2001年:文化产业发展的初步形成期。1992年,党的十四大明确提出要建设有中国特色的社会主义市场经济体制。市场经济体制的建立为文化产业的健康发展奠定了基础。同年,党中央、国务院发布了《关于加快发展第三产业的决定》,正式把文化产业列入第三产业,把文化部门由财政支出型部门定位为生产型部门,从而为文化产业的发展做了政策上、体制上的准备。在政策利好的宏观背景下,中国文化体制改革的步伐明显加快,开始从

微评

★ 文化产业与文化事业的关系是如何呢?这两者之间到底应当怎么平衡呢?对于这些问题,我国通过近些年的探索,逐渐找到了清晰的答案。文化产业和文化事业是文化发展的两个重要方面,发挥着不同的作用,是相辅相成的。

"直接管理"向"间接管理"、从"办文化"向"管文化"、从"小文化"向"大文化"等转变。

2002—2011年：文化产业发展的快速扩张期。在党的十六大积极发展文化产业政策的指导下，我国文化产业进入加速发展时期。2002年，党的十六大第一次在党的正式文件中科学地区分了文化事业与文化产业，明确阐述了二者既相互联系又相互区别的辩证关系，强调一手抓公益性文化事业、一手抓经营性文化产业，把文化产业作为文化建设发展的重要方面突出出来，这在文化产业发展历程中具有里程碑的意义。

2012年至今：文化产业发展的全面提升期。这一时期文化产业所有制结构大力调整。首先，国有或国有控股文化企业发展成效明显，骨干文化企业总体实力不断增强，发展势头强劲。其次，非公有制文化市场主体快速发展，民间投资热情高涨，涌现出一批具有较强实力和竞争力的民营文化企业。**这一时期文化产业成为国民经济发展的支柱性产业。**有专家计算了文化产业增量与GDP增量的百分比得出文化产业的贡献率。从2012年开始，贡献率就一直在5%以上，2015年达到了6.5%，2016年是5.5%，这表明文化产业在经济增长中的地位和作用日益上升。经济发展新常态下，在供给侧结构性改革全面推进之时，文化产业健康持续加快发展，正在成为经济社会发展新引擎。**这一时期文化科技创新推动文化产业结构不断优化。**在"互联网＋"的时代背景下，文化产业与其他产业实现更为深入的融合与交融，极大拉动了电影、电视、新闻出版、演艺等传统文化产业进行数字化转型，数字出版、手机游戏、网络文学、自媒体等新兴文化业态不断出现。这一时期区域文化产业发展得到促进。从2014年京津冀协同发展战略提出到2015年《推动共建丝绸之路经济带和21世纪海上丝绸之路的愿景与行动》发布，从2016年9月《长江经济带发展规划纲要》正式印发到2017年4月具备"千年大计、国家大事"高度的雄安新区设立，区域发展不再是简单割裂的资源共享。打破界限、联动发展，区域文化发展进入新格局。

结语

　　针对改革开放40年以来中国文化产业的分期，不同的视角有不同的观点，但是这样的讨论依旧重要，意义深远。会议结尾，北京市委宣传部一级巡视员、北京市文化创意产业促进中心主任梅松也参与了我们的讨论。一场观点的碰撞，让我们更加清晰地看到了这40年来文化产业的发展轨迹和重要节点，让我们对这40年的发展历程有了全新的认知和思索的角度。

　　（此文根据现场嘉宾发言整理）

改革开放40年，中国文化产业发展分期的学术探讨（下篇）

言之有范

【写作背景】2018年是中国改革开放40年，也是现代文化产业发展的第40年，然而对于文化产业40年发展的分期，社会各界各有研判。中国传媒大学《中国文化产业年鉴》编辑部发起并组织了一场关于中国文化产业40年发展分期研究的专题研讨会，分享学术大咖们对此问题的思考与探讨。

李怀亮（中国传媒大学人类命运共同体研究院院长）：

在我看来，2002年是文化产业发展的一个分水岭。在这以前，广州的音乐茶座也好，学者研究探索也好，很多市场化的行为都出现了，而且2002年以前出现了第一代文化产业研究群体，这一时期是自下而上的研究。2002年以后，"文化产业"被正式写入党的十六大报告中，政府成为推动文化产业发展的强大动力。谈到文化产业40年分期，让我想起世界版权组织分析各个国家产业发展的3个指标，**一是占GDP的比重，二是就业人数，三是出口**。用这三个指标来衡量产业的发展相对科学。当然，诸如市场、政策等其他维度也很多。因此，在40年的分期上，我们需要有一个大的分期，同时也要靠各个小的分期进行补充和完善，比如从政策发展、重大事件等入手。

郭万超（北京市文化创意产业研究中心主任，北京市社会科学院传媒研究所所长）：

我觉得中国文化产业的分期问题，应该以大的事件、标志性事件为里程碑，其他作为支撑。大家公认1978年是一个大的起点，党的十一届三中全会改革，是一场涉及经济、社会、文化的全面的改革，所以**第一个分期可以划定为1978年—1992年**。党的十四大召开，确立市场经济的方向，不只对文化产业，对全中国来说都是根本性的转变。**第二个阶段是1992年—2001年，从2002年开始是第三个阶段**。2002年党的十六大召开，文化产业被列入国民经济发展重要产业，进入快速发展阶段，中国发展整体的格局从"二位一体"变成"三位一体"，即政治发展、经济发展、文化发展。**第四个阶段是2012年党的十七届六中全会召开到2017年**，中国开始经济转型，文化产业亦开始转型。**第五个阶段从2017年算起**。最高层提出文化自信，而且把文化自信、道路自信、理论自信、制度自信并列表述。还有社会主要矛盾的变化，习近平总书记在开头和结尾都用了美好生活，中国经济增长进入高质量发展阶段。

卜希霆（中国传媒大学文化产业管理学院党总支书记）：

第一阶段：1978—1998年，摸索期。1998年亚洲金融危机之后，全球都在进行产业转型，文化产业的转型，不只中国在进行。在这个阶段也是中国文化产业摸索着向国际靠近的阶段。

第二阶段：1998—2012年，发展期。2000年之后，中央正式下发一系列文件以及文化产业司的成立，开始对文化产业发展进行政策性引导，以法律法规或是文件的形

微评

★ 文化产业的分期问题，确实应当以大事件、标志性事件为里程碑，比如文中所说的改革开放、文化产业概念的提出、文化产业的转型升级以及文化自信的提出等。这样划分出来的阶段才更加明确，更加的具有代表性，也更让人信服。

★ 卜老师的发言虽然言简意赅，但是对于文化产业的分期极为明确。其实文化产业的分期问题还是比较能够达成共识的，毕竟文化产业的发展不过是近40年来的事情，期间所发生的事件也较为明晰，学术界对此也有一定的共识。

式推动。

第三阶段：2012—2017年，**加速期**。党的十八大以后，文化产业开始作为经济动力被提出，不论是国家还是地方，文化产业受到了超乎想象的重视。

第四阶段：2017年至今，**战略期**。文化产业上升为国家战略，开始了发展的新时代。

微评

★ 我国的音乐付费意识落后于西方，近年来，随着大众对于知识产权的认知不断加深，付费意识逐渐开始养成，不仅仅是在音乐领域，视频、网络文学等产业领域亦是如此。这是一种很好的态势，有利于产业的健康发展。

★ 演艺产业的发展非常迅速，当下，旅游演艺产品的开发已经成为常态。《印象刘三姐》《宋城千古情》《天门狐仙》等一大批质量上乘的演艺产品佳作不断涌现，极大地丰富了旅游产品，给游客提供了更多的文化消费方式的选择。

朱敏（中国传媒大学文化产业管理学院党总支副书记）：

我聚焦一下两个具体的行业，音乐产业和演艺产业。**1978—1995年，音乐产业处于复苏期，流行音乐、港台艺人开始进入大陆**。这期间有两个标志性的事件，一是法国著名钢琴家理查德·克莱德曼的作品以卡带的形式正式进入中国，另一个是郭峰的作品《让世界充满爱》正式出版，并成功举办流行音乐会。**1996—2012年被称为音乐的无序发展期**，MP3压缩技术的诞生、数字音乐的高速发展使音乐在网络上大规模传播成为可能，免费音乐"午餐"就此开始。但在西方的付费软件已经很常见的时候，中国的版权等问题一直处于无序的状态。**2013年至今是中国音乐产业的快速增长期**，有三个标志性的事件，一是网易云音乐上线；二是阿里巴巴进场；三是QQ音乐组织了版权联盟。随着中国音乐产业发展，2016年中国音乐产业最规模达到了3253.22亿元人民币。另外，2017年"十三五"规划中首次把音乐产业列入重大工程，这是音乐第一次进入顶层设计。

谈到演艺产业，1978—1981年是萌芽期，那时候还不能称为真正意义上的演艺产业，很多演出是出于中外文化交流的需求，比如1979年柏林爱乐来中国，带有浓重的访问性质。随后1982—1992年是中国演艺产业的起步阶段，

1988年北京出现了第一家歌舞厅，随后卡拉OK也开始出现，一时间非常火爆。1992—2001年演艺产业进入了快速发展期，政府也从直接管理变成了间接管理。2009年《关于深化国有文艺院团的体制改革的若干意见》也是一个标志性事件。2012年到现在，是理性回归和快速发展期，并呈现出三个特点：一是规模化、规范化、国际化；二是演艺产业创新、融合发展；三是国家对于演艺产业的扶持力度不断增强。

刘江红（中国传媒大学文化产业管理学院副院长）：
关于中国文化产业40年分期，我从主要矛盾的逻辑入手，也就是说每一个时期存在什么问题，由这个矛盾产生解决的方法论是什么，基于这样的逻辑思考，我将文化产业40年发展分成6个时期。

第一阶段：1978—1982年，这一时期是拨乱反正恢复生产的阶段，政策多落实在文艺发展上，大的文化概念并没有形成。所以这一时期是文化产业发展的恢复期，在"文化大革命"之后落实各种文艺政策还不能称之为文化政策，主要矛盾和问题是如何让文艺创作、文艺生产走上正轨。

第二阶段：1983—1992年，改革的酝酿期，文化市场和文化经济的概念被提出。1983年6月《政府工作报告》明确提出对文艺体制进行有序改革，所以这个时期的焦点问题在于如何确立文化经济。

第三阶段：1993—2002年，主要矛盾是在探索文化产业的市场主体是什么，解决主要矛盾的方法就是提出了文化体制改革方案。1993—2002年这个阶段可以看到大量的广播电视集团成立，到1997年翻牌的广电集团就有50多个。在这样一个阶段，真正是出现了一种改革的萌芽和改革探索的意识。

第四阶段：2003—2013年，文化体制改革从试点、复制进入广泛推广。这个阶段解决的主要矛盾是市场主体的问题，市场主体不适宜文化产业发展的状态。要解决这个问题，最大的成果就是把大量的经营性文化事业单位转变为企业，同时正式提出建设公共文化服务体系，这也是体制改革之后把文化产业与公共文化服务正式进行区分。

微评

★ 在5G、人工智能、大数据等新兴技术的引领下，文化产业领域的新平台不断涌现，一些大型的广播电视集团，在历经了体制改革后，纷纷选择拥抱互联网，尝试探索建设融媒体服务平台，满足市场新的需求。

第五阶段：2013—2016年，这个阶段的主要矛盾是市场主体建设完成以后，如何建设现代文化产业体系，这个时期文化产业加快发展，并和其他产业开始融合，文化产业立法、政策体制、机制逐渐完善起来。

第六阶段：2017年至今。关于社会主要矛盾有了新的表述，文化产业如何进行高质量发展，如何满足人们对美好生活的要求成为主要矛盾。主要方法论就是文化产业融合发展、垂直整合、建立新的文化发展体系，建立新的文化平台以及新的文化业态和文化设施。

闫玉刚（中国传媒大学经济与管理学院副教授）：

对于1978年以来中国文化产业的梳理，个人觉得关键在于维度的问题。从市场主体的维度来看，所有的文化企业包括现在一些民营上市公司、国有企业都是在20世纪90年代中期出现并发展起来的，像华侨城、华谊。20世纪90年代后期才开始出现互联网企业，2010年左右集中上市。另外，所谓的技术层面也应该融入进去，1999年被称为"中国互联网的元年"，2008年左右3G时代来临，2012年升级为4G，短视频行业随之发展起来，所以说技术是非常重要的因素。

从媒介的维度来看，1978—1990年，基本是广播和出版占主导地位，1990—2004年以中央电视台为代表的电视媒体占主导，2004年以后，湖南卫视、浙江卫视、江苏卫视等地方卫视强势崛起。2012年以后，移动互联开始快速发展，整个市场主体、商业模式发生了很大的变化。因此除了政策视角，意识形态视角，我们进行40年划分时必须有市场主体的视角、技术形态的视角，不管是中央还是管理部门，不论是地方政府还是文化企业，除了这些重要的推动力之外，我们还应该着眼典型事件、典型节目、重要作品。

肖永亮（北京师范大学教授，文化创意产业研究院院长）：

关于中国文化产业40年发展分期的划分，我觉得可以搜集一些具体的史料，从经济学的角度来看，要有规模化的市场、引领性的企业。从社会学来说，有标志性事件作品、代表性人物；从政治学的角度来说，有政策方面权威文件。同时，我们也可以参照国际对文化产业的划分，在整个文化产业大的概念之下，进行分支，做出梳理。

范周（中国传媒大学文化产业管理学院院长）：

在我看来，无论按照哪种思路和角度进行划分，都需要抓住这个时期的最主要特征。除了分期，还有一些内容不可忽视。

一是对当下文化发展中文化资源的再利用，包括文化遗产保护和文化多样性，文化资源和创意产业塑造等问题。

二是文化治理。和国家治理一样，文化治理是一个渐进的过程，其中包括文化建设和文化发展的战略问题，也包括公共文化服务的文化治理问题。

三是文化经济。当下文化产业成为国民经济支柱性产业已经不再是号召，具有很强的前瞻性。除此之外，文化产业的集群发展带来的园区建设和功能区建设的问题，以及文化产业融合问题亦需要关照。

四是文化软实力。比较突出的问题是全球化文化贸易、文化交流和文化自信，以及文化权利和文化安全的问题。

微评

★ 文化资源，尤其是文化遗产的活化利用，一直是一个常谈常新的问题。让遗产活起来，让文物活起来，既要注重传播手段方式，又要讲究传播效果。而最终的目的，都是为了人们能更好地了解文化，享用文化成果和服务。

五是用文化来涵养未来。 2050年伟大复兴的文明强国要有自己独特的标志，这样的背景下文化产业发展需要注意四个点：**立法要提速；产业结构深度优化；科学技术强力支撑；文化贸易走心入脑。**

（此文根据现场嘉宾发言整理）

"见证:文化40年"跨年直播公开课全文(上)

范周

从40年前的首届高考、凭票购物到今天的万物互联,从匮乏、单一、模仿到丰裕、多样、创新,我们都是文化发展的见证者。2018年12月31日,范周教授用4个小时的时间带我们回顾了改革开放40年的文化发展之路,近30家网络媒体参与直播。截至2019年1月14日中午12点,网络直播观看人数达到2200万,新浪微博话题"见证文化40年"阅读量达3907万,网络总传播量达6037万。以下为范周教授直播公开课的讲稿实录。

所有的改变都不是凭空出现的

各位朋友,亲爱的同学们,还有在网络上跟我们一起听课的网友们,大家晚上好!

再过几个小时就是2019年了,我生平第一次站在这样一个特殊的讲台上跟大家一起上课。20年前,我在家乡大连的一个体育场里曾经上过一次8000人的课,所以当有一年看到《中国合伙人》的时候,我仿佛找到了自己的身影。但今天晚上不一样,因为我们在这堂课上要回顾中国改革开放40年中的文化问题,我的心理压力特别大,而且今天是直播的公开课,所以我恳请大家对我课堂中讲到的问题，不管是觉得不完整，还是有不同意见，都尽管提出来，不要有任何压力。要知道截至今天晚上8点，共有3382万人在这十天中一直关注今天晚上的讲课内容，所以，向你们、向他们，表示敬意！

要上好这样一堂社会公开课，我们和校宣传部、电视台一起合作，没有向学校申请资金。得知这个消息后，很多企业、毕业生、校友和朋友们说，范老师你安心备课，这些琐碎的事情我们来做。这些企业的名字都在大屏幕上，我就不一一念了，为他们慷慨解囊支持这堂面向全社会的公开课表示感谢！

今天晚上在我上这堂课的时候，有30多个省市的官网和直播平台在转播。我讲的内容在课程结束之后，会加上大家的弹幕一起发布，所以，如果大家有什么想法或者观点，可以发送在直播的弹幕上，我们一起来完成对改革开放40年的回顾。

谈到改革开放这40年，一下子把时光拉回了1978年。而1978年对于我来说，一个最重要的事件就是恢复高考。一个小时以前，习近平总书记在向全国人民致以2019年新年致辞的时候说："今年，恢复高考后的第一批大学生大多已经退休，大批'00后'进入高校校园。"我就是总书记说的即将退休的那一批大学生。回顾这40年，一定绕不开1977年、1978年的高考。

人生最清晰的脚印往往留在最泥泞的路上

记得1977年从广播里得知恢复高考的消息时，我正在大连附近的一个农村当知青；同时又接到了另外一个好消息，爸爸的战友推荐我到部队去当兵，那一年我18岁。我当时就做好了随时随地到部队当兵的准备，因为父亲是军人，对于这样的选择家里面都很支持。但就在这时，我突然接到了一封信，信上我中学的班主任对我说："范周，我们班如果有一个人能考上大学，一定是你。"其实不一定是我，她主要是鼓励我。老师说："你一定要去试一下，你如果不去，你就不要再回来见我，我也不认你这个学生了。"

我收到信后很矛盾，因为去当兵只要办完手续就可以了，但是上大学要考,这期间很多工农兵学员上大学不需要考,只要有推荐就可以了,而我们需要真正的考试。我当时想,如果我不去考大学是什么下场呢?老师说:"我就不认你了"。很多人写回忆文章说,当时满怀理想走进考场,我当时去高考并不是因为满怀理想,而是害怕不去考试老师就不认我了,所以犹豫再三最终决定去考大学了。

我从下乡的县里中学借了一套中学教材,但当第二天早上我再看教材的时候,发现第一本书《语文》就不见了,后来我在青年点的厕所里发现了这本书。我1977年下乡的时候,青年点已经有五届知青了,都不能返城,所以我非常理解他们。

于是从第二天早上起,我把每天要复习的书撕下20页,看完背完立刻撕毁,并告诉自己,如果背不下来,这些知识就再也没有机会知道了。高考临近的时候,我把几本书都撕完了。我告诉自己,一共复习了不到两个月,能记多少算多少。后来我回了一趟大连老家,准备了一些东西回来参加高考。

高考的前一天傍晚,我坐了4个半小时的绿皮火车去到下乡的那个镇。我在火车上发现外面下起了大雨,而我下了火车以后要走将近一个小时的夜路才能到青年点,怎么办?我对面坐着一个长者,他看着我拿的东西,问我说:"你要高考吗?"我说对,他接着问:"你是哪个学校的?"我告诉他后,他说:"我就是这个学校的老师。"我感到怀疑,老师不在学校待着,来这里干吗?他说:"我来这个农场当农民。"我当时怀疑,肯定是坏人。

外面下着瓢泼大雨,他说:"你今天回到青年点,肯定淋透了。你要放心,就跟着我去。"我讲到我的班主任,他说:"我是他的语文组组长。"于是我就跟他下车,两个人披一条麻袋,到了镇中学旁边的果树农场。晚上,他跟我挤在一个炕上。半夜醒来,另外一位老人也回来了。两位老先生捧着从城里买来的《唐诗选》(上、下集)爱不释手,就着微弱的灯光一首一首地看、写。我迷迷糊糊睡着的时候,还听到一句话,"巴山夜雨涨秋池"。

第二天早上我起来的时候，看到桌子上有一个纸条："饭，放在锅里，你吃完饭抓紧时间去考场。"这天雨过天晴，那个情景我一生难忘。后来成绩出来了，我到青年点办完所有的手续再去找他们时，两个人都不在了。

从下乡知青到大学生，一个19岁的青春少年，真的不知道这些事情背后意味着什么。因此我要特别感谢我当年的中学班主任老师和她的那封信！正如梁斌在《红旗谱》中写的那样，"人生有时就是那么关键几步。"

在这个时期，有成千上万个和我一样的知识青年。1977年、1978年的高考报考总人数超过1100万人，最终只录取了62.7万人。和今天82.1%左右的高考录取率相比，当时的录取率还不到10%，真有种千军万马过独木桥的感觉。

恢复高考后的这一批大学生，有农民出身的，有从部队里出来的，还有极少数中学毕业直接高考进了大学的，各种各样的人在一起，组成了一道特殊的景观。

PPT展示的照片里，中间长得比较小的就是我，旁边是我们班级的体育委员老胡，好像是一个部队的营职干部；另外一个是老韩，已经在工厂里工作了8年；旁边两个小妹妹，一个是新疆的维吾尔族同学，另一个中学刚毕业就跟我们一起上了大学。为了备好这堂课，我终于把这张照片找到了。看了这张照片，我不禁感慨万千，我也曾经年轻过。在当年的岁月里，夫妻同校、师生同班、父子一起上学，不是什么稀奇的事。

这样的过程中，我自己也遇到了一个人生中很尴尬的事。我大学毕业后，在电大当老师，在第一堂课点名的时候，居然发现这些学生里有一位是我的小学老师。从1976年到1978年，人们的学习状况异常复杂，往往40多岁的人可能刚上大学，而20多岁的人大学刚毕业可能就变成了老师。但是这种特殊环境对人们的修炼、对我们的影响，我至今都没有忘。

有人说，我们这一代人就像苍蝇碰到了玻璃上，只有光明，没有前途。其实我们心中在思考着很多问题，当时有一个口号叫为了实现祖国"四个现代化"而努力奋斗。在这个过程当中，我们每一个人的世界观、每一个人的思想深处，都想了很多很多问题。大学毕业以后，当我们这些人走上工作岗位，面临许多困难的时候，想想我们当年高考前的那些蹉跎岁月，那些困难就不叫什么困难。

四年的读书对于我们来说真的是如饥似渴。阅览室开放前，外面总是有黑压压的学生在等开门；熄灯时间一到，值班的学生会干部催各宿舍熄灯是每天的常态。我的大学四年是完完整整浸泡在图书馆和教室里的四年，每天早出晚归、没有午休。为了看到一些不好借阅的书，就开始主动给图书馆老师干活儿，换取中午能多看一会儿书的机会。

有了这样一场高考的经历，我和所有的人在这40年当中就开始见证着接下来翻天覆地的变化。所以，我们从现在开始，一同回忆2018年之前的40年，从1978年开始。

1978—1987：冰与火之歌

刚才的视频带我们回顾了从1978年到1987年间一些有代表性的文化现象。在这些文化现象当中，有一个背景大家应该知道，那就是这个时期我们国家刚刚进入改革开放，经济还很脆弱。我查阅了一些资料，1978年我国的GDP是3678.7亿元人民币，美国在当时是我们的15.7倍，可是我们的人口又是美国的3倍。

在这一背景下，国家实行的是计划经济，所以我们才看到了什么东西都要票的现象。如PPT里的照片展示的那样，粮票、布票、肉票，今天这些已经进入博物馆的老物件，是那个时候老百姓离不开的生活票据。因为要按计划供应，才能人人都有一点这样的物资，所以很多人当时最大的愿望就是能够吃饱饭，吃上饺子。

我当时上大学的时候，一个月的粮票只有17斤是细粮，就是大米和白面，剩下的都是窝窝头、高粱米，肉是

微评

★ 所有的发展都是创新。改革开放的第一吻，是一次创新，更是一次变革，从传统到现代的变革。从1978年开始，中国走上了经济、文化、社会的快速发展之路。

非常稀罕的。有一次我打饭的时候突然间发现了一张熟悉的面孔，是我中学隔壁班的同学，我就赶紧换了一个地方排队。排到他眼前的时候，他在打菜，看了我一眼，把一片肉捞上来放在我的碗里，一句话没说，我们两个人眼神一对，撤！吃饭的时候没有桌子，大家端着饭盆溜达着吃，我真怕这块肉被别人给吃了，可后来还是不小心被我同学把那片肉给吃了。但是从此以后，我就知道了，每天打菜的时候，一定要排这一队，因为可能有肉。后来很多年过去了，在中学毕业30年聚会上，他说："老范，你欠了我多少肉你知道吗？"我说："不就是每次一片吗？"他说："那个年代一片意味着什么呢？是要了命的事。"

我们可以看到那时候的经济条件，1978年我国的恩格尔系数平均下来超过60%，相当于你挣100块钱，要用超过60块钱满足全家人吃饭。在这样的背景下，很多人的工资收入很微薄，要用这点钱去解决所有生活上精神上的需求。我大学毕业第一年的月工资是46块钱，转正了是56块钱。只有少数人可以涨工资，涨一级7块钱，拿到很高很高工资的时候，才是80块、90块钱。

在这样一个"文化大革命"刚刚结束、许多认识还没有解决的时候，物质上当然很匮乏，房子就别想了，一个人平均的住房面积是3.6平方米，一张床都放不下。所以，中国经历了这样一段经济相对落后正在逐渐复苏的时期，人们在不断地思考。

冬天到了，春天还会远吗？

"一声春雷动"

在这种情况下，我们还要想到怎么样能让经济快速发展。可是当时有"两个凡是"的方针——"凡是毛主席做出的决策，我们都坚决维护；凡是毛主席的指示，我们都始终不渝地遵循。"那么，在这样的背景下有没有可能发生改变？

1977年，在南京一家医院的走廊里，陪着妻子住院的南京大学中年教师胡福明借着医院走廊的灯光，酝酿出了一篇文章，他将这篇文章投稿给《光明日报》。经过反复思考、讨论，《光明日报》决定把这篇文章登出来，这就是那篇著名的《实践是检验真理的唯一标准》。今天我们讲这句话可能没有感觉，可是当年就意味着要把伟大领袖讲的话用实践来证明究竟是对还是错。

微评

★ 《实践是检验真理的唯一标准》的刊发引发了一场关于真理标准问题的大讨论。文章指出，检验真理的标准只能是社会实践。这场讨论冲破了"两个凡是"的严重束缚，推动了全国性的马克思主义思想解放运动。

"知识分子也是工人阶级的一部分"

1978年的春天，全国科学大会在北京人民大会堂召开，邓小平同志在会上有一个多小时的讲话，他在讲话当中第一个观点就说到"科学技术是第一生产力"，之后还特别讲了一句，"知识分子也是工人阶级的一部分"，引发全场知识分子的热烈鼓掌。从"臭老九"到"工人阶级一部分"，知识分子终于开始被当作真正的人来看待了。你们上网一查就知道"臭老九"来自哪里。是来自元代对社会的划分，从官员到官吏到各种各样的十个阶层，第八个阶层是娼妓，第九个阶层是读书人。在元代对读书人的不重视，有人把他引用到"文革"时期读书人的社会地位。

有人统计，邓小平同志一个多小时的讲话，曾经被19次热烈的掌声打断，经久不息。正是因为这样一句话，中央这样的一个决定，人们才感觉到科学的春天来了。

"如果现在再不实行改革，我们的现代化事业和社会主义事业就会被葬送。"

在这样一个过程中，人们开始思考"文革"，开始思考我们该怎么办？开始越来越强烈地呼唤：我们一定要进行改革。邓小平同志也深刻地指出："如果现在再不实行改革，我们的现代化事业和社会主义事业就会被葬送。"

在这样的背景下,所有的领域都要进行改革,于是党的十一届三中全会召开了,把党和国家工作中心从"以阶级斗争为纲"转移到经济建设上来。

就像习近平总书记在庆祝改革开放40周年大会上讲的那样,"建立中国共产党、成立中华人民共和国、推进改革开放和中国特色社会主义事业,是五四运动以来我国发生的三大历史性事件,是近代以来实现中华民族伟大复兴的三大里程碑。改革开放是我们党的一次伟大觉醒,正是这个伟大觉醒孕育了我们党从理论到实践的伟大创造。"其实,大到一个国家,小到每个人,我们所有的发展都和国家的命运紧紧连在一起。"文革"结束了,人们开始反思了,对"文革"当中出现的所有问题、留下的伤痕我们要一一梳理。

凡是伟大的,都是叛逆的

"长日尽处,我站在你的面前,你将看到我的疤痕,知道我曾经受伤,也曾经痊愈。"

在改革开放初期的十多年里,很多事情都是在肃清流毒、肃清影响当中一步一步向前推进的。很多人写了文艺作品,其中有一个人给我留下了很深刻的印象,叫徐迟。他写了一篇很重要的报告文学,叫《哥德巴赫猜想》。写的是一个数学家陈景润,生活高度不能自理,一心一意为了数学的事业穷尽一生,在做哥德巴赫猜想的研究。这篇报告文学最早发表在《人民文学》上,当时的《光明日报》只有四个版,却用了两个半版面的篇幅把这篇报告文学全文刊登转载,而且报纸出来被人们抢购一空,为什么?因为这篇报告文学告诉了我们一个知识分子的命运,我们党、我们的社会在对他进行重新评估。

当时还有一个青年作家叫卢新华,写了一篇小说《伤痕》,后来这个时期的很多作品在文学史上都被叫作"伤痕文学"。同一时期,北京有一个中学老师叫刘心武,写的小说的名字大家知道吗?——《班主任》,都反映了这个时期人们的反思。这一时期还有像《灵与肉》《枫叶红了的时候》等很多小说,《牧马人》《苦恼人的笑》《人到中年》等这样反思性的电影,正是在这样的过程当中,我们看到每个领域都开始反思。

这个时候,以罗中立的《父亲》、高小华的《为什么》为代表的"伤痕美术"也流行开来,不少作品开始由当年的脸谱化向人性化、平民化、生活化转变,从英雄主义转向悲情的现实主义,从塑造英雄逐渐转向对普通人生活的描绘,一个时代就这样开启了自己反思的篇章,这是对人性的赞美和对人性的拷问。关于生活的变迁也是这个时期的许多文艺家、美术家、音乐家共同思考的主题。

"黑夜给了我黑色的眼睛,我却用它寻找光明"

这个时期在诗歌上有一个很有影响力的现象叫作"朦胧诗",当时出现了很多有名的诗人,包括舒婷、顾城、海子、江河等,他们在朦胧诗中呐喊出了那个时代的精神。

"黑夜给了我黑色的眼睛,我却用它去寻找光明",这个时期顾城在1979年北京写的《一代人》正是抒发了这样一种心情。在这之后,许多的朦胧派诗人都留下了让我们难忘的诗句,这标志着中国朦胧诗的崛起和发展,这些诗人也成为20世纪80年代中后期当时许多青年人心目中的偶像。

还有一个值得注意的事情是,20世纪80年代文学热席卷中国以后,短短几年,先后复刊、创刊且有全国影响的期刊就有《人民文学》《收获》《诗刊》《读者文摘》等数十家,省级以上期刊超过200种。《人民文学》《收获》这些纯文学期刊,都达到了百万份的发行量,这在当时是一个了不起的数字,这是一个时代的产物。

流行音乐的"反抗"

接下来思想解放还进一步深化到音乐领域当中。当时人们对流行音乐总体上是不能接受甚至是排斥的,认为流行歌曲只能表达小情小调,根本无法表达有内涵的大主题。有关部门甚至硬性规定:"三个流行歌手不能同台演出"。

1986年5月9日,韦唯、程琳、付笛声、蔡国庆等百位歌手穿着夹克、牛仔裤,在北京工人体育馆同台唱起了郭峰创作的《让世界充满爱》,打破了"三个流行歌手不能同台演出"的规定。所以,从那天开始,从工人体育馆那场演唱会开始,我们就这样一步一步地不断地进行思想解放、挣脱枷锁。莎士比亚曾经有一句话说:"黑夜,无论怎样漫长,白昼总会到来。"

微笑着告别,沉重的年代一去不回

全民看电影的时代来了

正是因为这样,这场思想解放表现在所有方面,8亿人民只看8个样板戏的时代已经过去了,我们必须要有各种各样的文艺形式、文艺作品,满足人民日益增长的对文化产品的需求。所以在1980年,中断了17年的"百花奖"恢复举办,电影《小花》获得了当年"百花奖"的最佳影片。其中一个女主角是刘晓庆,后来她成为首届春晚的唯一一个女主持人;另一个女主角陈冲后来到了美国,拍摄了《末代皇帝》,1987年这部由中外联合出品的影片在第60届奥斯卡奖评选中获9项大奖。刘晓庆后来回忆说:"我们这一代电影人可以毫不夸张地说,出色地完成了新时期电影复兴的任务。我们处在全民看电影的时代:全中国每一个人都看电影。"

还有一部经典的电影是1980年拍摄的《庐山恋》,由郭凯敏、张瑜主演。《庐山恋》当时有一个最大的突破——接吻,这一吻是改革开放思想解放之吻,是改革开放以来中国电影史上从未有过的吻。

微评

★ 在20世纪80年代初期,中国爱情题材的电影还藏头露尾,但随着《庐山恋》中的这轻轻一吻,掀开了中国爱情电影的新篇章。也成为中国电影业改革开放的标志。

"敢问路在何方？路在脚下"

在这个时期我们国家还有一个艺术门类发展得很快，就是动漫。20世纪80年代初期有一批在国际上获奖的作品，《小蝌蚪找妈妈》《大闹天宫》《三个和尚》，电影《少林寺》大家更是有印象，电视剧史上第一部长篇电视剧《敌营18年》，还有《西游记》《红楼梦》，这些文艺作品在压抑了多少年后突然之间迸发出来。

而且《西游记》诞生以后长久不衰，五年前我和我的研究生过年，那天晚上我们都换上《西游记》的着装，我还扮演了唐僧，为什么呢？我们感觉到这种难忘的回忆和简单的好玩儿是两回事。导演杨洁后来总结《西游记》成功的关键时，说了一句话："因为我们是在搞艺术。"**没有走不下去的路，只有走不下去的人。我们要想搞艺术，必须要脚踏实地。**改革开放这时期的电影、电视都在不断发展，而且它的发展速度之快，让我们难以想象。

难忘今宵，从此除夕不孤单

1983年出现了一个标志性的事件——春晚。当时第一届春晚的场地还不到今天演播室面积的二分之一，只有600平方米。当时只有60个演职人员，200名观众，是今天的三分之一。而且春晚当时给我们的感觉很奇特，现场直播、有几位主持人、电话点歌，并且李谷一老师连续唱了9首歌曲，这个记录到今天都没有被打破。

也就是从1983年春晚开始，诞生了一大批流传至今的经典作品。从《难忘今宵》到《我的中国心》《冬天里的一把火》，人们发现原来歌曲不仅可以站着唱、走着唱，还可以边跳边唱；从小品《吃面条》《羊肉串》到相声《五官争功》《宇宙牌香烟》，这些经典节目让我们到现

微评

★ 春晚诞生之后以其独特的大众媒体艺术形态和独具鲜明特色的时代气质，成为当代中国大众文化版图中极其重要的构成要素。同时，随着人们文化需求的日益高涨和多样化发展，社会大众对春晚的要求也越来越高。

在还记忆犹新。

从这之后,看央视春晚和吃饺子、放鞭炮一起成为中国人过年的"新年俗"。虽然今天可能很多青年人对春晚不感兴趣,但是也请你们不要忘了春晚诞生后的那些年给我们带来的快乐。**不是说今天的春晚不好,春晚的收视率高、有人看固然是一件好事,但是现在已经是改革开放40年了,我们需要消费的多元化、艺术的多元化。**

"燕舞,燕舞,一石激起千层浪"

在这个时期,还有一个领域开始复苏,就是广告。1979年1月4日,为了解决报社内的经济问题,天津日报率先刊发了一条天津牙膏广告。当时的广告,还不敢放得太大,只排在了第三版最底下一个角落。"一石激起千层浪",当时香港《大公报》这样评论说:"广告的出现犹如一声长笛,标志着中国经济的巨轮开始起航。"

这个时候有个人就坐不住了,他说既然可以打广告,我为什么不能给自己打个广告呢?他思考了半天,就给自己打了一个广告。他的名字叫丁乃钧,是刚刚平反的"右派",在教师进修学院当数学老师。当时他已经40岁了,还没有结婚,最大愿望就是找个终身伴侣,于是就决定给《人民日报》的编辑写信,希望能为他登一则征婚广告。这可给《人民日报》出了个难题。《人民日报》的编辑们经过讨论,认为应该支持征婚这件"新生事物"。于是就把广告登在人民日报社旗下刚创办不久的《市场报》一个不太醒目的位置上。

"求婚人丁乃钧,男,未婚,四十岁,身高1米7。曾被错划为'右派',已纠正。现在四川江津地区教师进修学院任数学教师,月薪四十三元五角。请应求者来函联系和附一张近影。"

从这以后,"燕舞燕舞,一曲歌来一片情"的燕舞收录机,"两片"史克肠虫清,"我们是害虫,我们是害虫"来福灵农药等这些改革开放初期的广告案例,给我们留下了非常深刻的记忆。

把窗户打开，新鲜空气才能进来

弄潮青年的时尚转型

历史不断地向前发展，人们的穿戴也发生了变化，过去是"黑黄灰"，现在出现了喇叭裤、太阳镜、花格子衬衫。除了穿戴变化之外，人们还在向国外影片学习。当时有一部日本进口电影《追捕》，女主演真尤美、男主演高仓健。这部电影公映以后，高仓健扮演的杜丘的风衣就变成了时髦的风衣，还有当时《排球女将》中小鹿纯子的排球装、《血疑》中的"幸子衫"，以及"光夫衫""大岛茂包"等都成为大家追求的时尚产品。

这时候还有一个很关键的香港电视剧《上海滩》。我一讲到这儿就想哭，因为当时我们楼里就一部电视，楼里40多个人都去看。当时我们家里没有电视，又着急想看，我跟我老婆说："咱们刚结婚，要有点品位，我们俩去背唐诗。"第一天晚上不错，我们每人背了两首，第二天晚上就背不下去了，脑海当中始终是《上海滩》的主题曲。我想作为一个男人、一个大学老师，怎么我们家能没有电视呢？于是天一亮我就跑去商店，问什么电视最便宜？一问是泰山牌，要320块钱。但是我一掏兜一共就100多块钱，我转来转去，最后和朋友借钱买回了电视机。

拿走电视以后我一想不行，咱们是学中文的，学过美学，电视直接拿回家怎么可以？于是就到农贸市场买了一个电视机罩。我家第一个电视机罩是在泰山牌电视机上，上面写着"上海"。我想我家终于有电视了，是这个楼里的第二家。夫人下班以后就忙着做饭，看我不动，说："你干吗呢？"我说："你看咱们家有什么变化吗？"她说："没有。"我说："你往那边看。"激动的心情可以想象到，她一看，说："你买了电视？"我们把电视打开，把门窗打开了，让这个楼里另一半人到我家里来看《上海滩》。这是我家里面的第一件电器，另外一件不算，是手电筒。**那种对文化消费的渴望与文化产品的匮乏，从硬件到软件，给我留下了刻骨铭心的印记。**

南有音乐茶座，北有老舍茶馆

改革开放初期，广州东方宾馆开设了国内第一家音乐茶座，外商吃饭出差居然敢拿5块钱点歌，那时候5块钱是工资的10%，相当于你今天下了课拿工资的10%到旁边去点一首歌，这种现象后来被定位叫"中国文化产业的早期萌芽典型案例"。除了茶座外，广州各式各样新兴的娱乐潮流遍地开花，卡拉OK、游乐场就是这个时期的产物。

同一时期，北京也没闲着。在大栅栏，有一个街道干部尹盛喜下海了，他干了一件事全北京人都知道——卖大碗茶。他第一天卖了多少呢？3000多碗，赚了260.08元，日后就诞生了北京的老舍茶馆。改革开放初期，人们开始想到的是一些公共空间怎么样能够为老百姓解决文化需求和文化服务，后来的三里屯的酒吧，还有保龄球馆、迪斯科舞厅都成为大家消费、向往的地方。

从交际舞到广场舞，究竟惹了谁？

说到那个年代，还有一个不能不提的娱乐现象就是交际舞。舞厅的出现带来了交际舞的管理问题和社会问题，这些社会问题也使政府不知道该怎么处理，于是在1980年，政府相关部门联合发布了《关于取缔营业性舞会和公共场所自发舞会的通知》，要求"公园、广场、饭馆、街巷等公共场所，禁止聚众跳交际舞"，有严重者还被以"妨害社会管理秩序罪"追究刑事责任。

直到1986年，交际舞才开始被解禁。1987年，文化部、公安部、国家工商行政管理局联合下发了《关于改进舞会管理问题的通知》，第一次明确肯定了"举办营业性舞会是我国经济发展和人民物质文化生活水平日益提高的一种客观需求"。值得一提的是，舞会同时被赋予了婚介的功能。

今天跳舞的中老年人一想起当年跳贴面舞的危险性就有点紧张。你没发现这个年龄的人特别愿意跳广场舞吗？可能都是以前留下的"病根儿"，有机会让自己跳个舞，让自己放松，多么好。但是广场舞也不可避免地带来了一些噪音扰民等社会问题。2015年1月31日，针对这个社会问题我在微信公众号"言之有范"上发表了一篇名为《广场舞究竟惹了谁》的文章，随后这篇文章被纳入文化部《文化舆情专报》，得到文化部领导的高度认可，国务院领导做出重要批示。

所以我就从写文章的人变成了参与文件起草的人，2015年那一年，我走到哪里都问："你们这里有广场舞吗？"就这样我看了四十几个城市的广场舞，看完以后参与了广场舞相关文件的起草。大妈跳舞的时候不会知道还有一个大爷，对跳舞的事这么关注。2015年9月，文化部、体育总局、民政部、住房城乡建设部联合印发了《关于引导广场舞活动健康开展的通知》，提出要积极促进和规范广场舞健身活动的开展。改革开放最初的10年异常艰难，关键就是思想解放能不能真正地与改革开放同步进行。只能疏导，而不能强行去堵。

小结

从1978年到1987年，10年过去了，中国的GDP翻了4番，吃穿、生活等各个方面也都发生了巨大的变化。这其中最大的变化就是思想的反思，对于我们来说是非常重要的，我们抓住了机遇，在这个过程中，大众文化开始走入了寻常百姓家，广播电视收音机越来越成为生活的必需品。在这10年里，全国各类杂志出版从7.6亿册发展为26.4亿册，电视台从32个发展为365个，这一切都说明整个社会在发生剧变。那么在接下来的20年，又将发生怎样的变化呢？

1988—1997年：有诗有酒有高歌

时光的列车来到1988年，转眼改革开放已经10年，用邓小平同志的话来讲，"这10年应该说是很成功的，它使中国经济上了一个台阶"。但也正是快速发展的时候，社会矛盾开始激化。当时市场经济和计划经济并行，社会流通领域出现了十分混乱的局面，物价飞涨，社会经济秩序出现了问题。我记得当时有位管理物价的人曾说，1斤装茅台酒从每瓶20块涨到300多块，中华烟从每包1.8元涨到十几块钱。

1988年、1989年连着两年，CPI的涨幅都高于18%，今天我们的CPI涨幅一般控制在2%、3%左右，到4%、5%的时候就出现警报了。为了应对这种情况，我们政府采取了紧缩性政策，但这也导致经济的大幅度"跳水"。1988年GDP增长率是11.23%，1989年降为4.1%，1990年下降到了3.84%。还有东欧、苏联的剧变，一时间国际国内的矛盾交织在一起。

但邓小平同志说："我们的改革开放政策不管遇到什么暂时的麻烦，都不会改变。"我们党坚持了改革开放坚决不动摇的精神，正是小平同志在1992年的南方谈话，才使我们的改革沿着一条正确的路线走到今天。

1992年，邓小平同志南方谈话后提出一个著名论断，发展才是硬道理。1992年，我们的GDP快速发展到2.72万亿元，GDP排名一下子跻身世界前十。到1997年，我们GDP接近8万亿元，人均GDP达到6000多元，与1988年相比，增长了近5倍。经济在发展，人民对文化生活也更加渴望。

"假如你有两块面包，请你用一块换一朵水仙花"

"麦当劳带来的不仅仅是汉堡"

这时候有一个很重要的现象，就是外资进入中国了。我记得1990年，有家外企进来了，时间是10月8号，在中国人看来应该是个吉祥的日子。这个企业就是麦当劳。餐厅在深圳开业的第一个周末就创下了全球麦当劳单店单天营业额的最高纪录——46万元。麦当劳是什么？在美国，就相当于"家庭厨房"，很便宜的，但对中国人来说，这简直是个新鲜事儿。男女老少都像过年一样，打扮得漂漂亮亮去麦当劳潇洒一下。先把芝士吃了，再把牛肉饼吃了，生菜吃了，最后把两片面包一合，就着可乐吃完。你们是不是完全不能想象这种场景？

还有很多白领，带客人去麦当劳谈生意，为什么？因为麦当劳有空调、有干净的厕所，一袋薯条可以配6包番茄酱，你就算在那里谈4个小时，也不会被撵走。也有企业去麦当劳开会，也不会被轰走，对麦当劳来说，它觉得有人来消费那就是好事儿。**这种快餐"慢吃"的高雅、格调、品位，折射出人们的观念变化，他们开始追求新潮、时尚，对享受型消费的那种渴望越来越强烈了。**

"当年的土豪原来是这番面貌"

当时，还有一个很有时代特色的案例就是在人多的地方拿手机打电话。把一斤重的"大哥大"从皮包里拿出来，拉出长长的天线，专找人多的地方拨号，接通以后，在人群里喊上一句："喂，朱总吗？朱总吗！听不清？好！我再说一遍！"其实早听清楚了，我甚至都怀疑电话那头没有人。那吆喝啥呢，其实就是告诉周围的人，我有"大哥大"，老神气了。

当年"大哥大"多少钱？有"大哥大"是个什么概念？价格在两万块左右，加上上号费、入网费、安装费等各种费，得两万七。这一年咱小老百姓的工资又是多少钱呢？2711块。可是大哥大在黑市炒到5万元一台，还是被抢购。那时候我没有"大哥大"，想拿一下别人的看看，人家都说别碰。当年用"大哥大"的"土豪"们根本无法想象，今天大家随便就把手机从兜里掏出来了，屏碎了索性换个新的，手机就是个必需品、日用品。但那时的"大哥大"，也确实把中国人的生活引向一个新境界，反映了人们的消费需求。

在人们享受物质的丰富时，潜藏在心底的精神渴望也开始萌发了。很多人买不起"大哥大"，就想办法买书、读小说、读诗歌，各种文化产品开始集中出现。

微评

★ 马斯洛的需求层次理论指出，在满足了最基本的生理需求后会追求更高的需求。改革开放后，我国的经济快速发展，思想愈加解放，人们不再担心最基本的物质生活，对精神文化层面的需求陡增。

"此情可待成追忆，只是当时已惘然"

"有井水处，皆听评书"

这时候，有种文化产品是老百姓们特别喜欢的，那就是评书。刘兰芳的评书《岳飞传》让半导体收音机一下子卖空了。田连元的长篇评书《杨家将》也在中央电视台播出，引发了一股"评书热"。有一档央视的节目叫《电视书场》，在此基础上很多地方台也有了评书节目。

"盘古开天地，地久天长，长话短说，断古论今……"在《电视书场》上，"评书四大家"单田芳、刘兰芳、田连元、袁阔成等都在这里说过书。单田芳的《三侠五义》《白眉大侠》、刘兰芳的《岳飞传》《红楼梦》、田连元的《杨家将》《海瑞传奇》、袁阔成的《三国演义》《水浒外传》等，成为那时人们的集体记忆。甚至交通事故都变少了，小偷也变少了，据说都去家里听评书了。

后来，《电视书场》停播了，袁阔成、单田芳先生也离开了，去遥远的地方说书了。这些艺术家的离去，让我们觉得十分难过，一个评书时代就这样结束了。他们所说的 "欲知后事如何，且听下回分解"，我们一辈子都忘不了。我们这一代的听书人老去了，而新一代的求知者们正在站起来。

"他当年做梦都想上的节目就是《曲苑杂坛》"

当时还有一个栏目非常有意思，叫《曲苑杂坛》。当时还没有今天这么火的郭德纲，他说我一生的梦想就是想上《曲苑杂坛》，我说今天有这个节目，他都不一定有时间去，因为他今天太忙了、太火了、档期太满了。不过这也能说明当时说书的艺术对人们的影响之大。

"我梦寐以求，是爱与自由"

"西北风，东南风，都是我的歌"

除了这些，还有一些植根在老百姓生活中的东西，最容易让我们记住的，就是歌曲。改革开放40年的时光不算久远，但见证着这40年发展的优秀歌曲却是唱之不尽。所以我想接下来，大家多一点互动，咱们今天是上课，学生当然要和老师一起回忆一些经典的作品，一起去感受那个时代的文化艺术。

我记得还有个年轻的歌手，就是吹小螺号的，不对，就是唱《小螺号》的那个小姑娘，长大了，在春晚唱了一首《信天游》。还有胡月的《走西口》，那英的《山沟沟》，这些西北风的歌曲，表达了人们那种压抑了很久、对精神文化产品的渴求。

"我要给你我的追求，还有我的自由"

20世纪90年代，除了民族音乐以外，国内还迅速涌现了一大批摇滚乐队，包括"唐朝""黑豹""指南针""呼吸""超载"等，还有很多我不知道的，都很有影响力。我听说当时黑豹乐队发了张专辑，就叫《黑豹》，发行量竟然达到了150万张，这让黑豹成了"世界销售量最高的中国摇滚乐队"，简直是不得了的事情。

1994年年底，张楚与窦唯、何勇、唐朝乐队在香港的"中国摇滚乐势力"演唱会一时间引起轰动，"魔岩三杰"开启了中国摇滚的鼎盛时代。

"谁娶了多愁善感的你，谁安慰爱哭的你"

也是在这时，港台通俗歌曲传入内地了。不仅传来了邓丽君的《甜蜜蜜》《我只在乎你》，还有台湾地区的校园民谣。之后校园歌曲流行起来，还在清华大学念书的高晓松写："谁娶了多愁善感的你，谁安慰爱哭的你，谁将你的长发盘起，谁给你做的嫁衣。"当时的高晓松真浪漫，现在他恐怕没时间再去思考这些问题了。

当时还有好多校园歌曲，《走在乡间的小路上》《爸爸的草鞋》《秋意上心头》《思念总在分手后》，实在是太多了。这首就是《外婆的澎湖湾》。就在去年，我给台湾地区来的参访团上课，惊喜地发现名单里有一个熟悉的名字：叶佳修，他就是《外婆的澎湖湾》的创作者。

这些美丽清新的校园歌曲，代表着那一代人的青春怀恋。你们的爸爸妈妈或许就是唱着这些歌，开启了自己人生的爱情故事，成果就是现在的"90后""00后"。

"中国有了第一批真正意义上的追星族"

"港风台味风靡大陆"

这个时代让我们刻骨铭心、难以忘怀。在此过程中，随着电视机"飞入寻常百姓家"，港台明星一时间"霸屏"了。齐秦、童安格、谭咏麟、张国荣、梅艳芳、李克勤，他们的影响力都很大。

我还记得1988年邓丽君的经纪人制作了一档节目叫《青春大对抗》。他找了3个女孩，搞了一个"小猫队"，没火，后来又换了三个男孩，组了"小虎队"，火得一塌糊涂。特别是吴奇隆，在《今天有我》节目中首演《青苹果乐园》时，他的后空翻一下子引爆了全场。

那时中国香港的"四大天王"也来到我们身边。1993年，张学友的专辑《吻别》一下子卖了400万张，1995年到1996年，他一共举办了100场世界巡回演唱会，平均每3天多一场，总观众人数达200万人次。各式各样的明星周边产品开始在市场上出现并热销，唱片、磁带、海报、贴纸都是抢手货。大陆的年轻人知道了什么叫"追星"，第一次感受到了港台流行文化对生活造成的强大冲击。

"红透半边天的94新生代"

20世纪90年代以后内地开始施行"歌手签约制"，很多的歌手被精心包装和打造。"94新生代"——杨钰莹、甘萍、李春波、陈红、谢东、孙悦等一批人，这些名字，对于"90后""00后"来说，也许完全没概念，但对于"70后""80后"而言，他们可是青春时期的超级偶像。

每一个时代的人都有自己心中的偶像，而这个偶像的内涵都是不尽相同的，你不要觉得只有你有偶像，其实每个人都有自己的偶像。这些歌曲的出现，对于我们市场最大的影响，就是让人们始终对领袖、对英雄、对高大上的崇拜，对政治、科技的崇拜回到了大地和民间，人们对通俗文化的发展、对大众文化的发展，开始有了新的认识。物质消费、文化消费的界限越来越模糊，慢慢融为一体。

大众文化发展的序幕开启

"中国电影最好的年代"

1988年，第五代导演张艺谋凭借《红高粱》获得第38届柏林国际电影节金熊奖，这是中国电影人首次在欧洲三大电影节上获得的最高奖，第五代导演正式进入创作的巅峰时期。之后张艺谋执导的《秋菊打官司》和《一个都不能少》两度荣获威尼斯电影节金狮奖，陈凯歌执导的《霸王别姬》荣获戛纳电影节金棕榈奖，第五代导演包揽了世界三大国际电影节最高奖，完成了华语影坛一大壮举。陈凯歌在戛纳领奖时，侯孝贤激动地说："中国电影就像春天的节气一样，就要百花齐放了。"

在改革开放当中，电影产业出现了一些新的发展和变化，冯小刚完成了贺岁片的重要过渡。他的《甲方乙方》卖了3500万元的票房。此后20年里，他又陆续拍摄了11部贺岁档影片。正如《甲方乙方》最后说的那样，"1997年过去了，我很怀念它。"那个充满想象力、真诚而又质朴的年代，也是中国电影的黄金年代。这一时期，人们由最初对文化产品相对"被动"的选择，逐渐培养起自己的审美心理和艺术偏好，也正是文化产品的逐渐丰富，为后来消费者身份的转变悄悄埋下了伏笔。

微评

★ 电影产业对于文化产业来说有着特殊的意义，改革开放之后，中国电影的题材、迭代、票房等都发生了天翻地覆的变化。

"电视荧屏的万花筒正在打开"

20世纪90年代,电视的功能发生了转变,见证了大众文化的流行。我们率先看到了早期第一部伦理电视剧《渴望》。

当时流行一个说法,"举国皆哀刘慧芳,举国皆骂王沪生,举国皆叹宋大成",人们完全入戏了。七八年后我到国外去,一个宴会中,一个会说中文的东南亚的外国人,突然间问我,他说:"范教授,宋大成最近在干什么?"我说:"宋大成什么单位的?"他说:"《渴望》啊。"我才反应过来他说的是电视剧的男主人公。

如今,老一辈的影人逐渐淡出大众视野,我不禁想到,在改革开放40年表彰的100人中的李雪健老师,这才是德艺双馨的艺术家楷模。他演过林彪、他演过焦裕禄,他演的每一个角色,都给我留下了深刻的印象,我们应该给李雪健老师一点掌声,向他致敬!

后来到了90年代,综艺节目出现了。中央电视台最有名的节目是《综艺大观》,被观众们叫作"小春节晚会",创下了高达18%的收视率纪录。后来又出现了《正大综艺》,以及地方台播出的《快乐大本营》,不久以后全国各地电视台出现了近百档类似的娱乐栏目。

这时的综艺节目以一种游戏化、娱乐化、大众化的姿态走进我们身边,让我们不再板着面孔去看文艺节目,而是在娱乐节目中感受生活的快乐。

"诗意的年代,从此一去不回"

这时,理想主义、浪漫主义也是一道独特的风景线。诗意的年代一去不回,但诗人们留下的作品让我们难忘,影响了几代人。小说的创作也开始迸发。1988年,四部小说被搬上大银幕,《浮出海面》《一半海水一半火焰》《橡皮人》《顽主》这一年也因此被文学界、影视界、评论界称为"王朔年"。跑了多年龙套的葛优也因为《顽主》红了。一时间,王朔的作品成了我们研究生同学之间热议的话题。《小说月报》第3期选载了刘震云的《新兵连》;贾平凹《浮躁》获奖,震动文坛;苏童出版小说集《一九三四年的逃亡》，奠定了先锋派的地位；余华《现实一种》和《世事如烟》接连发表。经历时间沉淀的作家们真的给我们留下了太多经典。

很多人在阅读的同时思考中国改革开放的第二个十年。正是在这个过程中，人们对新世界的无限向往，使各个出版社的海外的作品，那些翻译到中国来的汉译作品风靡一时。"走向未来""走向世界""汉译世界名著"是当时青年的必读书目；《随想录》《傅雷家书》《第三次浪潮》《万历十五年》《美的历程》都在读者心中留下了深刻印象。

也就是在这一时期，一个向来少有人问津的诗人，在《读者》杂志卷首发表诗作《热爱生命》。没想到短短两年后，他竟成了全民偶像。这就是诗人汪国真，他写了许多这种类型的诗，他的第一部诗集《年轻的潮》出版后，好评如潮，红遍了大江南北。据说他的读者80%都是高中生与大学生。

许多年后，在浙江台州广电总台的一个活动中，我与诗人汪国真一同作为嘉宾颁奖，后又一起回到住地吃夜宵。我顺口背了几句他的诗，他笑了笑。我说："你能不能来传媒大学给同学们讲讲你的诗？"他问："会有人听吗？"我说："一定有。"他爽快地答应了。后来因为各种阴差阳错，他没有来成。再后来，汪国真老师就离开了我们。2015年，汪老师走了，我写了一篇长微博，纪念这位和我擦肩而过的诗人。他走了，他把诗和背影永远地留给了世界。

20世纪80年代的文学热，给我们带来的可以回忆的东西太多了，无论形式还是内容上都突破了传统，滋养了一代人的精神与思想的成长。而到了90年代，在市场经济的冲击下，人们对情怀、理想的追求发生了矛盾，于是文艺作品有时候也不得不做出一定的妥协，与通俗、流行的大众文化联手。

小结

伴随着改革开放的进一步深化和西方文化思想的传播，消费不再是一种纯粹的经济行为，而是向精神文化转移，引领着一种新的生活方式。

回顾这10年的发展历程，我国国民经济持续增长，人民生活质量不断提高。这10年间，GDP由1.52万亿元增长至7.97万亿元；城镇居民家庭人均收入由1589元增长至7359，涨幅接近5倍；城镇居民家庭人均教育文化娱乐服务消费支出也由年均不到100元明显增加到近480元。人们在物质生活逐渐步入正轨的同时，也开始解放思想，渴盼精神生活的丰富多彩。这10年间，国内电影全年总票房首次突破10亿元；全国出版社超过550家，图书出版超过70亿册……

至此，改革开放已经走过风风雨雨20年。这20年来改革开放的成就是巨大的，是有目共睹的。没有改革开放，就没有中国经济快速发展，就没有人民精神文化需求的丰裕，就没有实现文化自信的坚实保障，也就没有中国今天在世界格局中举足轻重的地位。

当互联网的大幕徐徐拉开，当现代科学技术开始渗透至生活的方方面面，改革开放的下一个10年，下一个20年，我国的文化发展又将迎来什么样新的春天？

（此文根据范周教授现场发言整理）

"见证:文化40年"跨年直播公开课全文(下)

范周

从40年前的首届高考、凭票购物到今天的万物互联,从匮乏、单一、模仿到丰裕、多样、创新,我们都是文化发展的见证者。2018年12月31日,范周教授用4个小时的时间带我们回顾了改革开放40年的文化发展之路,近30家网络媒体参与直播。截至2019年1月14日中午12点,网络直播观看人数达到2200万,新浪微博话题#见证文化40年#阅读量达3907万,网络总传播量达6037万。

1998—2007年:互联开启,全民狂欢

从第三个十年开始,最大的变化就是互联网开始走进我们的生活。香港回归之后,1998年发生了一件大事——亚洲金融风暴。面对金融狙击,在中央政府和全国人民的支持下,香港平稳地度过了这次金融危机。那一年,国内GDP增速由1997年9.2%下降到了7.8%。为了应对这一局面,我们实行了宽松的财政政策。扩大内需、刺激增长,成了之后十年中国关键增长期的主要动力。这一时期,中国还出现了商品房,制造业也迎来了春天,老百姓的收入已经达到5400多元,对耐用品的需求也逐渐得到满足,更高层次的消费需求在不断上升。1998年，对北京、上海等12个城市的调查数据显示，90%以上的居民都拥有了彩电、冰箱、洗衣机，而且用于文化、娱乐、教育消费的支出达到了500元。

黄金周来了，有钱没钱出去走走

1999年，为了提振内需，国务院做了重大决定，修订发布了《全国年节及纪念日放假办法》。因为这个文件的出台，出现了一个新词叫"黄金周"，也就是"国庆""春节""五一"。有了"黄金周"后，国内旅游市场开始火爆，最明显的就是那些热点旅游线路。香港刚回归，就成为人们旅游热衷的地方。1999年的国庆节，由于出入香港人流量太大，入境处工作人员不得不打开54条通道疏导，平均每小时近万人过关，当天184个旅行团入港。在场所有人并没意识到，随后的6天，这一数字翻了3倍。

"黄金周"来了，多数人还处于适应期，人们很难想象，7天长假将带来多大财富。据统计，1999年国庆7天全国的出游人数达到2800万人次，实现了141亿元的收入。这在当时是一个"天文数字"，但是放在现在就不稀奇了。2018年"十一""黄金周"期间，全国共接待国内游客7.26亿人次，实现旅游收入5990.8亿元，体量上已经翻越了几个数量级。前两天我在文化和旅游部开会，**根据旅游研究院预计，今年中国的旅游总产值还会居高不下，在50亿以上，出境游和入境游人次都超过一亿，旅游正逐渐成为国民经济的重要组成部分。**

在旅游中有一个不得不说的现象就是实景演出。**都说传统的舞台演出是人的杰作，唯有山水实景演出才是人与自然共同的杰作。**《印象刘三姐》是这方面最早的作品之一，杭州有《宋城千古情》，西安有《长恨歌》，这些旅游产品成为现在旅游生活中的重要组成部分。

当然这也带来了"逢节必堵"的状况，但总的来说，人们对"黄金周"的热情不减。当然也有例外，比如说我，每逢"黄金周"我最愿意蜗居在家，能够"偷得浮生半日闲"，听听音乐，读一本好书。现在有一个词叫"佛系"，相信像我这样的人也不在少数。

全民沉浸，国民娱乐风潮正盛

电视文化的高光时刻

如果说"黄金周"让人们开始迈出家门，领略大好河山的精彩，那么，1998年到2007年这十年，电视剧的繁荣则让人们足不出户，也能看遍天南地北的故事。

1998年，《还珠格格》红遍大江南北，很多小孩都非常感兴趣。国产电视剧的生产制作数量为682部9780集，而这个数字到2007年变成了529部14670集，剧集数量翻了一倍。当时国内电视有2000多个频道，90%以上都在播放电视剧。视频中我们看到了言情剧《情深深雨蒙蒙》《金粉世家》，偶像剧《将爱情进行到底》《流星花园》，还有历史剧《雍正王朝》，武侠剧《天龙八部》《笑傲江湖》，红色革命剧《长征》，生活剧《金婚》等各种类型的电视剧在这一时期百花齐放。我都想出一道考试题，让大家讲一讲最近40年来让你最难忘的40部电视剧。当然这不可能有固定答案，因为每个人的这十年都有自己难忘的回忆。

1998年是香港回归的第二年。春晚上有一首歌是那英、王菲唱的，叫《相约九八》，格调清新。导演孟欣回忆起歌曲的制作，说一台晚会几十个节目，却独独在一首歌曲上下血本，什么样的歌曲才能将香港回归的喜悦融入老百姓的心中？太洋的不行，太土的也不行，歌还得好听，反反复复几十天，终于将《相约九八》呈现在了观众眼前。**这让我们知道，在社会生活和政治发生巨大变革的时候，也可以用另外一种艺术形式来呈现。**这些都是标志性、转折性的东西。还有一首歌也非常流行，让人们把视线从国际收回到百姓家中，叫《常回家看看》。

在座的同学们听了这堂课，下课以后要记得常回家看看。其实老人不需要你们拿多少东西，也不需要你成为什么大英雄，主要想听听你的日常生活、身体怎么样，学校学习怎么样，最近还有什么打算？当然老人肯定要问一个事，你知道的。你就如实招来，眼前解决不了的，重点谈畅想，说2019年准备怎么办，多给老人希望。

讲到这，我们应该看到，中国的歌词越来越平实了，就像唠家常一样，没有那么多很拗口的词。感情、态度、表达形式的平民化，是这十年电视发展一个最大的亮点。《贫嘴张大民的幸福生活》《炊事班的故事》《东北一家人》《武林外传》等这类平民风的喜剧越来越得到观众的认可。

1999年11月19日，《北京青年报·青年周末》有位记者报道了韩剧在中国广受欢迎的现象，首次使用了"韩流"一词。2002年前后引进的《冬季恋歌》和《蓝色生死恋》里，都说韩剧有三宝：车祸、癌症、治不好，"灰姑娘"总会面对一个思想传统的未来婆婆，这其中便大量地注入了中国传统的儒家思想。观众不知不觉地被这些韩国演员的服饰、化妆品甚至是故事发生地所深深地吸引了。但是到电视剧的发生地一看，其实什么都没有。我去美国出差的时候，也曾经去过《廊桥遗梦》的拍摄地，也是什么都没看到，但是人们依然还是流连忘返。这就告诉我们一个道理，**文化产品可以穿越物理空间来实现心灵的碰撞**。中国人常说"看景不如听景"，就像去庐山的人一定要伴随着《庐山恋》看才有味道，好的旅游景区加上文化表现，才能真正让人"有感觉"。

我们离真正意义上的"大片"还有多远？

在电视剧回归大众的同时，一艘巨轮正要驶入中国电影市场。这艘巨轮的名字叫《泰坦尼克号》，它的主题歌曲、经典台词都风靡全国。

当时这部电影多少钱一张票呢？20块钱。而且这部电影在中国票房是3.6亿，什么概念呢？是中国当年票房的1/3。有观众还要求电影院出售站票，200块钱的黄牛票也不愁销路，连影院门口的自行车保管员、卖零食的、卖汽水的、卖纸巾的都赚翻了。

2001年中国"入世"，之前有人高呼"狼来了"，担心中国电影垮掉，但事实真是这样吗？实际上没有，从2003年到2005年，中国电影票房从10亿涨到了20亿。2002年"院线制"改革，中国电影市场开始更加彻底地面向市场经济，张艺谋拍摄的电影《英雄》在这一年拿到了2.5亿元票房的成绩。什么概念呢？占据了当年总票房的四分之一，这个纪录维持了整整4年。之后很多电影像《功夫》《无极》《夜宴》《满城尽带黄金甲》《赤壁》《画皮》等，都是采用这个套路，中国电影人频频出现国际各大颁奖台上，但也饱受争议。不管怎样，总的来说，这一时期许多第五代导演的作品都让中国的电影发展迈上了一个新的台阶。

"秀"时代到来，全民造星开启

那时候湖南卫视搞了一档节目《超级女声》，把被动看节目变成自己参与造星，而这个权力在老百姓的手上。因为"不拘年龄、不拘长相、不拘唱法"，听说当时《超级女声》最火爆的时候，有上万人到现场，连卫生间里都是练声的人。四川有一个市给教育部发明传电报，要求《超级女声》必须停止，因为学校里面很多学生都不上课了，都去参加海选了。此外，很多人都对它有非议，包括一些主管文化的主要领导，写了七八篇文章对它进行讨伐。中央电视台一个特别有名的栏目还专门不点名地批评了《超级女声》。但是2005年《超级女声》的总决赛如期举行，那期总决赛请了很多老艺术家，他们谆谆教诲获奖的孩子，一定不要忘了无产阶级革命事业，不要忘了我们在建设社会主义小康社会。我们的孩子特别乖，获奖之后还要唱一些红色歌曲，以表达对老一代的致敬。可以看出，当一个时代变革的时候，我们的政府和社会管理机构的态度是越来越包容的。

所以我就想起了几句话：

"大多数我出生时已经有的流行文化都是陈旧老土、不值一提的。你们想想当年的样板戏、歌曲、舞蹈，可能觉得这些太落后了。大多数在我10~30岁之间诞生的流行文化都是无法复制的经典。为什么？因为我参与了，我印象最深，我都会唱。发现没有？我在前两个阶段之后，就再不唱歌了，因为这阶段有的歌词我都听不清楚了。大多数在我30岁之后诞生的流行文化都是愚蠢肤浅，幼稚可笑的。"

在座有点年纪的同志一定要学会包容：像以前跳交际舞不行，后来可以了；以前流行歌曲不能3个人以上唱，现在可以100个人唱。所以面对各种各样的文艺现象，大家一定要以非常平和的心态去对待，不要有"我熟悉的就是最好的""我不熟悉的就是差的"的想法。我们经常吐槽说"你们这也叫艺术吗"，还有很多人对上一代不太尊敬。可以试想，若干年后你的后代也可能对你不尊敬、不理解，这是一样的。我上课时经常开一句玩笑，你们都会说这句话："长江后浪推前浪，前浪死在沙滩上"。我又加上了两句"后浪终究变前浪，早死晚死都一样"。在座的工作10年、20年的都是"前浪"，已经离沙滩很近了，"90后"和"千禧宝贝们"都是"后浪"，今后你们也会变成"中浪""前浪"。每个时段大家在社会发展中扮演的角色是一样的，不过现在各领风骚的时间确实越来越短。"江山代有人才出"后面一定要跟上一句"自古英雄出少年"，后浪终会成为前浪，年轻人成长起来是好事，是希望。

打开互联网世界的大门，才是真正的开放

"中国人离信息高速公路还有多远？向北1500米。"

1969年第一代互联网阿帕网在美国诞生，1987年我国才叩开了通往互联网的世界的大门。9月20日20点55分，北京计算机应用技术研究所发出了中国的第一封电子邮件——"越过长城，走向世界"。中国一旦赶上了互联网大潮，就进入了快速发展的阶段。

1998年，微软在海外静悄悄地发布了Windows 98。我们被一只"猫"改变了。那个时候需要用"猫"和电话线拨号上网，网速是56k每秒，时常会掉线，而且当时的大陆，

微评

★ 互联网的发展为世界信息的交换带来了极大的便利，而随着互联网的出现逐渐催生出了网络文学、网络综艺、网络游戏等新兴产业。

每1000人中只有9个人拥有个人电脑。

我们在搜索资料的时候发现有这样一张广告牌。上面写着"中国人离信息高速公路还有多远？向北1500米。"——前方向北1500米，就是中国第一家互联网公司——瀛海威的网络科教馆。其实这是一个广告牌，而不是我们还有1500米就赶上了。**不难发现，互联网对当时人们最大的吸引力是"信息"。**

网络论坛"瀛海威时空"有一位用户这样描写第一次进行网络聊天的心情：

"第一次接触的网络是'瀛海威时空'，当我成功地进入瀛海威时空后，展现在面前的是一幅美丽的城市风景，潺潺的小河，太阳伞下的咖啡桌，广场中心的雕塑……正当我准备看个仔细时，屏幕上突然跳出一个对话框：××正在呼叫你，真是太令人激动了，尽管呼叫的内容只是一个HELLO，但这表示有人在注意我，第一次上网就有人呼叫我，可我并不知道他是谁呀？其实这正是在线呼叫的魅力所在，这种陌生人之间的毫无拘束的交谈方式，使交流变得既神秘又刺激。这几天上网几乎成了唯一可以吸引我的事……"

这个心情，是一个上网人最初的心情。1999年的海口，中山大学中文系毕业的邢明用自己在股市中挣到的钱创办了天涯网络论坛。他在这个论坛中招募了一批网络写手，《武林外传》《明朝那些事》等很多畅销作品就是从天涯流出来的。那时候的天涯文化，几乎就等同于网络文化。同时，门户网站也顺势兴起。1998年12月1日，新浪网成立。今天我们要向新浪表示感谢，因为今晚以新浪为主体的二十几家媒体一起同时直播，我们的活动才得以顺利进行。

我自己开通微博的经历也是"鬼使神差"。有一天有人和我说："范老师，你也开了微博。"我不相信，他说："我给你念。"我说："这是我在课堂上讲的话。"后来一问，是我的研究生开的，他们天天模仿我的语气在网上发帖。这群可爱的研究生，他们怎么学也学得不像。我的微博开通时间是7月1号，当时朋友还开玩笑说："老范，你连上网的时间都很讲政治。"

加入微博之后，我才发现原来网上还有另外一个世界，我不仅找到了失散多年的发小、同桌的"她"，还交到了很多新朋友，现在有了27万粉丝。

这个时候，马化腾和他的老同学带着初生的QQ，走上中国社交的封神之路，电商也开始快速发展。1999年年初，《数字化生存》作者尼葛洛庞帝来到了中国，并在中国大饭店发表数字化中国演讲，他预计："到2000年，电子商务市场会有1万亿美元的市场，这个数目比人们估计的数目多5倍。"当时他的演讲有一位受益者，那就是马云。马云的照片第二年就出现在了全球权威的财经杂志《福布斯》封面上。随后，阿里巴巴一跃成为全球规模最大的B2B电子商务网站。我真的很希望今天在座有一位听众10年后成为文化界的"牛云""李云""杨云"，我们需要这样早早醒来的人们。

回头看看，今天的互联网巨头网易、新浪、腾讯、盛大、搜狐、阿里、百度都在这段时间内成立。但是经过不断地大浪淘沙，早期许多如火如荼的公司也在不断地被淘汰，很多名字已经淹没在时代的洪流中了。

与网络文学的第一次亲密接触

这个过程中，中国互联网出现了另外一个现象，就是网恋。我一查资料，有一个人是最早写网络文学的人，他的名字叫蔡智恒，他写的小说《第一次的亲密接触》被很多网恋见面的人们当作记号，他们兴奋里有期待和紧张，夹杂着一丝不安和恐惧，担心美好幻想破灭。那个年代，网络上称丑女为恐龙，丑男为青蛙。于是就出现了这样的新闻报道，"昨夜，青蛙去见恐龙，结果见到的是另外一只青蛙。"天涯论坛创始人邢明说**"没有网恋过的人没有网感"**。我不知道在座的各位有没有网感，你们的网感是不是和网恋有关系，但是我有一个学生跟我说了实话，他的知心爱人就是通过网恋找到的。从网恋回到现实当中，一种文学现象就此诞生了。蔡智恒写下的这本《第一次的亲密接触》开了网络文学的先河。

那个时候很多文学爱好者被一个名为"榕树下"的文学网站所吸引，踊跃注册并贴出了自己第一篇文章。在互联网刚刚兴起的年代，榕树下满足了文艺青年们的需求，一个属于网络文学的时代就此拉开帷幕。1999年出现了第一代"网红作家"——邢育森、俞白眉、李寻欢和安妮宝贝等。

与传统文学相比,网络文学可能语言不太考究,立意不够深远,但是不能否认的是,它从有些人"写着玩"变成了现如今一种重要的文学表现形式,带动了一个新的产业出现。我听说2017年,全国的网络文学读者规模已经突破4亿,网络文学驻站创作者数量已达1400万人。今天的人大多都不知道茅盾文学奖的获得者,却知道唐家三少等知名网络作家。网络文学已经深刻改变了一代人的写作和阅读习惯,**中国网络文学真正从边缘文化走到了舞台中央**。

网络文学这种表现形式还具备一种前所未有的优势,就是极强的互动性。它打通了读者、作者之间的关系,也使他们之间可以改变原来的写作架构,读者不希望主角死,作者就可以改变先前的设定,让角色继续活下去。

潘多拉的魔盒打开了

再见,游戏厅;你好,"网吧少年"

如果说偷偷拿着父母的手机玩贪吃蛇是"90后"的童年记忆,那街机厅是最能点燃"80后"热情的地方。20世纪90年代是街机的黄金时代。其实,贪吃蛇我没有玩过,街机也没有玩过。在准备这堂课时,我们有一位老师慷慨陈词地讲述了自己当年和游戏的故事。有请我们院的副院长刘京晶老师讲讲她和游戏的渊源。

(以下为刘京晶老师的发言)

我是"80后",我小时候玩过很多的游戏,从刚开始的魂斗罗,到贪吃蛇、到轩辕剑等,但是我们在策划这次课程的时候提到街机,我当时特别兴奋。我相信"80后"的同学都有这样的感觉,以前我们上学的时候特别羡慕赚钱的哥哥姐姐,能拼命地玩游戏机、换游戏币。当时玩的都是学习不好的人,我作为一个学霸,只能把这个爱玩的心压抑起来。后来,我发现商场里面出现了很多这样的游戏厅,我在10月份的时候,带着我的老公、我的孩子,玩了整整三个小时,面前堆了几万张彩票,花了一个月的饭钱,进行了一次"报复性消费"。这说明我们国民收入水平提高以后,这个文化消费是可以被激发的,我就是一个典型案例。

我理解刘老师为什么这样做,人在年轻的时候,最渴望的东西是一辈子忘不了的,这一天一旦到来的时候,他(她)就会疯狂地要实现自己的梦想。可一旦实现了以后,又会很焦虑。

旧事物谢幕,就有新事物的登台,只是随着时代的发展,新陈代谢的速度越来越快。1996年5月,中国历史上第一家网吧"威盖特"在上海开业,网吧逐渐代替了游戏厅。

中国这十几年的变化,让一家家的网吧诞生,也让千千万万个家长为此纠结。我们知道这些家长很希望孩子好好学习,恰恰很多孩子痴迷游戏,可是谁能想到这些孩子可能就是日后第99个体育项目电竞的后备运动员呢?《人民日报》曾经做过一个问卷,有70%的家长直到今天为止,还是非常讨厌孩子玩游戏。游戏和电竞经常让我们分辨不清,只有做出成绩,才没人说你离经叛道。如今蓬头垢面的网吧少年终于走入镁光灯下,成为万众瞩目、为国争光的电竞明星,但是大多数人对这一点还要有相当长的认识过程。

网络歌曲的黄金十年是中国唱片产业的黑暗十年

音乐也由于互联网的出现发生巨变,网络音乐开始诞生了。雪村和他的《东北人都是活雷锋》还记得吗?《丁香花》《老鼠爱大米》《两只蝴蝶》等网络音乐席卷了整个流行音乐界。网络音乐都是免费下载,很少人希望拿钱去买光盘,当时盗版的现象也非常猖獗。下面有请我们学院的朱敏老师,研究音乐演艺领域的专家,谈一谈网络音乐的辉煌十年,是不是唱片产业的黑暗十年?

(以下为朱敏老师的发言)

网络音乐的十年,让我们的唱片和实体唱片举步维艰,究其原因,一个是互联网的整体覆盖，还有手机终端的普及，最重要的就是版权保护的缺失，造成了很多著名的作曲家不再创作作品，很多唱片公司不敢再创作和出版新的唱片，因为唱片刚一出来还没有赚到钱，盗版就已经满世界飞了。

我们可以看到一个产业的兴起如果不加以规范，就会影响到其他产业。从2005年开始，中国唱片业产值每年萎缩都超过20%，2008年中国唱片业的产值比2007年下降了34%。而在中国近4亿网民中，超过83%的人有过上网听音乐的体验，但曾为正版付费的用户比例不足5%。这一现状不仅伤害了唱片业，更破坏了音乐人所处的环境，并因此伤害到了音乐本身。

小结

这十年，中国经济持续增长，国内生产总值从8.5万亿元上升到27万亿元，居民可支配收入从5425元增加到15780元。我们的文化消费也从500元增长到了1329元。1998年8月，文化部正式成立了文化产业司，文化的产业化成为一个重要信号。

中国错过了前两次工业革命，终于在世纪之末，赶上了世界第三次科技革命的列车。2007年，中国的互联网用户就已经有两个亿。中国逐渐从新技术的追随者，到新技术的贡献者，如今成为新技术的领跑者。

在这之后我们从2G时代跑步迈入3G时代。人们对互联网的认识和想象，渐渐不再局限于"信息高速公路"，文化消费的载体和阵地已经由物理空间开始转移到虚拟世界。

这十年，通俗文化更加鲜活。各种各样的文化现象、大片出现，民众不同的需求也得到了满足。大众文化在序幕开启以后迎来了第一个高潮，这和互联网的出现密不可分。如果说这十年还是一个交替期、更迭期，那么，接下来的十年就是以互联网为主体的十年，让我们一起来完成对最后十年的回顾。

2008—2018年：时光折叠，回首来路

在回顾这40年的文化发展的时候，大家会不会觉得最后十年发展得太快了？十年来，我国GDP继续保持了逐年增长的趋势，从2008年的31.4万亿，到2018年仅前三季度GDP就已达到65万亿，相关机构预测截至年底有望直逼90万亿，十年时间里中国GDP提高了近300%。

在这期间，我们的恩格尔系数也在逐渐下降，下降到只有29.39%，中国第一次进入联合国划分的富足区间。大家知道，改革开放初期，我们中国的恩格尔系数是"6字头"的，而现在是"2字头"，说明我们的经济发展越来越好。老百姓用于文化消费的钱也多了，从2008年的1472元增长到去年的2847元，翻了一倍。这个数字告诉我们未来文化消费、教育消费的潜力是难以估量的。

回首这十年，有一个关键词一定少不了，就是"互联网"。2008年，我国的网民数量大致为2.2亿，到2018年网民已有8.02亿人，中国数字经济规模达27.2万亿元，占GDP比重达32.9%。这个数字告诉我们国人的文化消费和教育消费已经发生了巨大的变化，那么除此之外这十年间还发生了什么？

微评

★ 奥运会的承办为世界了解中国打开了一扇大门。这项赛事在极大地提升城市基础设施水平及整个城市现代化水平的同时，也吸引了各国投资者前来寻求合作。

请回答2008：时间改变了什么？

时间回到2008年，奥运会在北京举办。有些情侣选在奥运这天领证结婚，很多人都希望可以在八月份生出"奥运宝宝"。那一年，中国传媒大学很多同学一个学期甚至是一整年都在做奥运志愿者。大家都在用自己的方式参与这个举国盛会，我在开幕式的前一天看了彩排，那个震撼的场面我至今记忆犹新。

但是奥运给我们今天留下最深刻影响的不仅是那些体育赛事，还有奥林匹克精神，习近平总书记也曾在多个重要场合大力提倡并深入阐释奥林匹克精神，比如"奥林匹克精神是重在参与、自强不息、顽强拼搏"，在全国掀起了一阵全民健身的风潮。

曾经的奥林匹克公园的广场变成了十几种类型的广场舞进行切磋的场地，曾经的鸟巢和五棵松也成了艺人举办演唱会的标志场馆。除了场馆，北京奥运会带给我们最直观也是最深刻的影响莫过于全民健身的普及达到了前所未有的高度，下班后和礼拜天的业余时间都在干什么？很多人选择去健身。2011年全年只有22场马拉松比赛，到2017年时这一数字就已经增长到了1102场，而且很多像北京马拉松、重庆马拉松等大型赛事因为参与者众多甚至需要"摇号"参加。

过去的奥运，拿金牌是唯一目标，但是现在看来这句话已经被推翻了。2016年傅园慧在奥运会上金句频出，"洪荒之力"一下子成了网络热词。有网友评论说："国人的体育情怀除了金牌还有运动本身的快乐！"

从最初的"唯金牌论"到现在更加注重赛事背后的精神属性和娱乐属性，我们的心态变得更加平和、理性了。北京奥运会是中国改革开放30年的节点，如今我们又将迎来2022年的冬奥会。相信冬奥会一定会为中国带来新的冰雪经济，并掀起一场冰雪运动的热潮。

佛系青年、斜杠青年、空巢青年的背后"网生一代"的文化标签是什么？

伴随北京奥运会成长起来的一代人，我们也叫他们"网生一代"，他们被贴上了"佛系青年""斜杠青年""空巢

微评

★ "网生一代"又称"Z世代"，这代人占中国总人口的24%，接近3.3亿。他们更注重精神追求和培养自己的兴趣爱好，有数据显示，预计在2020年，"Z世代"将贡献中国在线文娱市场消费的62%。

青年"等一系列的标签。"网生一代"已经走到了舞台中央，开始渐渐成为社会的主力，那么这个新兴消费群体背后的文化标签究竟是什么呢？

娱乐文化

相比过去，网生一代更热衷于在网络上发生的文化现象，于是网络剧、网络综艺、网络大电影开始出现，受到了大家的追捧。现在一部网络上非常有名的剧一集的价格可能是电视台的5倍到10倍。在这样的过程中，广告的总产值并没有减少，只是逐渐从报纸、杂志、广播和电视转移到了互联网上。2014年我国的网络综艺数量只有47档，而到了2018年仅上半年就上线了194档。

手机也不再是单纯的通信工具，而是一个新的即时社交和分享工具，这代人每天都会花费大量时间在各类娱乐和社交网络平台上，所以社会上出现了各种新文化，比如社群文化、圈子文化，还有二次元文化和弹幕文化。

分众文化

从《爱情公寓1》首次在2009年江西卫视的暑假档播出，到2018年推出了大电影，在将近十年的时光里，这部剧陪伴了许多网生一代的校园时光，一句"我的青春我做主"甚至成了很多人的个性签名。

年轻人自我个性的张扬对于他们自身和社会的发展都产生了巨大的影响。我常年在高校工作，每天跟学生在一起，我也会被他们所感染。古人说师生之间的关系是"师不必贤于弟子，而弟子不必不如师"，在互联网时代当老师越来越难，因为学生和老师同步掌握知识，尤其像大学生，他们一旦掌握方法论以后，就可以和老师同步学习。所以我自己的微信签名是"走自己的路，叫别人打专车去吧"，以此来告诉自己，互联网时代每个人都有自己的个性化需求和表达。

从这以后，我们也看到了一些过去都不敢想象的节目，比如近年来的《奇葩说》《中国有嘻哈》《吐槽大会》等完全颠覆传统节目以及表现小众文化的现象级文化产品在青年群体中走红，这些文化的形成有特殊的时代背景。在互联网发展的上半场以大众文化为主流，但是当其进入下半场时，面向年轻人的小众文化和分众文化成为主流，娱乐产品变得越个性越好。

这些娱乐化和个性化的文化产品也引发了一些批判的声音，我非常反对娱乐过度和"娱乐至死"，但是我也包容和理解这些与我相差两代人的文化表达。同时，文化一定带有时代的烙印，生活在其中的人必然受其影响，其他时代的人需要多一点包容和理解。小时代也是一个时代，我们今天不能盲目地拿点击率、拿票房衡量一部作品的优劣，可能它今天是火爆的，但放到历史的长河中它未必就是经典的。

有些节日本来不是节日，过的人多了就成了节日

说起年轻人的文化标签，我还想到了很多人对新兴文化现象不理解，包括大家经常说的洋节和传统节日的问题。面对这一现象现在主要有两种不同的看法，一种人认为洋节应该过，觉得既然已经改革开放了，外国的节日为什么不能过？还有一种观点认为中国人就应该过自己的传统节日。现在面对这两种不同的观点有没有同学想现场说一说？

（本科新生，本科同学认为可以过外国的节日，博士同学认为要坚持过传统节日，两人展开了激烈的现场辩论，以下为二位观点的详细内容）

本科同学：我们应该平等对待中外节日，我觉得在讨论这个问题之前应该明晰一下节日的概念，节日是人类为了适应生产生活需要而产生的一种民俗文化的体现。虽然本民族的民俗文化很重要，但是适应生产生活需要也很重要。过节的主要心态就是庆贺和放松。外国也有很多这样的节日，比如圣诞节、感恩节、狂欢节，人们可以和家人、朋友一起出去吃饭、唱歌、度过美好的时光，这种轻松的氛围和时光是现代人非常缺乏的。所以我觉得只要一种节日能符合紧张社会下人们需要放松心态的需求，同时给平淡的生活增加一些仪式感，就是好的，没有必要分什么中外。

博士同学：我们也来区分一下什么是节日、什么是假日。西方过来的节日到了中国以后，更多是成为一种假日，因为很多商家把它塑造成消费的符号，给人们一个借口去消费、去娱乐、去放松。这是一个商业的噱头，后面蕴含的文化内涵或者文化价值，我们都不一定了解，甚至不一定认同。所以它只能称之为假日，而不是节日。但是反观我们中国的传统节日，它首先是一种人文文化，像春节等有着浓郁的人文情怀的节日，以及像清明扫墓纪念先人等具有仪式感的节日。西洋节则不是，我们只是去感受一下节日的氛围。传统节日寄予了我们在骨子里的文化传承。这是节日，而不是假日。所以，我的核心观点是假日可以无国界，我们想过就过，但是节日一定是传统的。

如何看待"洋节"和传统节日的关系，这个题目我也一直在思考，我觉得她们两个讲得都对，"洋节"给我们带来的仪式感很强烈，但年轻人未必懂得"洋节"背后深层次的文化内涵，只是找个借口聚一下、放松一下。

对于传统文化、传统节日，我们确实应该很好地挖掘它的内涵，特别是它的仪式感的文化符号。古人创造了十分完整又严格的节日习俗，而我们却在把它逐步简化，春节吃饺子，元宵节吃元宵，端午节吃粽子，中秋节吃月饼，腊八节吃腊八粥。其实我们并不缺少节日，只是生活需要仪式感。

地球变小了，世界变平了

回过头来我们看看在这十年当中，除了节日以外，电影的发展也引发了我们的不断思考。2008年我国电影总票房43.4亿元，进口片票房是17.4亿元，2018年我国电影总票房突破600亿，进口片共117部，票房占四成左右。在这样的背景下，很多年轻人对外来影视作品产生兴趣，有观看英美剧或日韩剧的习惯，甚至有些青年人自发组成字幕组以便于更多人可以在剧集更新的第一时间进行观看。还有一个很直观的现象是金庸先生去世时"70后"和"80后"集体缅怀，漫威之父斯坦李的去世却让"90后"和"00后"感叹一个时代的落幕。不得不说，在互联网和全球化的影响下两代人热衷的文化符号产生了变化。

全球化背景下，我们不是单向接受而是双向互动，我们的文化产品也在不断走出去。比如，从前几年的《甄嬛传》《琅琊榜》等电视剧以及近几年的《白夜追凶》等网剧的出海都受到了广泛的好评。《甄嬛传》在美国热播的时候，美国一个权威的影视网站给了《甄嬛传》8.5分（满分10分）的评价，而且说是"中国版纸牌屋"，我心想，你还没有看过我们后宫那些更复杂的事呢。

但是玩笑归玩笑，我们自己要很清楚地意识到中国文化走出去的重要性。我自己就遇到过自认为我们的文化已经走出去了，结果却并没有真的走出去的亲身经历。

2009年我50岁，我到联合国拿了一个由潘基文秘书长给我颁发的"全球创意经济顾问"，同时做了40分钟的演讲。在演讲结束后的提问环节，有一个来自北美的文化参赞问了我两个问题。

第一个问题是中国现在还有多少人梳辫子？他看到很多文艺作品中中国人都是梳辫子的，然后打架之前先把辫子盘起来，这一看就是他武侠片看多了。那一年奥运会才刚刚结束，我们高喊着"世界给我18天，我给世界5000年"的口号，但人家一个国家的文化官员，居然没来过北京，不知道中国的情况。我就跟他开玩笑说，中国还有人梳辫子，这些人是中国的艺术家，他们不但留小辫，还留胡子，还把身上涂很多油彩，这是艺术家的个性。

接着他又问我第二个问题，那你会武术吗？我想算了，简单点回答他。我说会，他很高兴，紧接着问我："那你会什么门派？"我说："我会第六套广播体操。"他很费解地问："这是一个什么门派呢？"我比较幽默地回答他说："这个门派中国全民都会，我只会第六套。"

外国人提出这样的问题我心里很难过，这个例子我讲了十年，是为了告诉大家我们不要自以为是地认为我们的文化已经传播到世界各地了。这些年来我们讲好中国故事，不是要搞那些刚性的、人家不理解的文化宣传，我们把中国的故事讲到世界，就是为了让世界人民多了解中国，少一点误解。但是，这些年我们有很多的作品在国内反响很好，但是在国际上的反映却不能令人满意。比如一部电影在国内卖了几十个亿，在国际上发行量不过几百万美元。

所以像这样的例子很多，我们需要打造一批像中央电视台拍摄的《舌尖上的中国》这样的文化精品，不但在国内广受好评，在国际上也很热销，还有像《我在故宫修文物》《朗读者》《经典咏流传》等，这些文化作品都是我们拥有文化自信和文化自觉的标志。

世界上最遥远的距离是我坐在你对面你却在看手机

从1G的出现到5G时代的到来，手机所承载的文化功能越来越丰富，尤其是4G和即将到来的5G时代。4G是移动互联网时代，相比于3G的图文传播，4G带来了视频、短视频、直播和移动手游的全面崛起，出现了抖音、《王者荣耀》等一系列的现象级的产品。即将到来的5G时代是万物互联时代。而且它带来的变化将是惊人的，不仅仅是速度和带宽，还会带来生活的一个个剧变，包括互联网、无人驾驶，特别是AI人工智能的发展，会影响生活的方方面面。

在这样的背景下，我们的文化底色不能变。无论技术发展有多么快，我们都应该有自己的创作和思考。那些年我们觉得台北故宫是我们学习的榜样，但不到十年的时间，北京的故宫已经完成了华丽转身，他们在2017年就实现了故宫淘宝年销售额超过10亿元，而台北故宫的文创产品销售收入折合成人民币还不到两亿。我们国家大力提倡让文物活起来，让藏在深宫大院里面的文化精品能够更好地回到老百姓的日常生活中，这方面故宫给了我们最好的答案，现在国家博物馆、国家图书馆和各个省的博物馆也都在积极作为。

知识可以用钱来衡量吗？

十年来，技术的进步丰富了文化娱乐活动，知识的消费和获取方式也发生了巨大的变化。现在手机已经不再是单独的通信工具，可以理财，可以阅读，可以做很多的事情，包括在线教育。2017年中国在线教育市场用户规模就已经达到1.4亿人左右，市场规模达到2000亿元。慕课在中国虽然起步较晚，但发展飞速，将传统的以教师、课堂为中心的模式翻转为以学生为中心的教育模式，更加尊重求知者的个性和选择。下面请卜希霆老师讲一讲他是怎么样用他的慕课迎接新教育的挑战的。

（以下为卜希霆老师的发言）

慕课是受众范围非常广的课程，范老师今天的跨年公开课也可以做成一门慕课。我自己录这样的课程还是比较辛苦的，我之前用了三天的时间从早录到晚，然后又进行了后期制作。课程名字叫作创新教学，未来会在慕课网站上线，希望真的可以通过没有围墙的大学把我们的优质课程传到更多更远的地方。

除了卜老师提到的，其实对于互联网颠覆传统教育的问题，我作为一名大学教师也有着十分深刻的体验，比如我前阵子在我们学校讲了一堂公开课，现场只能容纳400名同学，但是通过直播的形式在全网总计有近30万人次的关注量。我们现在要求很多老师逐渐从课堂教学向慕课转化，为了讲好今天的课程，我准备了三个月。这些素材是我的学生们搜集、梳理了很长时间才呈现在大家面前的，需要在最短时间里把知识浓缩，用最有效的手法展现出来。以前我们总是把课堂局限在三尺讲台，未来的课堂上，可能班主任就是一个机器人，上课的老师可能未必是本校的老师，教育在发生各种各样的变化。

互联网除了可以帮助老师提升课程的传播效果，也为学生们提供了更为广阔的实践空间。2014年，在一次回京的飞机上，我和同事商量着怎样用一个新的模式培养研究生，我突然灵光一闪——办个文化产业的公众号吧，就这样我带着学院的几名同学创办了公众号"言之有范"。四年来，"言之有范"坚持每日原创，共推送文化领域精品文章3000余篇，被《人民日报》《光明日报》《中国文化报》《中国社科报》，人民网、新华网等权威媒体转载累计1200余篇，转载率达40%。转眼几年，"言之有范"的系

微评

★ 慕课是"互联网+教育"的产物，知识获取的便捷促使知识付费时代的快速到来。慕课老师也一改传统教学，着重深耕精细化内容，并通过技术智能引导，实现精准服务。慕课等平台的搭建为优秀老师提供可持续发展的教育新平台。

列丛书也已经出版了七卷，2020年第八卷和第九卷也将和大家见面。

我举这个例子是想说："各个年龄的人群在面对互联网时没有原则上的差异"。再过几分钟我就跨入60岁了，在互联网面前，年龄不是问题，问题是我们的观念。什么观念最重要？就是进入互联网时代后我们一定要有互联网思维。那什么是互联网思维？就是要去权威化，要相互交流，而不是单纯的我说你听。在互联网中，没有不变的角色和分工，我们每天在写公众号发布内容，是创作者；但是与此同时我们还是消费者，创作和消费的过程是交织在一起的。

人人都是徐霞客

大家经常说我们的旅游和文化是诗和远方，在互联网新的世界面前，这个远方也在发生变化。2018年4月8日，新组建的文化和旅游部正式挂牌。但是文旅融合绝不是简单的文化和旅游的相加，它一定会产生新的业态。据统计，2008年国内旅游人次超过17亿，2017年国内旅游人次达到50亿，十年间增长近3倍，带来了近6倍的旅游收入增长。

在这样的变化当中，我们人人都必须要做好新的准备，年轻一代"00后"，就坐在你们的身后，"90后"坐在你们的中间，不管你愿意或者不愿意，这些人都会成为社会的主体，都会成为新的创业的主力，而坐在前面的是"80后""70后"还有个别的"60后"，再想一想我这个"50后"，你们还有什么不可以做的呢？现在60岁的人叫老年人，但是在互联网世界，我认为老年人一定是对互联网不清楚、不愿意接触、还不想接触的人才是真正的老年人。

全国老龄委调查数据显示，我国60岁以上人口已经达到了2.41亿，而当前老年旅游人数已占据旅游总人数20%

微评

★ 随着中国社会老龄化步伐加快，被称为"银发经济"的老年产业呈现蓬勃发展之势。因为拥有数以亿计的消费群体，老年产业也多被商家称为"朝阳产业"。

以上。除了老年旅游产品，银发经济在其他领域也有巨大潜力，中国作为世界第一的人口大国，中国的老年人口有着与其他国家不一样的老龄化特征，就是空巢老龄化。因此除了医疗、保健、服务等方面的完善，老年人的精神世界更需要得到丰富，所以我们还要思考一些新的模式，让老年人能够幸福地度过晚年，这对于企业家来说是一大机遇，把银发经济搞好是未来很重要的蓝海。

小结

世界上唯一不变的事情就是变化本身。2008年到2018年这十年间，中国经济的发展由原来的快速增长转为中高速增长，由原来能源和环境的消耗性增长，进入今天以数字创意、新兴服务业等产业为主的新的发展阶段。当然，这一切的一切，还仅仅是故事的开始……

这就要求我们必须要赶上这趟列车，我们必须做好心理准备、知识准备和各种各样的专业准备，这个发展趋势不是你愿意或是不愿意就可以改变的。因此我们每个人都要做好准备，把自己的未来定位与这个时代、这个社会紧密地结合在一起。

展望

新年的钟声一响，我们的课程就到了该和大家说"再见"的时候了。今天是2019年，我在第一刻向你们道一声：新年快乐！我建议大家在新年钟声过去以后，对未来做一个畅想。

今年总书记在新年贺词中说到，"2019年，我们都在

微评

★ 随着中国经济发展水平的不断提升，国家的经济发展方式在不断转变，资源节约型、环境友好型产业正在成为新的经济增长点。

努力地奔跑，我们都是追梦人"，对于2018年的总结是"我们过得很充实、走得很坚定"。未来一年用一句话来概括："有机遇也有挑战，大家还要一起拼搏、一起奋斗。"他还提到了我们既要"向每一位科学家、每一位工程师、每一位'大国工匠'致敬"，还要感谢"快递小哥、环卫工人、出租车司机和千千万万的劳动者"。这几句话既总结了过往也展望了未来。今天晚上注定让我们终生难忘，我们一起见证了过去的改革开放40年，也即将共同迎来中国改革开放的下一段征程。

再过10年，2028年，中国改革开放50年的时候，你多大了？那时候对于我们来说最大的问题就是老龄化现象，我们平均每4个人当中将有1个老人，一对小夫妻要供养4个甚至可能是6个老人，你们要怎样面对？要提前做好准备。

再过20年，2038年的时候，你多大了？那时"90后"都已经快40岁了，真的是人到中年。到那个时候，人工智能一定会变得非常普遍，我们需要解决的是对科技的认知。也许那个时候还给你们上公开课的是范周老师旗下的一个最好的智能机器人。

再过30年，2048年的时候，是我们共和国诞生100年的前夕。假如那时候我还健在，已经是快90岁了，我唯一的心愿就是能够走到天安门广场看共和国100岁的阅兵式，我也希望今天和我同龄的人可以和我一起走。你们可能比我小10岁、20岁、30岁，但是在时间长河上，这些差距一点都不大，你觉得很漫长，其实就是一瞬间。希望每一个人在新的一年都要爱惜身体，因为它是1，生命的年龄才是0。

我也希望今天在座的和在线的学生，一定要努力让自己多一点生存的本领。我希望你们听完这堂公开课走出教室的时候，能够真的把中国文化的种子洒向四面八方。因为一个国家的强大，需要靠经济，需要靠军事，但是更需要靠文化，只有真正文化自觉、文化自信，我们的国家才能是真正意义上的世界强国。

谢谢大家，我们明年再见。

（此文根据范周教授现场发言整理）

发展变革中的文化产业(上):黄金十年,我们见证了怎样的伟大历程?

范周

2008年,文化产业增加值为7630亿元,占同期GDP比重的2.43%;2017年,文化产业增加值达34722亿元,占同期GDP比重的4.2%。十年时间,不论是顶层设计还是相关产业,不论是数量还是增速,文化产业都发生了翻天覆地的变化。十年时间,既需展望,也待回顾。这十年,你我是历史的见证人,也是创造者。

我们的2018

2018年10月10日,国家统计局发布的数据显示,经核算,2017年全国文化及相关产业增加值为34722亿元,占GDP的比重为4.2%,比上年提高0.06个百分点。通过这个数据我们可以看到,文化产业正在快速且稳步地发展。

我国"十三五"规划目标是到2020年实现文化产业成为支柱性产业,但并没有明确提出文化产业的增加值要占国民生产总值的5%。因此在2020年,即使文化产业增加值没有达到国民生产总值的5%,也并不能说我们没有实现"十三五"文化产业发展目标。

文化核心领域

文化核心领域创造的增加值为22500亿元，比上年增长14.5%，占文化及相关产业增加值的比重为64.8%，比重最大。其中，新闻信息服务连续十年成为文化产业最重要的组成部分，除此之外就是文化产业中的服务业和服务贸易。

文化市场及文化企业层面

截至2017年年底，全国文化系统所属及管理的文化单位共有32.64万个，比上年末增加1.58万个；从业人员248.30万人，增加13.50万人。2017年全国5.5万家规模以上文化及相关产业企业实现营业收入91950亿元，比上年增长10.8%，增速提高3.3个百分点，持续保持较快增长。

文化贸易

2017年，我国文化产品和服务进出口总额1265.1亿美元，同比增长11.1%。其中，文化产品进出口总额971.2亿美元，同比增长10.2%；文化服务进出口总额293.9亿美元，同比增长14.4%。

出版产业

2017年，全国共出版图书、期刊、报纸、音像制品和电子出版物485.23亿册（份、盒、张），较上年降低5.43%。在出版产业中，新闻出版的总量占较高比重，但是库存积压现象突出。

微评

★ 近年来，我国文化产业在稳步发展，对于文化产业的发展一方面我们要看在国民经济中的比重，另一方面我们还要看文化产业发展的质量。

电影产业

我们都希望今年票房能够突破600亿。我认为达到这个目标固然很好，但是达不到也没关系，我更看重的是电影产业收入的内部结构。但是有一点，我们应该清楚，我们国产电影占电影票房的比例目前已经超过了50%，但这个比重还应该继续增长。进口的好莱坞大片只有45部，而国内生产发行的电影有800多部，所以我们应该继续提高国产电影在国内票房的占有率。此外，国产电影的国际占有率过低，以《战狼2》为例，该电影在国内票房将近57亿元人民币，但是国际票房不到300万美元，可见，国内市场和国际市场差别之大。

由此可见，文化产业需要继续深化供给侧结构性改革。比如电影产业，如今国内电影产量已达到1000部，但是实际院线上映的不足200部；电视剧每年生产总量超15000集，但只有三分之一能够被观众看到。有这样一句话，中国电视剧的生产是三个"三分之一"——有效益的占三分之一，营收基本平衡的占三分之一，亏损的占三分之一。**因此我国文化产业和其他的产业一样，都面临着如何去库存的问题。**

电视剧产业

目前为止，中国是全世界电视剧产业发展最好的、最平稳的、市场化程度最高的国家。习近平总书记去非洲访问，带去了《媳妇的美好时代》，它能够在国外传播，取得不错的效果，目前这样的优质作品在国产剧中所占比重是比较高的。

微评

★ 文化产业领域也要深化供给侧结构性改革，生产出来的影片要满足人们多层次的文化需求，为老百姓提供喜闻乐见的高质量文化产品。

动漫产业

据相关数据显示，2017年，我国动漫行业总产值达到1500亿元。 中国的动漫在历史上很辉煌，20世纪50年代是中国动漫的黄金时期，以水墨动漫为基础，在全世界影响力很大，今天日本的很多动漫大师都是上海美术制片厂美术大师的学生。改革开放初期，很多动漫作品获得国际大奖，像《小蝌蚪找妈妈》，但接下来是持续沉寂的20年。最近几年动漫开始回升和发展。

微评

★ 观念问题是制约游戏产业发展的一项难题。如何摆脱既有观念，发挥游戏对教育领域、经济领域的积极作用是我们接下来所要思考的问题。

游戏产业

即便游戏仍然受到很多中国家长的反对，但游戏成为产业已经成为不争的事实。据官方媒体统计，现在仍然有70%到80%的家长反对游戏，这对游戏发展的阻力很大。但是，我们欣喜地看到了在过去的这些年，游戏产业开始向1000亿的方向快速发展。《2017年中国游戏产业报告》显示，2017年中国游戏市场实际销售收入达到2036.1亿元，同比增长23.0%，首次突破2000亿元。中国游戏用户规模达到5.83亿人，同比增长3.1%。

电竞已经正式成为我国体育重要赛事之一。不久前，在2018英雄联盟总决赛上，IG勇夺冠军，再次鼓舞了中国的电竞产业。

网络版权产业

网络版权产业正在呈现几何式增长，影响力越来越大。2017年我国网络版权产业市场规模为6365亿元，相较2016年增长27.2%，其中用户付费规模为3184亿元，网络版权产业的经济活力持续提升。

黄金十年，文化产业发展的三个阶段分期

文化产业的黄金十年，产业政策不断发力。2008年金融危机时，《十大产业振兴规划》出台，这对于应对国际金融危机、保增长、扩内需、调结构是非常重要的措施。2009年7月22日，我国第一部文化产业专项规划——《文化产业振兴规划》由国务院常务会议审议通过。这是继钢铁、汽车、纺织等十大产业振兴规划后出台的又一个重要的产业振兴规划，标志着文化产业已经上升为国家的战略性产业。这个规划的出台，对业界的影响极大。正因为顶层的谋划，文化产业在这十年取得了卓越的成绩。但这一时期文化产业的快速投入导致了后面很长一段时间的文化产业供给侧结构性改革。

在这十年当中，各行各业稳健发展。**首先，文化科技创新推动文化产业结构不断优化。** 2012年，我国在《文化及相关产业分类2004》的基础上，进行了文化产业统计标准的调整，表明随着文化业态的不断融合，新兴业态不断出现，同时我国文化产业不断调整升级，从产业链条的低端向高端不断演进。**其次，传统媒体萎缩，新兴媒体崭露头角。** 微博、微信、今日头条等互联网平台不断出现。而我的微博、微信也是在这个时期的发展大潮中相继开通的。

另一个值得关注的现象是IP开发热。2015年，"IP影视剧"《花千骨》《琅琊榜》《何以笙箫默》轮番轰炸屏幕。IP的重要性越来越大，尽管官方和民间的评价不同，但是，文化作品应该满足各种各样的需要。

讲到这里我想到了春晚现象，我们不能否认春晚在中国文化中的重要地位和作用，但是我不认为要把春晚做到全国人民都看。"萝卜白菜各有所爱"，在欣赏上不能一刀切，不能要求全国人民观看同一个作品。

这是一个"无中生有"的时期，新技术催生文创新业态，抖音、喜马拉雅、分答等纷纷出现；这又是一个"有中出新"的时期，传统产业迎来改造升级。

"朕知道了"让更多人爱上了故宫文创；网络新闻会将报纸慢慢变成"收藏品"；声音产业开始凸显，以喜马拉雅App的火爆为代表；短视频与城市形象宣传完美结合；网络文学发展越来越快……因此，不论是政府还是学界，在面对互联网、数字经济的问题上，张开双臂的同时应当理性对待。

数读中国，文化产业发展的十年变革

国民经济的发展

居民消费能力的提升，是我国文化产业快速发展的基础。自2008年到2017年，我国国内生产总值从319515亿元提高到了827122亿元，是2008年的2.5倍，年均增长率8%。与此同时，居民可支配收入也从2008年的18311元增长到了25974元，增幅达42%，居民人均消费从13220元，增长到了18322元，增幅达38.6%，其中居民人均教育、文化娱乐消费支出从1398元增长到2086元，增幅达49.2%，领先人均可支配收入和居民消费的增幅，增长迅速。

微评

★ 相比于其他领域，我国文化领域缺乏成熟的法律法规体系。法律法规是文化产业发展的保障，完善文化领域相关法律法规，是下一步发展的重要举措。

文化政策的发展

在文化立法方面，过去十年中，国家先后颁布了《电影产业促进法》《公共文化服务保障法》《公共图书馆法》等5部法律，保障文化产业相关领域的正常运行。但是，文化领域的立法占全部立法的比重还不到4%。完善文化法规，至关重要。

最近演艺人员的纳税问题引起社会广泛关注，第一，在中国法律、国家税法面前，没有特殊人，必须一视同仁；第二，所有颁布的法律要家喻户晓、人人皆知，不能"秋后算账"；第三，地方政府为了招商引资而引进的机构，在出现问题之后，地方政府也要勇于承担自己的责任。

政策调控方面，党的十八大之后，《关于加快构建现代公共文化服务体系的意见》《中共中央关于繁荣发展社会主义文艺的意见》《文化部关于鼓励和引导民间资本进入文化领域的实施意见》等70余部政策出台，**对文化产业的有序发展做出调整，具有鲜明的问题导向性，"以问题为中心"贯穿文化产业政策发展演变主线**。需要注意的是，在党的十八大后出台的文化产业政策当中，有近五分之二的政策是以"指导意见"为命名，近半数以"通知"为命名，仅有两部政策以"工作方案"命名，**政策落地难、跟进慢、规范化程度不够，成为文化产业发展的重要问题**。

产业发展：透过"元年"看十年

2009年是3G元年。2010年是微博元年。2013年是4G元年，也是自媒体元年，自媒体的出现使"全民皆是媒体人"，很多人的影响力不再依赖行政级别，同时2013年还是可穿戴设备元年。2014年是网络自制剧元年，一部网剧的单集售价可达到300~500万人民币，且还在继续增长中。2016年是知识付费元年，花钱买课、听语音课成为人们生活中重要的一部分，2016年也是直播元年。2017是短视频元年，新媒体对我们生活的影响越来越大。

学科教育发展

学科成就显著。目前，经教育部审批备案的开设文管专业高校共194所（198所设立，4所后来撤销），其中授予管理学学位的160所，授予文学学位的2所，授予艺术学学位的32所。

通过对过去十年历程的梳理，我们可以清晰地看到，文化产业经历了巨大的发展变革，可谓是黄金十年。那么，在下一个十年，文化产业将如何发展呢？

发展变革中的文化产业(下):消费战争打响,文化产业未来如何变化

范周

【写作背景】未来十年充满不确定性,但十年间的发展与变化确实能革新很多东西。人才培养计划要针对未来五年后到十年后的新兴产业进行匹配。本文将对未来十年的发展预测做了七点归纳,内容分别为5G时代的数字文创、AI人工智能、互联网下半场、银发经济、乡村文化消费、新时期中国文化贸易以及新型教育模式。

"让光传播的速度更快",5G背景下的数字文创

随着人们生活水平的不断提高和科学技术的持续发展,文化产业和数字技术的融合越来越受到社会的关注。我国自2015年起就开始出台《关于加快发展生活性服务业促进消费结构升级的指导意见》《关于积极发挥新消费引领作用 加快培育形成新供给新动力的指导意见》等相关文件,对数字经济领域进行了宏观规划。**数字文化产业迎来前所未有的红利期。**

5G是什么概念？

1G时代，出现了模拟技术的无线语音通话，人们可以摆脱限制并随时联系，我们开始进入移动通信时代；2G时代，出现了更高质量的语音通话；3G时代，人们实现了真正意义上的移动互联，移动端网络在此时呈现井喷式增长；4G时代的到来，让移动网络的速度从绿皮火车直接上升到了高铁的级别。5G时代，**高速率、高可靠低延时、超大数量终端网络**的特征已经不是让人们更加清晰流畅地观看视频这么简单，5G技术甚至有望进入无人驾驶领域。

技术进步带来文化生产方式的变革，文化生产方式的变革又影响大众对文化消费的预期。智能手机的普及和拍摄功能的持续优化，让我们进入"全民创作时代"，而数字技术的发展加速了文化传播方式的升级，使文化传播呈现辐射广、速度快、影响大的特点。不仅是文化生产，我们的未来生活都会因技术进步充满无限可能。

进入5G时代，我们的生活将会如何改变？我认为有以下四点：

（1）自动驾驶汽车更安全；

（2）远程医疗成为可能；

（3）实现全景视频；

（4）随心所欲的4K超清体验。

当机器能够深度学习，人工智能下的新业态

最近十年，许多国家都预见到人工智能是世界发展的趋势，因此专门做了智能化产业发展未来十到十五年的规划。中国政府也于2017年3月首次将人工智能（AI）写入了《政府工作报告》中，这标志着我们向人工智能迈出了步伐。

文化产业如何借AI东风？

公共文化服务的智能驱动，前沿核心技术的多维应用，以技术为支撑的价值创造。

人工智能正在向不同的产业领域、文化领域渗透。未来，教育领域与人

工智能技术结合后，在讲台上授课的老师都不一定是本人了。

互联网下半场的商业变革，新型创业的新模式

新型创业的新模式应引起大家的关注。如今B2C、C2C、B2B、C2B、O2O等多种商业模式随着互联网、电子商务的发展不断涌现，商业模式本身也是一种创新。同时需要注意，这是一个不再讲究面向大众的时代，分众才是我们要考虑的。

从C端到B端的商业逻辑

B端商业逻辑，从用户诉求、购买决策、产品设计、消费风险与成交耗时来看，都与C端呈现完全不同的形态，而商业模式是整个产业当中利用率最高的部分。中国人口和流量红利正在消失，用人成本的增加成了另一个致命的问题。企业如何发展才不会被时代淘汰呢？

电商的技术突围

阿里云升级为阿里云智能，腾讯也在10月进行了第三次组织架构调整。这些互联网的巨无霸对组织架构进行调整就是为了适应新的业态发展，包括加大对各种智能技术、AI实验室、量子实验室等的投入研发。阿里也好，百度也好，腾讯也罢，这些站在时代最前沿的企业开始做出了变化，这些变化要引起我们的思考。在这样的背景下，中国企业的数字化转型已成为普遍共识。

互联网下半场注定充满风险和竞争，我们要摒弃传统的互联网经济经验，重新审视互联网的发展方向，思考新的商业逻辑。在互联网下半场，谁掌握了粉丝即用户、内

微评

★ 互联网时代的发展，一定要赢在观念上。应对层出不穷的新事物要不断更新自己的观念，紧紧抓住新的机遇，思考新的商业模式。

容即品牌、媒介即渠道、分享经济、社交众筹和游戏化思维者六大定律，谁就掌握了未来。

面对老龄化，银发经济中的文创蓝海

预计到2020年，全国60岁以上老年人口将增加到2.55亿人左右，占总人口比重提升到17.8%左右；高龄老年人将增加到2900万人左右，独居和空巢老年人将增加到1.18亿人左右，老年抚养比将提高到28%左右。社会正面临严重老龄化的问题。

危机背后的商机

有数据预测，中国老年产业的规模到2020年和2030年将分别达到8万亿和22万亿元，对GDP的拉动将分别达到6%和8%，会成为国家经济支柱之一。这时候的老年人，可能不再是社会的负担，而是产业服务的重要对象。

美国哈佛大学心理学家艾伦·朗格提出过一个理论：专注力是与岁月对抗的力量，衰老是一个被灌输的概念。老年人的虚弱、无助、多病，常常是一种习得性无助，而不是必然的生理过程。这是一个很重要的概念，当一个年龄上属老年人的人从心理上认为自己很年轻时，他完全可以是精力充沛的。同时我们应该明确，老年人的经验、知识、能力和爱心都是社会的宝贵财富，老年人力资源是老龄化社会赖以发展的重要资源。

面对银发经济，除了思考基础层的养老护理、养老保险、老年医疗等，还应该涉及产业的延伸层，如老年文化消费、老年精神慰藉、老年创业、老年金融等。

微评

★ 我国社会即将进入人口老龄化阶段，老年人口将成为重要的服务对象，老年产业市场的发展将成为下一片蓝海。

未来"新养老"

比如"普惠养老",专为老年需求而设计。比如家庭装修,当下市场多以年轻人需求为主,而针对老年人需求开发的智能家居设备将会成为巨大的蓝海。

再如旅居养老,现在很多老年人进行的是"候鸟式养老""度假式养老",比如北方人去海南过冬,这样的生活状态将在未来成为常态。

但我们也要认识到,在所谓良性发展中,老年文化消费的供求失衡问题仍然突出。老年人可以消费的场所和产品十分单一,市场对老年人的需求了解不足。

怎么抓住老年人的心?

(1)定位老年细分人群,抓住行业痛点;

(2)提供定制化、个性化老年人文化产品与服务;

(3)发展康养产业,拓展文旅领域新业态。

乡村振兴发展中的文化消费展望

在国家政策的扶持下,中国经济的下一个十年定会以城市为中心向农村转移。这几年我们能够看到的是,农民收入正在逐年提升,甚至有些沿海农村收入比城市居民收入更高,农民正在改变着社会对他们的刻板影响。随着农村各种基础设施建设和消费习惯的培育提升,农村将成为巨大的经济蓝海。

影响农村消费的两个因素

(1)城市化进程。我国当前的城市化率接近60%,离75%左右的高城市化率还有一段距离。这意味着,农民"进城"的空间仍比较大,很多农民家庭正在为"进城"做准备。

(2)农村生活方式转型。在互联网影响下,农村生活方式发生巨变,一部分留守或返乡的居民,虽然生活在农村,但其消费行为和城市无异,文化消费等逐渐在农民家庭支出中占据了相当比重。

农村文化消费与文化市场存在的问题
（1）农村居民收入偏低致购买力不足；
（2）文化消费观念落后受传统消费观的影响；
（3）文化消费市场基础设施不完善；
（4）文化消费市场供给单一。

农村居民需要什么样的文化产品与服务？如何协调？
思考农村居民需要什么样的文化产品与服务时，首要考虑农村居民的文化需要，同时应该让这两亿村民与城市居民有机交流；城市大量"有闲有钱"人群到农村创业，他们将互联网新内容、旅游新业态带到农村，应该对他们给予关注。

"一带一路"倡议下，对外文化贸易的新思路

文化贸易已经成为推进"一带一路"建设的重要增长点。

2017年我国文化产品和服务进出口总额1265.1亿美元，同比增长11.1%；与"一带一路"沿线国家进出口额达176.2亿美元，增长18.5%，占比18.1%，同比提高1.3个百分点。**但是"一带一路"不仅仅是文化宣传，更是"民心相通"的文化交流。**

文化贸易为"一带一路"注入活力

2017年，中国与沙特阿拉伯联合制作的首部动画片《孔小西与哈基姆》共26集，登上沙特电视荧屏，实现了中国动漫在沙特从无到有的突破。《孔小西与哈基姆》以中沙儿童友谊为主题，融入了中国美食、服饰、功夫等元素，版权已成功转让给22个阿拉伯国家的发行商。**通过文**

微评

★ 我国农村地区有着广阔的消费市场，如何精准对接农村地区的文化需求，激发文化消费热情，让农村成为消费主战场值得我们深思。

化贸易，中国文化走进了沙特普通民众的生活中，使更多人了解到中国的传统与现代。

"民心相通"使"一带一路"战略行稳致远

"国之交在于民相亲，民相亲在于心相通。"国家间关系的交好既要有政府高层的硬支撑，也离不开人民心灵交流的软助力。也正是如此，"民心相通"被视作"一带一路"建设的重要一环。

加强对外宣传渠道建设，传播也是生产力：

（1）重视国内主流媒体海外分站的传播力量；

（2）重视外宣传播产品生产，提炼适合对外传播的元素；

（3）积极利用符合当地交流习惯的新媒体平台发声。

重视平台建设，拓展对外文化贸易渠道

北京、上海、深圳建立纷纷国家对外文化贸易基地，打造"一带一路"文化贸易枢纽平台，推动中国文化产品和服务加速"走出去"。艺术节也正在形成有全球影响力的洽谈—孵化—展示—签约的文化贸易平台。中国文化可以走出去绝不是只是依靠所谓的宣传品，一定是靠经贸活动，靠产品说话。文化走出去一定是靠文化产品消费的，人家主动消费，主动接触，花钱消费总比免费消费效果更好。

教育模式旧貌换新颜，没有围墙的文化产业

全世界100强的高校，70%~80%的学校把他们最好的精品课程用世界各国语言在网上免费放送，让全世界的

微评

★ "一带一路"为中华文化走出去提供了良好的契机。文化产品的输出不仅可以为我国带来巨大的经济收入，同时承载着民族精神的文化内涵，可以更好地得以传播推广。

人都可以免费选择这样的课程，慕课、"互联网+教育"的全新模式正在一点点改变传统教育模式和管理形态。

2017年，全球新增了2000多万人学习慕课课程，而慕课学习的总人数，已经达到了7800多万人，超过800所大学参与到慕课中。这些信息都是利好消息，但对于我们这些教育从业人员，也要进行深刻思考。

慕课新形势下，对人才培养的新要求：

（1）对人才观要有新认识；

（2）注意各种新形式的变化；

（3）终身学习。

未来十年文化产业的发展一定和人相结合的，而人的素质提高，不能靠一次学历教育就管终生，而要不断出新，也因为这样才要在课程当中提出新的学习模式，包括创业模式、孵化模式，祝愿新的学习模式带来新的启迪。

文化产业二十年,学科建设仍在路上,专业教材体系亟待建立

范周

【写作背景】 2018年,全国文化产业理论界掀起了一股回顾文化产业20年发展历程的热潮。在2018年9月16日"2018年国家文化创新实验区发展论坛·中国传媒大学学术论坛"上,13位资深专家围绕文化觉醒与文化自信这个主题展开研讨,其中文化产业学科建设问题尤为引人关注。我国文化产业学科建设经历了怎样的历程?呈现出怎样的特征?未来将走向何方?文化产业专业应该如何培养人才?如何进行师资队伍建设?

学科建设二十年:从无到有的发展历程

文化产业学科建设概览

20世纪90年代后期,教育部允许一部分学校开设文化产业学科试点,正式拉开了文化产业专业学科建设的大幕。

1993年,中国第一个以"文化经济"为专业方向的四年制本科专业——"文化艺术事业管理"在上海交通大学成立,**标志着文化经济学的理论研究与学科建设进入了中国学术界的视野和高等教育领域。**

2002年党的十六大以来，文化产业成为我国改革开放的重要领域之一，"十一五"文化发展规划纲要明确提出，"鼓励有条件的高等学校整合相关学科资源，集中开展文化事业、文化产业重大理论和现实问题研究，为先进文化建设服务。鼓励文化单位与高等学校合作举办高级研修班、培训班，培养高素质的专业技术人才、经营管理人才。鼓励和支持文化人才参加学术研究和交流，承担重大课题和项目。"

2004年3月，教育部下发《关于公布2003年度经教育部备案或批准设置的高等学校本专科专业名单的通知》，正式批准在山东大学、中国传媒大学（时为北京广播学院）、中国海洋大学和云南大学四所高校中首先开设文化产业管理专业。

历经近20年，文化产业学科建设经历了从无到有的转变。目前，全国有近两百所学校开设了文化产业专业，700多所高校开设了相关的课程，形成了文化产业教育的基本的态势。

作为交叉学科存在的文化产业

产业实践快速催生学科向纵深发展，由于各个学校的学术背景有所不同，文化产业挂靠在不同的学院之下自然具有不同的特征。文化产业往往挂靠在人文历史学院、新闻传播学院、经济学院或者艺术学院，因此也就导致了全国在文化产业的学科建设上"各具特色"。

艰难起步，文化产业学科建设仍然在路上

学科发展史、方法论和学科经典案例是一个完整学科

微评

★ 开设院校大多没有明确的学科归属和定位，在学科建设中往往被边缘化，发展受到制约。这也是迫切需要进行文化产业学科建设的一个非常重要的原因。

★ 文化产业是一个交叉学科，这决定了它不可能把所有被交叉的学科都包含进去，而必须有所为，有所不为。

★ 在学科设置上，首先要因地制宜，各个学校根据各自不同的资源优势整合形成自己的学科。这种交叉性，将来可能更多体现在教学模式的改变上。

体系不可或缺的三大要素，但客观来讲文化产业还不具备这三个方面的基本要件。从这个意义上来说，文化产业的学科建设不但在路上，而且只是刚刚起步。学科体系若不经过长时间的时间沉淀和反复论证，便无法形成自己的学科特点。文化产业包罗万象、内涵丰富，并随着经济社会、科学技术的发展而不断变化，推陈出新，因此它所面临的学科建设难度和压力就显得与其他一般学科大为不同。

文化产业学科建设的四大特征

第一，文化产业与社会经济发展紧密相连、高度契合。"十三五"规划纲要提出"'十三五'时期我国要实现公共文化服务体系基本建成，文化产业成为国民经济支柱性产业"的目标，这表明推进文化产业发展已经成为国家层面的行为，也能看出文化产业已经进入大众视野并引起了极大关注。将一门学科所涉及的产业直接定性国民经济支柱性产业，是其他同类型学科难以企及的，因此从这一点来说，文化产业与国民经济高度契合是其产业建设必须面对的重要特点。

第二，文化产业需要实现社会效益和经济效益的双效统一。这就使得文化产业学科和其他经济学领域中的产业有所不同，需要更多关注国家文化工程建设和国家文化软实力建设，包括中华优秀文化走出去、中华文化的全球化表达，社会主义核心价值体系的建设等。因此党中央在提出"三个自信"的基础上，进一步提出文化自信，文化产业作为弘扬文化发展，提升文化自信的重要组成部分，是其学科建设面对的第二个特点。

第三，文化产业与其他行业正在进行深度融合。融合化发展是"十三五"时期乃至今后很长一段时间的重要特点和趋势。文化和旅游、文化和科技、文化和金融、文化和传统制造业、文化和创意设计等一系列的融合现象尽管一定程度上模糊了文化产业的边界，但扩大了文化产业的外延，也成为文化产业学科建设的重要特征。

第四，不论是产业发展还是学科本身的要求，都对人才有宽泛而严苛的要求。文化产业人才不仅需要有深厚的理论修养，还需要有丰富的实践经验；不仅要借助大量的管理学、新闻传播学、市场营销、工商管理等相关学科的辅助，还需要学习各种现代传播和表达手段。因此，文化产业是一个多种学科交叉综合之后形成学科，在漫长的学科"嫁接"过程之中，文化产业学科所具有的属性和特征对师资建设工作带来了巨大的难度。

由学科建设延伸到文化产业教材，在这一方面，截至目前，我国已经有了300多种不同版本的教材，结合不同时代、不同地区发展实际进行编撰，深刻反映了我国文化产业发展现状及变化轨迹，但从学历层面进行教材编撰仍然有一段很长的路要走，**因此我认为，教材建设工程也亟待启动**。结合二十年国内文化产业发展现状和国际文化产业发展实际，形成能够适应本科、硕士、博士等不同学历，管理、技能等不同类型的具有中国特色的多元化、多层次教材体系。

微评

★ 文化产业学科要想活泼地生长出一个从前完全没有的东西，并且涵盖过去已有的所有相关学科是不大可能的。但是如果把交叉学科做好，在学科发展中就会赢得先机。

结语

学科建设是一个持之以恒的事情，需要脚踏实地，久久为功。在学科建设中既要遵循科学规律，实事求是，又要只争朝夕，不断创新。因为文化产业是一个新兴交叉学科，在发展过程中不断与其他行业、其他领域融合交叉，所以急之不得，也不能放任自流。

首先，高校和相关研究机构应该充分调研、论证，达成共识，使文化产业尽快成为国家教学管理机构的一级学科。在此基础上，根据文化产业与其他学科的交叉发展现状，形成自己富有特色的研究领域和研究方向。其次，全国从事文化产业学科研究的同人，应该分享在各自领域的创新和实践中积累的宝贵经验、教训，充分交流，让观点和思想交汇、碰撞。最后，学习借鉴国外经验，学会弯道超车，探索出既具有中国特色的文化产业学科体系，又能适应当下国内外文化产业发展实际。

无论如何，文化产业学科建设不会一蹴而就，更不能一锤定音。让它在运动过程中不断完善，再完善，学科建设仍在路上。

拥有理论积淀和实践经验远远不够，文化产业师资队伍还必须具备这些素质

范周

【写作背景】打造一支强劲的师资队伍对文化产业人才培养来说至关重要。如何进行师资队伍建设？文化产业教师应该具备哪些素质？文化产业发展过程中，师资队伍建设应该怎么办？

近年来，随着产业结构调整步伐的加快，文化产业已成为我国经济转型的重要推动力。我国许多院校都开设了文化产业管理专业及其相关课程，并在短短几年时间成为发展极快和热门的新兴学科，但从整体来看，文化产业的建设的步伐还远远落后于文化产业自身的发展，文化产业师资队伍建设作为人才培养的关键环节还没有受到足够重视。因此把握专业学科特征，找出目前我国文化产业师资队伍建设过程中存在的问题并提供相应的解决策略，尤为迫切。

学科体系和归属仍是需要解决的重中之重

早在1993年，上海交通大学就开设了文化艺术管理相关专业。2000年，

微评

★ 文化产业人才培养必须与文化产业人才市场紧密结合，与具体的文化产业业态相结合。

★ 到目前为止，我国还没有形成文化产业专业出身，并且拥有系统知识结构的师资队伍，没有相应的师资储备，缺少高学历的人才培养过程。

华中师范大学开设文化管理本科。直到2004年，上海交通大学成立"文化产业管理"，被很多学者认为是文化产业专业正式设立的标志，但这也仍是属于"在少数高校试点的目录外专业"，培养目标是具有宽阔的文化事业和现代产业理念及经营技能的复合型文化产业管理人才，归属于管理学，在公共管理学科之下。**可以看出，最早的文化产业人才培养主要针对管理类人才，大多数老师从管理学科转型而来。**

2004年后，教育部修订及补充的《普通高等学校本科专业目录》设置了多个涉及文化产业或文化产业管理的相关专业，如艺术管理、社会经济与管理、体育经济与管理、旅游管理、国际文化贸易、媒体创意、休闲体育、会展艺术与技术、数字媒体艺术等。文化产业跨学科、跨专业的特征在成立之初就表现出来，**很多老师都是从这些传统领域中调配过来，虽然在原有的学科领域内有雄厚的理论功底和扎实的专业基本，但转入文化产业领域内，很难在短时间内深刻了解文化产业的运作规律，所以说科班出身的专职教师在这个时期是极其缺乏的。**专业目录的反复修订和专职教师的缺乏可以看出，如今的学科建设仍然是这门专业发展最大掣肘，也正是因为没有形成完整的专业体系和明确的学科归属，文化产业专业在不同的高校所挂靠的学科不同，讲授老师从不同的专业背景转型而来的问题到现在依旧悬而未决。

当下文化产业师资力量建设短板在哪里？

总体上人数较少且来源单一

近年来，许多高校虽然在文化产业管理教学方面涌现出不少高水平的学科带头人，但教师的数量与学生数量的增长却不成正比，难以满足学科发展的需求，师资力量的缺失制约了学科建设的发展。同时，师资队伍的来源结构比较单一。其实这一问题不只是出现在文化产业中，也在当前高校中普遍存在，招聘中的唯学历、唯职称论将很多优秀的老师拒之门外，没有多元化的招聘运营机制，使很多招聘上来的教师缺乏行业活动经验。同时，文化产业普遍存在"创意型"教师总量不足的现状，文化产业师资队伍的国际化水平也有待提升。

学科设置分散带来培养目标不明确

如上文提到的，专业隶属问题一直悬而未决，造成各院校学科归类不清，多种业态的复杂现状使很多学校和老师对于发展目标和思路的把握尚不清晰，缺乏整体设计和长远规划。比如，文化产业到目前为止还没有形成统一的教学大纲，老师们开设的课程随意性还比较大，板块、数量、层次都缺乏统一的标准和具体的执行方案。甚至还有一些学校、学院盲目跟风，在自身师资力量还不完善，教学实力欠缺的情况下开设一系列课程。

有融合趋势但仍须加强

从内容来看，文化产业涵盖了影视、动漫、演艺、出版等多个门类；从产业运作角度来说又包含了策划、营销、管理，同时随着时代发展，IP开发、文化科技、文化金融、文化旅游等行业的融合趋势出现，这对于知识储备的要求大大提升，文化产业教师不仅专业知识要多元广泛，还要与其他学科相互交叉、跨界。就目前来说，融合发展已经引起了学界的高度重视，但师资队伍适应这种新变化

微评

★ 目前，文化产业专业教育强调文化产业理论学习，以文化产业学科体系为线索，重点在传授学科前沿的理论知识。

和新趋势的能力还有待提升。有些老师深受原专业影响，当面对蓬勃发展的新态势时很难快速与文化产业发展相联系，对新的知识更新换代不足。

微评

★ 文化产业是各种学科的融合，需要教师有一定实践的经验和进行自身的理论融合，这实际上是对师资队伍提出了很高的要求。

文化产业专业师资应该具备哪些素质？

文化产业的学科建设和学科归属问题不可能一蹴而就，在这个漫长而艰难的过程中，需要政府相关部门的支持配合，也需要众多学校和研究机构的共同努力，更需要一个个作为拓荒者的老师们辛勤劳动和前赴后继的开拓精神。没有前人的成功经验可以复制，只能在实践中反复检验、更正，所以更需要一批具有高度学术当担和使命的优秀教师出现。

第一，**全面了解文化产业基本走向**。拥有深厚的理论基础是文化产业师资的基本要求。此外，想要不断了解新业态就要全面掌握文化产业基本走向和国际文化产业发展动态，紧跟时代发展。

第二，**丰富的社会实践经验**。文化产业是一个与社会实践紧密结合的专业，只有教育工作者拥有丰富的社会实践经验，才能在具体的教学中做到理论与实践相结合。

第三，**学科交叉与融合的能力**。文化产业包罗万象、日新月异，这些都对专业师资力量提出了较大挑战。因此要紧密结合行业需求，文化产业教师既需要在传统领域深耕，又需要与新的学科进行交叉融合。

第四，**底线思维和高度的学术担当**。文化产业教师，是文艺创作者和文化产品生产者的引路人和培养人，因此作为一名文化产业教师，首先，应该对文化有深刻认知，有强烈的文化自信。其次，有"底线思维"，为将来的文化产业从业者树立正确的价值观念。

第五，了解科技前沿，具有创新精神。VR、AR技术的出现改变了线上购物、游戏产业；人工智能技术对传统教育、医疗等领域的改变；新型电影和电视剧拍摄技术已经完全颠覆了传统影视产品制作方式；新零售的出现重新定义了线上线下的人货场关系等，这些新旧业态融合交互的现象、技术和前沿知识文化产业教师都应该积极主动地学习，用开放包容的心态和创新精神去对待。

第六，国际视野。拥有丰富的国际学术交流经验，了解世界文化产业前沿和发展动态，以国际视野来进行教学工作，这样一来培育出来的学生视野才能够更加宽广，他们在从事工作时才能够更加符合国际化的标准和要求。因此国际视野也是文化产业师资应该具备的基本素质之一。

结语

当然，文化产业人才培养中不仅需要实力雄厚的师资队伍，还需要将教师队伍建设与社会实践导师相结合，加大力度实行"双导师"制，实现理论讲授与业界实践的结合，促进案例分享与实际操作、体验的结合。

文化产业师资队伍建设还未能引起一些学校的高度重视，这并非小事，也并非易事，它关乎我国文化产业发展、文化产业学科建设和文化产业人才培养。**所以抓好文化产业的师资队伍建设，就是抓好了这项事业发展的牛鼻子**。在这个过程中，教育主管部门应该出台相关措施意见，进行教职工作建设，从顶层设计上做好教师队伍建设的指导工作。学校和研究机构要尽快成立自己的行业组织，加强沟通，互通有无。

从"走马观花"到"下马赏花",让社会实践成为文化产业学科建设的关键抓手

范周

【写作背景】随着竞争的日益激烈,就业市场对文化产业人才的能力提出了更高要求——不但要有扎实的理论基础,还要具备沟通、创新、团队合作等多方面能力。如何培养学生社会实践的能力?如何开展文化产业的实践活动?

微评

★ 在学科教育方面,知识理论与市场实践相结合,传承与创新相结合,既注重学科广度,同时也不放松专业深度,加强培养学生的市场观念与敏感力。

实践体验教学是文化产业学科建设不可或缺的部分

随着经济社会的不断发展,科学技术的更新迭代,文化市场主体间的竞争日益激烈,文化产业毕业生的实践能力成为用人单位的首选条件。相较于以传授书本理论知识为重心的传统学科而言,文化产业这个学科具有较强的实践性,这就要求学生既要"读万卷书",还要"行万里路"。不仅要有灵活迅速的执行力,还要有适应社会的应变力以及对文化产业最新动态的敏锐洞察力。只有亲身体验,从实践出发,对行业有一个清晰的认知,理论知识才能回到实践中去发挥其应有的作用。因此,根据文化产业本身的学科特点,建立实践基地,形成以体验为主线的教学模式是摆在文化产业学科建设面前的一项重要课题。

20世纪80年代,大卫·库伯提出了"体验式学习"理论,即在教学过程中,教师不仅要向学生传授知识,还应**注重学生对知识的体验,以加深学生对知识的理解**。他在《体验学习:让体验成为学习和发展的源泉》中提出了自己的经验学习模式:体验学习过程是由四个适应性学习阶段构成的环形结构,即体验、反省、思考、实践。这一理论传入中国以来,国内一些学者从不同角度展开了研究。目前,工商管理专业正是在以此为基础,构建了以训练学生的实践能力为目的的工商管理专业体验式教学模式,开创了一条崭新的学科教育之路,文化产业学科建设或许能从中受到不少启发。

建立实践基地、搭建实践平台是加强学科建设的必经之路

根据中国传媒大学这些年的实践经验来看,建立相对稳定的实践基地和动态化的实践场所,且在此过程中注重产业的全流程,是加强学科实践的一个重要的途径。

建立相对稳定的实践基地

由于管理理论具有"从实践中来,到实践中去"的特点,建立相对稳定的实践基地,在课程介绍相关理论之前,**组织学生深入企业内部进行参观、调研,近距离与文创园区负责人、文创产业从业者交流,传达最直接的行业经验,提供最真实的发展现状**,使学生在教室外的"第二

微评

★ 文化产业学科不同于其他一般性人文科学专业,它需要学生在实践中不断去接受。

课堂"获得最鲜活的文化产业资讯。在以往的研究生课程中，中国传媒大学文化产业管理学院就组织学生到铜牛电影产业园、北汽齿轮厂文创园等文创园区进行参观学习。学生通过实践发现和解决问题，从而培养自己对于专业的观察体验能力。

搭建动态化的实践平台

除了相对稳定的实践基地外，搭建动态化的实践平台也是一个方面。 深圳国际文化产业博览交易会、北京国际文化创意产业博览会、杭州国际动漫节等大型文博会展活动不仅是展示最新成果的窗口，更是信息集散的重要平台和促进合作交流的前沿阵地。此外，还有不少的品牌学术活动，如国家文化产业创新实验区发展论坛、海峡两岸文化创意产业高校联盟白马湖论坛等。这些论坛云集众多专家学者、企业精英，最关键的是他们所带来的行业信息和干货，对很多青年学生掌握前沿动态具有重要的现实意义。

关注产业发展全流程变化

在实践过程中还应注重产业发展的全流程。 有些产业的发展其整个流程的变化非常重要，比如文博创意设计和衍生产品开发上，以北京高校为例，具有文化氛围包容、文化资源丰富、学术积淀厚实和创新能力强的条件，能够利用这些优势参与许多文博创意的项目，与国家级大型博物馆、创意设计公司开展合作，实现学研优势和市场资本的有效结合，也为学生提供了翔实的现状信息和多元的视角，让学生能更好地了解文博领域。

微评

★ 文化产业教学实践平台是学生接触行业一线的有效窗口，而这个窗口同时也不能固化，必须类型多样，这样才能让学生在接受专业教育过程中始终保持多元视野。

关于文化产业学科社会实践问题的思考和探索

首先，与行业组织建立良好的合作关系。 行业组织掌握了大量的信息资源，这些资源可以转变成文化产业专业的教学资源，帮助文化产业学科挖掘和搜集优秀行业案例，进一步提高文化产业的社会影响力。**其次，实践不能"走马观花"，而要"下马赏花"，** 让学生与具体案例的当事人进行深度交流，以弥补单一课堂教学在实践内容上的不足。**最后，形成案例教学库。** 通过身临其境的体会，深化学生对理论问题的理解，增强其分析与解决问题的能力，在此过程中搜集、提炼形成案例教学库。充分发挥学生独立思考的积极性和主动性，将抽象的理论具体化、生动化，为今后教学打下良好的基础。**此外要集结国际的优秀案例。** 在这方面，我国港澳台地区、日韩、欧美，包括澳大利亚、新西兰都有经典案例，这些都应该纳入我们的学科建设视野之中。文化产业教学对案例的要求数量之大、范围之广、种类之多，案例提炼整理的复杂程度与工商管理专业的案例教学如出一辙，所以更应该借鉴工商管理的案例教学的经验。

文化产业学科的实践体验和案例教学是做好学科建设的重要内容，我们的师资库既要有专业教师，也要有社会实践导师；既要有校内实验室，也要有社会大课堂的实践基地。文化产业的发展和学科建设都需要凝聚全社会的力量，共同助力，真正为人才培养打开一片崭新的蓝海。

微评

★ 优秀案例教学对于学生而言不失为一个学习专业的有效途径，虽然无法亲身接触行业一线，但能更加全面地接触到行业分析。

把握顶层设计风向标

2018年是贯彻党的十九大精神的开局之年，是决胜全面建成小康社会、实施"十三五"规划承上启下的关键一年，也是"两个一百年"奋斗目标历史交汇期的开启之年。在新的历史节点上，顶层设计更加完善、文化机构改革开启新篇章、乡村旅游吹响乡村振兴号角、文化监管不断规范。

文旅融合并非"拉郎配",促进城市发展要警惕"伪文旅"

范周

【写作背景】2019年1月3日至4日,2019年全国文化和旅游厅局长会议在京召开,对推进文化和旅游融合发展等重点工作进行部署,全国多地相关部门、景区、企业都开始制定、实施文旅融合发展的新举措。那么,在文旅融合的大背景下,城市如何抓住机会为未来发展注入新动能?范周教授在出席人民网主办的"新时代文旅融合国际峰会"时发表了相关主旨演讲,以下是演讲内容。

据国家统计局统计显示,2017年全国文化及相关产业增加值为34722亿元,占GDP的比重为4.2%,比上年提高0.06个百分点,增速略有放缓。在下一轮的加快新旧动能转换、推动经济高质量发展当中,增速略显乏力的文化产业需要找到自己的新动能。中国旅游研究院数据显示,2018年国庆期间超过90%的游客参与文化活动,78.3%的游客花在文化体验的停留时间为2天以上。

旅游者越来越多倾向于有文化附加价值的旅游项目,这种变化其实是旅游消费者根本诉求层面上的一种提升,为文旅融合发展奠定了坚实基础。

文化与旅游如何相生共荣？

理念融合是基础

深层次理解文旅融合，须明确它不只是单纯地在旅游产业发展中融入文化元素，也不只是将文化资源进行旅游化开发，更不是站在某一个产业的立场将另一个产业消融解构。**文旅融合本质上是一种方法、一种思维的融合。**比如前几年提到的"互联网+"和"文化+"的概念，是注重两个产业在融合的过程中互相借力、相生共荣。所以，文旅融合进一步推进的基础是在观念上明确文旅融合不是"拉郎配"，而是从理念和内涵上深度融合发展。否则，如果只将"文化旅游化，旅游文化化"肤浅地停留在形式上，得到的也只能是"伪文旅"。

职能融合是保障

国家文化和旅游部的成立以及很多地方的文化、旅游相关机构调整与合并，正是为了解决文化旅游多年来存在的"多管一"的问题。对于历史文化资源，文化部门强调的是保护修缮，而旅游部门强调的则是开发利用，这种行政隔阂与管理壁垒导致历史文化资源在保护与开发方面难以统筹考虑和协调运作。所以，职能融合不是简单的"一加一等于二"的问题，在理顺管理机制的基础上**将资源优势、人才优势、资本优势有效地整合与放大**，是文旅融合可持续发展的基本保障。

产业融合是核心

市场是配置资源的最佳方式，也是实现文化旅游产业融合发展的核心动力。据原国家旅游局统计，2017年全国

微评

★ 文化和旅游的融合不是文化和旅游的概念叠加，而是系统内部有机的融合。文旅融合要实现深度融合，从本质上重构，绝不仅是简单的文化+旅游。

旅游投资超1.5万亿元，其中全国已有144支旅游产业投资基金，总规模超过8000亿元。在我国经济下行压力加大的情况下，旅游投资持续逆势上扬。

通过市场化过程进行项目投资与运营，充分发挥市场这只"无形的手"的作用，才能实现文化旅游产业健康发展。同时，文旅融合不是传统的旅游产业和文化产业二者的简单叠加，它势必会产生出新的第三种业态，因此在文旅融合的过程中要注重培育新业态。

微评

★ 科技的发展极大地拓展了文化的表现形式，文化领域涌现出许多新形式、新业态。科技在助推文旅融合方面起着不可替代的作用。

科技融合是助推器

2018年3月，国务院印发的《关于促进全域旅游发展的指导意见》提出要加强旅游服务，提升满意指数，推进服务智能化，借助大数据分析加强市场调研，提高营销精准度。除了大数据，随着虚拟现实、社交网络、云计算、5G与数字创意产业的快速发展，科学技术颠覆性地改变了现有文旅产业的呈现方式和体验模式，进一步加速了文旅融合的速度和深度。

文旅融合如何赋能城市发展？

城市形象塑造从旅入手，向文挖掘

近年来，随着传播手段的丰富，很多城市通过网络宣传变身"网红城市"。以重庆为例，2018年，根据携程旅游与百度数说联合制作的《2018年城市旅游度假指数报告》显示，游客数量增长最快的十大"网红城市"中重庆荣登榜首，游客增长达到262%；"80后"和"90后"游客成为重庆旅游的中坚力量，占比近40%。

根据抖音、头条指数与清华大学国家形象传播研究中心城市品牌研究室联合发布的《短视频与城市形象研究白皮书》，重庆是唯一一个城市形象相关视频播放量过百亿的城市。当简单的城市形象营销热情退却后，重庆进入"后网红时代"，需要考虑如何**丰富浅层的形象符号，挖掘文化内涵，彰显城市精神**，开启城市品牌由依赖"硬"推广到"软"传播的转变。

文旅融合构建城市新业态

正如前文提到的，文旅融合势必会产生新业态，新型业态也成为各地进行供给侧改革的重要推动力。**在行业经济向跨界经济转型的背景下，城市亟待整合文化旅游资源，并将其转化为产业优势和市场优势。**

比如，曾经的曲阜旅游业以"三孔"的门票收入为主，但是在文旅融合的大背景下，研学游悄然兴起。短短几年，当地出现了三十几家研学游基地，年游客量数十万人，成为带动当地旅游业和经济发展的又一重要抓手。

文旅融合推动优秀文化传承创新

从社会文化价值看，**旅游是城市传统文化发展和传承的重要载体，它是一种社会化的、场景化的文化传承途径，具有深远的教育意义**。因此，如何让旅游业为文化遗产的保护开发提供经济效益的支撑和文化效益的宣传是未来推进文旅深度融合的题中要义。但是，在文旅开发的过程中要对文化资源的挖掘和梳理进行甄别和思考，不是所有的文化都适合进行传播和开发。比如，运河沿线城市将"小德张"作为运河文化符号，建设了小德张故居，并举行了相关展览，但是"小德张"是否真的适合作为大运河的文化符号之一仍有待论证。

微评

★ 文化符号是对传统优秀文化的精华的提炼。在文旅融合过程中，要仔细对待文化资源的态度，思考哪些文化是真正值得我们挖掘和利用的。

文旅融合促进城市发展的新展望

供给端发力,全域旅游向纵深发展

文旅融合不仅仅是某一个产业的问题,作为居民文化消费新形式和经济转型的新动能,**文旅融合要真正发力,就要把"全域"的概念进一步延伸。**目前,旅游业发展存在供需错位、供给不足、供给低端等问题。因此,"全域"概念的提出是从供给侧入手靶向纠正原本的资源错配现象。

与此同时,"全域"强调以旅游业为优势产业整合区域内社会资源,因此,区域内其他与旅游关联较远的如农业、医疗、交通、教育等产业也可以借助旅游产品找到新的定位和销售渠道,形成成熟稳定的产业新链条,带动区域经济转型升级。

除此之外,"全域"的文旅融合要考虑它与当地社会功能以及当地居民生活需求相结合的问题。文化旅游产业融合发展,实际上是实现当地居民与游客共享资源,常态化宜居宜游、主客共享的过程,所以,必须考虑当地的地理与人文和社会等种种条件因素。

结构性优化,把握科技化、个性化、多元化趋势

如今人们出行的目的不再是简单的观光游览,以"90后"和"00后"年轻群体为例,他们评价旅游目的地的重要指标不仅包括自然景观是否精致,旅游设施、文化服务、整体环境也影响着旅游满意度,在人人都是自媒体的时代,更是广泛影响到后续的口碑营销。**所以消费升级带来的品质追求和个性化需求,是进一步发展文旅产业应面对的新课题。**如文旅项目应该具备业态组合的灵活性和多

微评

★ "全域"的文旅融合涉及各个方面,因此要树立整体观念,考虑多种要素条件,坚持可持续发展理念,在文旅融合的过程中实现和谐发展。

元性；如积极培育影视文化内容，涵养IP；引入VR科技等展示和体验形式；运用科学专业的大数据平台精准掌握游客的消费需求并预测趋势。

理顺政府与市场关系，引导投资重心

文化和旅游的融合发展，既需要政府引导，也需要市场支撑。 从市场现状来看，投资主体依然呈现出民营资本为主、政府投资和国有企业为辅的多元化格局，境外资本也在加速进军。但是众多投资主体的投资重心偏重基础设施的建设和房地产项目的开发销售，对于项目的前期策划和后续运营关注度较低。在旅游综合体和文化旅游兴起的背景下，政府应适当引导投资重心由技术设施向文化与旅游的内容培育和后续运营上倾斜，避免脱实入虚。

终于等到你,基本公共服务有了"国标"

范周

2018年7月6日,中共中央办公厅、国务院办公厅印发了《关于建立健全基本公共服务标准体系的指导意见》(以下简称《意见》)。该《意见》的出台标志着我国基本公共服务终于有了国家标准,这对于不断满足人民日益增长的美好生活需要、不断促进社会公平正义、不断增进全体人民在共建共享发展中的获得感,具有十分重要的意义。

政策出台背景

一个总体目标为导向

习近平总书记在党的十九大报告中明确提出,到2035年,基本公共服务均等化基本实现,全体人民共同富裕迈出坚实步伐。本次《意见》的出台也是以这一总体目标为导向,**并在此基础上进一步明确了近期和远期两大目标——力争到2025年,基本公共服务标准化理念融入政府治理,标准化手段得到普及应用,系统完善、层次分明、衔接配套、科学适用的基本公共服务标准体系全面建立;到2035年,基本公共服务均等化基本实现,现代化水平不断提升。**

两部国家级规划为基础

在此之前,《国家基本公共服务体系"十二五"规划》和《"十三五"推进基本公共服务均等化规划》两部国家级基本公共服务规划,已经基本建成覆盖全民的基本公共服务体系,各地的各类基本公共服务设施也在不断改善之中,国家提出的基本公共服务清单的81个项目全面开展,保障能力和群众满意度逐步提升。但从整体上看,我国基本公共服务仍然存在明显短板,比如区域发展不平衡不充分、公共服务质量参差不齐、服务水平与新时期经济社会发展不适应等问题。因此,本次《意见》以《"十三五"推进基本公共服务均等化规划》的公共服务项目清单为基础,并结合我国新时期的实际情况进行了完善。

政策四大亮点

四个层面构建完善基本公共服务标准体系框架

《意见》首次从国家、行业、地方、基层服务机构四大主体出发,系统性地构建了基本公共服务标准体系的总体框架。国家层面主要发挥统领全局的作用,制定国家基本公共服务标准,向社会公布服务项目、支付类别、服务对象、质量标准、支出责任、牵头负责单位等。行业主要由各行业主管部门牵头制定各行业领域基本公共服务标准体系实施方案。地方政府则依据国家基本公共服务标准以及各行业领域标准规范,结合自身情况,在与国家基本公共服务相关规划和标准衔接并进行财政承受能力评估后,制定地区基本公共服务具体实施标准。各类人民团体、企事业单位、社会组织在严格执行各级各类标准规范的基础上建立服务指南、服务绩效评价等制度。

微评

★《意见》明确了各个主体的职责和任务,同时也加强了各主体间的联系和协作。基本公共文化服务是一项系统工程,需要多主体齐心协力,共同完成。

从这四大层面出发，自上而下，由核心到外延，逐步构建起完善基本公共服务标准体系的完整框架和网络。一方面，推进了城乡区域基本公共服务制度的统一，促进各地区各部门基本公共服务质量水平的有效衔接。另一方面，由国家制定最低标准的基本公共服务，地方要扮演好"承上启下"的角色，既不得低于国家标准，也不得脱离当地实际盲目制定，进一步保障服务的落地性和可持续性，从而在根本上推动基本公共服务的均等化。

微评

★ 基本公共服务涵盖面广，涉及主体多，渗透在生活的各个方面。明确基本公共服务的范围和质量要求为各个领域的发展提供了政策保障。

九个方面明确具体保障范围和质量要求

《意见》提出了涵盖公共教育、劳动就业创业、社会保险、医疗卫生、社会服务、住房保障、公共文化体育、优抚安置、残疾人服务9个领域的国家基本公共服务质量要求。《意见》既包含了此前基本公共服务涉及的8大类具体服务项目，又结合了目前发展的实际情况进行了完善和拓展，在原有基础上增加了优抚安置的相关内容。同时，在明确保障范围的基础上对每个领域提出明确的质量要求，这对实现"幼有所育、学有所教、劳有所得、病有所医、老有所养、住有所居、弱有所扶"的美好生活提供了坚实的政策保障。

政府兜底，合理划分支出责任

基本公共服务的支出责任问题一直备受关注，《意见》首先明确了政府的主导地位，要发挥好兜底职能。在此基础上，针对如何处理中央财政与地方财政的责任划分问题采取"谁的财政事权谁承担支出责任"的原则，并将其进一步分为中央财政事权、地方财政事权以及中央与地方共同财政事权三种情况。在此前发布的《基本公共服务领域中央与地方共同财政事权和支出责任划分改革方案》中，支出责任原则是将不同地区划分为五档，采取中央与地方按比例分担的方式，本次的政策在此基础上进一步明确了中央与地方支出责任的划分，制定了中央与地方共同财政事权基本公共服务保障国家基础标准。

三大创新实施机制，增强政策落地性

为保证政策的落地性，《意见》在实施机制上亦有所创新。**第一是推动国家标准的动态有序调整。**《意见》规定基本公共服务标准将根据具体发展情况每五年进行一次统一调整，这将保证在新的历史时期基本公共服务项目和水平能不断跟上我国经济社会发展的步伐，让城乡居民分享发展成果，同时也考虑了发展实际，保证了政策的灵活性。**第二是加强实施结果反馈利用。**在实施过程中将引入第三方机构，建立完善的评测指标，并将其评测结果与全国文明城市等公共文化服务体系示范区重要考核挂钩，进一步确保政策落地惠民，同时反馈的结果在五年调整时可以作为重要的参考来源。**第三是以"能者先行"为原则鼓励开展创新试点示范。**《意见》鼓励京津冀、长三角、珠三角等有条件的地区发挥自身优势，积极探索开展区域性基本公共服务标准体系协作联动，为推动我国城乡基本公共服务均等化起到示范作用。

政策出台为未来发展带来哪些启示？

发展重点从"有没有"转向"好不好"

"十一五"规划首次在国家战略中提出了基本公共服务，"十二五"规划纲提出把基本公共服务制度作为公共产品向全民提供，标志着基本公共服务均等化，"十三五"时期，推进基本公共服务均等化成为从国家战略到全面实践的题中要义。此前的基本公共服务均等化都在着重解决基本公共服务"有没有"的问题，而本次的《意见》从九个方面明确提出了基本公共服务的质量要求。

微评

★ 随着我国主要矛盾的变化,公共文化服务领域也要切实解决供给质量的问题,有效地满足人们的文化需求,提供优质的公共文化服务。

以公共文化服务为例,主要针对欠发达地区的文化惠民模式如送戏下乡、慰问演出、农村图书馆等在不同程度上面临着"无人问津"的尴尬局面,这类报道在近两年来屡见不鲜。这种计划性、配给式的文化服务,基本解决了"有没有"的问题,但是在未来的发展中如何提高服务质量来满足人们的新需求,解决"好不好"的问题,成为矛盾的主要方面。

"均等化"不是一刀切,而是有机均等

基本公共服务的"基本"二字意味着要坚持"尽力而为、量力而行"的原则,在国家标准方面要进行均等化的统一要求,即基础标准和保障。本次的《意见》中继续贯彻了基本公共服务均等化的原则,但是并不"一刀切"地否认差异化,而是在各地迥异的发展现状中推进有机均等。比如在明确公共服务支出责任时指出:"对不易或暂时不具备条件制定国家基础标准的项目,地方可结合实际制定地方标准,待具备条件后由中央制定国家基础标准。地方在确保国家基础标准落实到位前提下,因地制宜制定高于国家基础标准的地方标准,按程序报上级备案后执行,高出部分所需资金自行负担。"

多元化供给成为主流,新兴服务业发展方兴未艾

★ 公共服务的提供既要发挥政府统筹规划的作用,同时也要调动民间力量,发挥市场的作用。近年来兴起的PPP模式为公共服务的发展提供了借鉴思路。

实现基本公共服务高质量发展,需要形成以多元化供给主体为支撑的发展格局。在《意见》中将"政府主导,多元参与"定为五大原则之一,以此突出政府在基本公共服务供给保障中的主体地位,同时充分发挥市场的作用,尤其是调动民营企业和资本的广泛参与,推动基本公共服务供给主体多元化、供给方式多样化、供给内容丰富化。

这也为我国服务业的进一步发展注入活力，尤其是在新兴服务业高速发展的今天。2018年1月至10月，我国规模以上服务业企业营业收入同比增长11.8%；其中，战略性新兴服务业收入同比分别增长15.3%，快于规模以上服务业3.5%。**新兴服务业发展方兴未艾，文化、教育等新型消费性服务业的产业链条延伸，进一步为消费市场带来了新的活力。**尤其是文化服务业近年来快速增长，2017年实现两位数以上增长的3个文化及相关产业行业：文化信息传输服务业营业收入5752亿元、增长30.3%，文化艺术服务业312亿元、增长22.8%，文化休闲娱乐服务业1242亿元、增长19.3%。

随着文化服务业逐渐成为新兴服务业的重要组成部分，文化消费未来在推动我国基本公共文化服务建设中也将扮演重要角色。一方面，根据城乡居民文化消费大数据可以明确公众在文化服务和产品上的偏好，推动基本公共文化服务的提供"有的放矢"，而不是"面子工程"。另一方面，通过政府引导文化性消费的做法，探索把市场配置资源的优势引入到公共文化服务当中，在计划性、配给式的文化服务之外，提供了丰富的可能性，如北京连续六年开展北京文化惠民季活动。公共文化服务不再是提供什么群众就会接受什么了，尊重和满足人民群众的自主选择，成了新时期公共文化服务的一个重要课题，而文化消费的介入将为这一问题的妥善解决带来新的方案。

创新与融合：关于全国文化中心建设的几点思考

范周

【写作背景】2014年2月26日，习近平总书记视察北京并发表重要讲话，明确了"四个中心"的首都城市战略定位。经过四年的发展，北京市文创政策全面开花，文创环境全面向好。在经济发展稳中向好的大背景下，北京如何进一步推进全国文化中心建设，本文给出了不同视角的思考。

微评

★ 北京建设文化中心在推进历史文化名城保护、提升文化服务质量、打造城市文化品牌等方面将激发文化活力，提升城市文化品质，有利于塑造展现开放包容自信的大国首都人文形象。

2014年2月26日，习近平总书记考察北京提出"四个中心"（全国政治中心、文化中心、国际交往中心、科技创新中心）的建设目标，要求努力把北京建设成为国际一流的和谐宜居之都。2017年8月18日，北京市委书记蔡奇在推进全国文化中心建设领导小组第一次会议上进一步强调，要"建设中国特色社会主义先进文化之都"。

经过四年的发展，北京市在人才引进、老旧厂房保护利用、园区认定等方面的政策全面开花，文创环境全面向好。而文化和旅游部的成立，以及国家大力倡导发展全域旅游，更是以全域为载体，为文化事业和文化产业的双效统一和全面提升创造了历史性机遇，为文化发展的顶层设计开拓了思路。

进入新时代，在经济发展稳中向好的大背景下，如何引导这些利好政策深入产业一线，服务北京市全国文化中心建设目标，实现区域协同创新以及推进构建"高精尖"的产业结构，**这便需要从文化、城市、产业和人才四个角度入手进行思考。**

文化视角："三带"建设融会贯通，双效统一提升城市文化内涵

2017年9月，中共中央、国务院批复的《北京城市总体规划（2016—2035年）》（以下简称《规划》）中表述道："推进大运河文化带、长城文化带、西山永定河文化带的保护利用。"三大文化带的建设，是北京进行城市文化保护和建设的重要内容。

统筹推动三大文化带建设，有利于发挥区域的地缘优势，实现历史文化遗产整体保护，让文化带成为活着的、流动的、发展的黄金廊道。面向未来，三大文化带要在过往实践的基础上，积极整合文化旅游资源，进一步推进文旅融合。

要科学统筹规划，加强顶层设计。

打通三大文化带，实现空间和文化、场所和精神的融合发展，需要加强顶层设计和政策引导。在统筹设计的过程中，要加强发改、规划、财政、城建、文物、水利、旅游以及环保等部门的联动，协调各部门工作，明确各部门职责，将文物保护和利用与区域的生态保护、旅游发展、环境整治、改善民生等工作有机协调。

要整合区域资源，强调协同发展。

三大文化带串起的古都文脉将带动京津冀三地社会文化的充分提升。因此，三大文化带的建设要充分考虑在资金、技术、人才等资源上的合作与交流,综合政府、学术机构等多方力量,打破行政区划的界限,将文化带建设融入京津冀协同发展中,创新区域协同保护与发展模式。

微评

★ 首都文化是大国文化,社会主义先进文化,要在建设国际一流的和谐宜居之都进程中,在中华民族伟大复兴进程中,发挥应有的软实力作用,要把首都文化优势转化为首都发展优势。

要创新体制机制,实现重点突破。

在创新机制方面,要把保护和利用结合起来,创新投融资模式和绿色发展激励约束机制等,在政府主导下合理地引入社会力量,打通资金渠道。此外,在三大文化带建设中,建立以世界文化遗产、重要国家级文保单位、国家级非物质文化遗产所在地和世界地质公园、国家级风景名胜区为核心的整体保护格局,实施重点突破、点线面结合的战略,统筹推进三大文化带保护利用。

此外,完善相关基础设施配套,创新三带文化旅游产品和服务,深度挖掘文化资源,打造精品型、体验型的文化旅游线路,推进旅游与演出、夜游等新兴产品和服务业态的融合,是发展文化事业和文化产业、打造城市文化体系过程中的有效路径。

城市视角:把握"一体两翼"布局下的城市文化营造,不断推动区域协同创新

城市文化营造应围绕城市布局和发展目标定位而展开。2017年9月27日,中共中央国务院发布关于对《规划》的批复,提出深入推进京津冀协同发展。伴随京津冀协同发展战略全面部署,北京以核心区为"一体",以河北雄安新区和北京城市副中心为"两翼","一体两翼"的发展格局基本确立。

以运河为底色的北京城市副中心文化营造

《规划》中提到，北京市城市副中心到2035年初步建成国际一流的和谐宜居现代化城区，成为**低碳高效的绿色城市、蓝绿交织的森林城市、自然生态的海绵城市、智能融合的智慧城市、古今同辉的人文城市、公平普惠的宜居城市**。根据北京城市副中心的战略定位，通州区要从历史文化特点和城市建设布局上提炼自身特色和产业布局。

一方面，通州区是北京大运河文化带建设的重要承载区，以运河为特色和底色的城市风貌和文化氛围，应保护好、传承好、利用好大运河历史文化。另一方面，要依托大运河形成的生态文明带，构建以水为亮点、聚焦文化旅游、生态休闲的"运河文化+"业态，全面展示中华文化的博大精深和北京特色，弘扬"文化自信"，塑造区域文化品牌，实现推动北京全国文化中心建设的时代要求。

以传承和创新为精神内涵的雄安新区文化营造

雄安新区作为我国重要的国家级新区，不仅经济地位举足轻重，也是未来城市文化发展的风向标。故而，**雄安新区的文化建设既要考虑如何在当前文化设施建设之中继承中国优秀历史文化传统，又要考虑如何为未来文化发展留有空间和余地。**

2018年9月22日，河北雄安新区规划建设领导小组召开会议。会议强调，要坚定不移贯彻党中央重大决策部署，努力打造推动高质量发展的全国样板，**相关单位要精心编制公共文化服务体系专项规划，高标准布局建设博物馆、美术馆、剧院等公共文化设施，在街道、社区建设综合文化站和文化服务中心，积极推进公共文化服务数字化建设，大力发展文化产业**。

微评

★ 京杭大运河是祖先留给我们的宝贵遗产，是流动的文化，必须保护好、传承好、利用好。要弘扬地域特色文化，促进大运河文化传承。

基于战略定位和空间布局的确立，北京的要素资源开始向两翼和京津冀渗透。以大运河文化带建设为例，北京通州、天津武清和河北廊坊共同成立了"通武廊旅游合作联盟"，三地正式揭开携手打造京津冀协同发展试验示范区的序幕。这既是京津冀文化贯通的集中展现，也是以文化为引领，积极推动三地境内大运河沿线区域产业升级的重要尝试。

产业视角：对标世界文化名城，提升北京全球文化影响力

北京目标是要建设成为"**彰显文化自信与多元包容魅力的世界文化名城**""**具有广泛和重要国际影响力的全球中心城市**"。文化作为民族凝聚力和创造力的重要源泉，在综合国力竞争中的地位和作用越来越突出，成为国家核心竞争力的重要因素，文化产业也在自上而下地逐渐成为国民经济的支柱性产业。

2018年上半年（1—6月），北京市规模以上文化创意企业营业**收入为8493.4亿元**，这一数值相当于全国2017年全年规模以上文创企业营收的1/10，在促进经济结构转型升级中发挥着强劲的作用，并且在全国范围内处于绝对领先的地位。但同世界级的文化产业大城相比，北京市文化产业，特别是在文化产业从业者占城市工作人口比重方面，差距较大。

文化产业是当今世界经济发展的新潮流，纽约、伦敦、东京等众多国际城市均对文化及文化产业进行了战略布局。由于发展时序有先后，各地呈现出的发展现状也有所不同。要追赶其他全球文化名城，将北京打造成为具有全球影响力的文化中心城市，需要在以下方面着重发力。

空间保障

作为全国首个以政策形势明确利用老旧厂房拓展文化空间的城市，北京市在疏解非首都功能的大背景下，**积极腾退老旧厂房224个，已经转型利用的老旧厂房占地面积601万平方米**，为文化产业发展提供了充分的空间保障。中共北京市委宣传部副部长赵磊称，到了2020年，北京将再腾退出约1000家一般制造型企业，腾退的老旧厂房资源将更加丰富。贯彻落实利用老旧厂房改造文化空间的发展思路，加强文化产业园区在"三区融合"中的参与度，将更大限度地激活北京市的创新创意氛围，服务北京市世界文化名城的建设目标。

产权保障

文化产业的核心层包括内容产业，而知识产权保护则是支撑内容产业商业化运作最重要的因素。**面对文化产业中层出不穷的新概念、新技术、新业态，如IP、数字创意产业、VR/AR、文物版权、体验经济等。知识产权保护是市场能够良性发展的重要保障，加快立法、加大知识产权保护力度是文化产业跨越式发展的重要前提。**

此外，在版权运营体系的构建上，我国与好莱坞等文化产业头部区域也还有一定差距。因此，文化产业全球价值链的构建和提升，是北京市发展文化产业，建设全国文化中心和世界文化名城的重要组成部分。

金融保障

自2014年3月文化部、财政部和中国人民银行共同出台了《关于深入推进文化金融合作的意见》以来，文化与金融合作已经成为文化创意持续发展的重要动力。截至目前，北京市在文化金融方面已取得了丰硕的成果：北京银行、北京信用管理有限公司、深圳证券交易所北京中心等金融机构为文创企业提供畅通的融资信用服务；蜂鸟贷、银担通、税易贷等特色金融服务产品为文创企业提供便捷、优惠、一站式的金融服务；2018年8月28日，北京文化金融服务中心正式投入使用，整合了各类金融服务和政策

微评

★ 保护利用好老旧厂房，充分挖掘其文化内涵和再生价值，兴办公共文化设施，发展文化创意产业，建设新型城市文化空间。

资源，为文创企业提供全面、精准的金融服务。未来，北京市应进一步深化落实文化和金融的合作，丰富文化金融服务手段，推动文化创意产业与相关产业的融合发展，加大对外文化贸易，扶持小微文化企业的发展，以促进文化消费。

扩大融合

创新性和耦合性并举的产业特征，以及高附加值、不完全竞争的市场特征，使文化产业在其他产业中逐渐渗透，并模糊其中的产业边界。在经济发展稳中向好，供给侧结构性改革进入深水区，经济发展进入新常态的大背景下，文化产业与其他产业进行融合的趋势日益明显，外延也逐步扩大。一方面表明了文化产业对经济社会全局发展的重要意义，另一方面凸显了文化对相关产业的重要影响。下一步，北京市应在多个领域中倡导"文化+"的概念，如工业、农业、旅游业、制造业等，继续扩大第三产业在北京市经济结构当中的比重，助力经济结构向"高精尖化"发展的不断推进。

人才视角：充分利用平台资源引进人才，充分利用高校资源培养人才

在深入实施创新驱动发展战略的同时，如何更好激发释放文化创意产业人才价值；如何推进文化产学研有效互动；如何实现"双创"环境提质发展；如何根据行业发展，动态调整人才激励机制，值得我们进一步深入思考。

人才引进

2018年3月，北京市人力资源和社会保障局印发了《**北京市引进人才管理办法（试行）**》，为优秀人才和优秀创新创业团队开通"绿色通道"，加大对文化、教育、医疗、体育等方面人才的引进力度。相应地，北京市住建委正式发布《**关于优化住房支持政策服务保障人才发展的意见**》，面向人才提供专配公租房、共有产权房，发放租房补贴，通过住房政策来服务保障在京就业创业的人才。面向未来,北京市要通过对相关环境和配套服务的提升,进一步加大对于文化产业人才的引进力度,在政府、企业、高校等各个层面中扩大专业人才的覆盖面,完善城市文化治理体系,释放文化创意活力。

人才培养

北京市拥有92所教育部认可的普通高等学校,其中包括31所"双一流"建设高校,8所985高校和26所211高校,教育实力雄厚。推动全国文化中心建设,要立足人才培养,拓展国际化视野,把握自身丰富的高校资源优势,不断推动"三区"联动和产学研协同发展。

对于高校而言,应紧抓教师队伍建设,与学科相关的企业和国际名校进行战略合作,为学生提供品类更加丰富、质量更加优异的前沿课程、专业课程和实践机会,为学生搭建创新氛围浓厚、兴趣得以满足、机遇充分流动的平台型校园。

面对国家大力发展现代文化产业的战略机遇、大运河文化带繁荣发展的时代机遇、"一体两翼"和京津冀区域协同的空间机遇,文化、旅游及相关产业融合发展的市场机遇,北京要建设好全国文化中心,还须把握政策机遇,结合新时期发展的要求,坚定发展思路,引导文化事业、文化产业齐头并进,实现社会效益和经济效益的双丰收。

微评

★ 要想加快北京文化创意产业的发展,必须紧紧抓住"创意"这一重要环节,培养人才的创新能力,只有这样才能迎来北京文化产业的大繁荣。

【延伸阅读】新一版北京城市总体规划解读

新一版北京城市总体规划的编制特点：

一是以习近平总书记两次视察北京重要讲话精神为根本遵循。紧紧扣住迈向"两个一百年"奋斗目标和中华民族伟大复兴的时代主题，围绕"建设一个什么样的首都、怎样建设首都"这一重大课题来开展编制工作，进一步强化"四个中心"的城市战略定位，并从空间布局、要素配置、疏解整治提升等方面做出了具体安排，力求增强首都功能的服务保障能力，提升"四个服务"水平。

二是以疏解非首都功能为"牛鼻子"，坚持疏解功能谋发展。规划通篇贯穿了疏解非首都功能这个关键环节和重中之重，同时，统筹考虑疏解与整治、疏解与提升、疏解与发展、疏解与协同的关系，力求在疏解功能中实现更高质量、更可持续的发展。改变了以往聚集资源谋发展的思维定式。

三是紧密对接京津冀协同发展，着眼于更广阔的空间来谋划首都的未来。规划跳出北京看北京，放眼京津冀广阔空间来规划北京的未来。用单独一章来强调深入推进京津冀协同发展，并用单独一节对支持河北雄安新区规划建设做出安排，努力打造以首都为核心的世界级城市群。

四是坚持问题导向，积极回应群众关切。本次规划编制以北京市民最关心的问题为导向，集中聚焦人口过多、交通拥堵、房价高涨、大气污染等"大城市病"治理，从源头入手综合施策，对治理"大城市病"做出了规划安排。

五是坚持均衡发展。针对北京南北、内外、城乡发展不均衡问题，规划提出，以重大基础设施、生态环境治理、公共设施建设和重要功能区为依托，带动优质要素在南部地区聚集，加快南部地区发展；明确各区功能定位，促进主副结合发展，加快外围多点发展，山区和平原地区互补发展；突出城乡统筹，专门用一章对促进城乡均衡发展作了安排。

六是实现多规合一。率先实现城市总体规划与土地利用总体规划的两图合一，实现城市规划向城乡规划转变，形成全域空间规划的基础底图。以城市总体规划为统领，整合各种空间规划，统筹各专项规划的核心要素，实现多规底图叠合、数据融合、政策整合，形成一本规划，实现一张蓝图绘到底。

（资料来源：北京市人民政府，http://www.beijing.gov.cn/gongkai/guihua/2841/6510/1700230/1560330/index.html）

业态融合浪潮下,地方广电的文化产业新出路

范周

【写作背景】地方广电的发展困境由来已久。传播影响力减弱、内容老化、形式僵硬、"结构性缺人"等问题长期困扰着地方广电的发展。在业态融合的大背景下,地方广电文化产业是未来广电发展的关键一招。2018年9月27日,在哈尔滨举办的第二届广电文化产业对接大会上,中国传媒大学文化产业管理学院院长范周教授就地方广电发展文化产业的实践和经验进行了观点分享。

"广电唱衰论",是居安思危还是杞人忧天?

广电媒体的"不景气"早已是这些年老生常谈的话题。但实际情况是,在媒介技术快速发展、传媒形态多重更替、舆论格局深刻变化的背景下,即便早已察觉到自身的困境和危机,大多数广电媒体仍未找到脱身之策,对于长久以来艰难运营的地方广电(市、县一级)来说更是如此。

微评

★ 广播电视虽然作为传统媒体,但是在新时代下对于人民群众的文化生活而言,它仍然不可或缺。

曾经关于"部分地方广电目前已经是零收视"的观点引发了人们的广泛讨论。从现实情况来看，这样的观点虽然过于悲观，但可以明确的是，地方广电的日子的确越来越不好过了。数据显示，无论是广播还是电视，过去几年的收听、收看人数都在持续下降，尤其是年轻受众数量的极速下滑。如今，更多的青少年通过智能设备就能随时随地博览世界，知晓天下大事。

传播影响力的减弱直接导致了电视台和广播电台经营性收入的减少和"离职潮""结构性缺人"现象的出现。是地方广电做得不如以前好吗？答案是否定的。大部分地方广电仍在兢兢业业地生产、输出内容，但**"以不变应万变"在今天这个瞬息万变的社会里，早已不是万全之策。**面对市场化程度更高的新媒体，传统广电的弊病显露无遗，内容和形式的老化、僵化无疑让地方广电媒体失去了核心竞争力。

但广播电视在今天这个时代中的确有自身的存在价值。作为党的"喉舌"，又具有区域独家设立的特性，**公信力和权威性仍然是广电得以立足的"金字招牌"，地方广电无疑也是基层宣传思想工作、组织群众和承接地区公共文化服务的重要平台。**此外，专业人才、设备和技术又使得广电具有成熟、强大的内容生产力。

需要特别关注的是，地方广电在公共文化服务体系建设中发挥着重要作用。广电媒体拥有平台和资源，在生产广播影视节目、举办文艺演出、陈列展览、艺术培训活动等方面具有丰富经验，成为丰富地区公共文化服务种类、完善公共文化多元供给体系的重要力量。

微评

★ 面对互联网新媒体的迅捷反应，地方广电必须尽快转变思路，创新工作方式，以便更好地打开广电发展新局面。

"媒体融合论"，地方广电未来之路如何走？

坚持正确的舆论价值导向

2018年5月31日，国家广播电视总局召开广播电视媒体管理、确保正确宣传导向电视电话会议。会上，总局党组成员、副局长范卫平指出，"加强媒体管理是党的新闻舆论工作的重要原则，确保导向安全是党的新闻舆论工作的重要生命线。广播电视媒体要切实提高政治站位，不断增强做好广播电视媒体管理、确保正确宣传导向工作的使命感和责任感。"

广电媒体是党、政府和人民的"喉舌"，在社会舆论和思想文化建设中处于主导地位。地方广电宣传必须始终坚持正确的舆论导向；坚持以社会主义核心价值观为引领，弘扬中华优秀传统文化、革命文化和社会主义先进文化；坚持正面宣传为主，聚焦主流，反映进步；加强议题设置和舆论引导。

微评

★ 只有打造适应全媒体全业务贯通需求的"云平台"，才能根本改变不同媒体间采集制作相互独立、分散、低效运行的状况，也才能实现全业务系统的互通互联。

持续推进媒体融合

在互联网浪潮的席卷下，地方广电应该积极迎合时代的变化和发展，而不是故步自封。早在2014年出台的《关于推动传统媒体和新兴媒体融合发展的指导意见》中，"媒体融合"正式被提上日程。2018年8月，习近平总书记在全国宣传思想工作会议上也指出"要扎实抓好县级融媒体中心建设，更好引导群众、服务群众"。"县级融媒体中心"这个新型地方媒体机构第一次在国家级会议上被提及，我国媒体融合进程也将进一步深化。

如何推进地方广电的媒体融合相关工作？正如习总书记指出的，重点要在"基础性、战略性工作上下功夫，在关键处、要害处下功夫，在工作质量和水平上下功夫"。一要积极推进地方广电媒体的基础性硬件建设和高新性软件配套；二要解决"人多劳动力少"的问题和"覆盖多影响力小"的评价；三要建立科学系统的绩效考核指标和综合有效的反馈监控机制。

不拘一格选人、用人、育人

在新的时代背景和发展机遇下，地方广电要重新审视和规划"人才强台"战略。地方广电应加强与企业、高校、科研单位的联系与合作，完善后备人才储备；摒弃长久以来"讲年资""谈身份"的思想，真正树立起惜才爱才的人才观念，在最大程度上实现人才价值；优化人才的工作、生活、创业环境，尽快建立起各种有利于选才、用才、留才、育才的机制。

《人民日报》就近日引发热议的"张小平离职"事件评论道"面对更加自由流动的人才市场，靠围追堵截不是办法，要马儿跑，就要让马儿吃上草，吃好草，更要扭转人浮于事的怪现象。赏罚分明，也是对真正付出者的尊重。"对待地方广电人才，又何尝不是这样呢?

创新创优节目内容形式

地方广电虽然在不断改进节目内容和形式，但节目质量与观众需求之间仍存在着较大的差距，只有不断增强自主创新能力，强化科技进步的支撑作用，才能更从容地面对日益激烈的传媒市场竞争。立足自身实际，地方广电要大力推进技术设备改造升级，推动传统传播向先进传播转播。同时，改进播出内容的编排，在新闻节目中更加彰显地域特色；关注民生，做好舆论反馈，满

微评

★ 不管是地方广电，还是中央平台，只有充分做好内容生产，制作出接地气儿的优秀文化内容，才能获得人民群众的青睐。

足受众喜好和需求；重点加强相关人员的专业素养培养。

多元发展挖掘产业蓝海

文化产业是一个渗透性、关联性很强的产业，与其他产业存在着天然的耦合关系，具有产业融合发展的良好基础和广阔空间。业态融合早已成为时代的大势所趋，通过突破产业边界、重组产业要素而融合形成的文化产业新业态，往往具有更高的附加值、具备更强的市场竞争力。因此，广电产业与文化产业其他业态的融合，或是未来地方广电发展的全新方向。

"多元发展论"，文化产业开启地方广电新蓝海

"广电+旅游"

近年来，文旅融合趋势愈发明显。2018年文化和旅游部的合并组建，彻底打通了文化产业和旅游产业之间的内在逻辑，未来二者的结合蕴藏着无限可能。特别是广播、电视作为文化产业的传统核心门类，通过与旅游产业的融合发展，从而能够实现二者资源和载体的结合、内容和形式的结合，这符合产业发展趋势、消费升级要求，也有助于广电行业实现自身的转型升级。

就各地目前的实践而言，成立城市广电旅游联盟成为推动各地广电与旅游融合的重要途径。例如，由江苏、安徽、浙江、山东、辽宁、四川、广东及上海等八省市共计33家城市台联合发起的"广电+旅游"城市台合作联盟，就充分发挥媒体平台的优势，密切协作旅游发展，共寻共享行业发展的新机遇。联盟发布的《"广电+旅游"城市台合作联盟倡议》提出以广电媒体的旅游观光与体验栏目为基

微评

★ 广电部门应该打开新思路，将广电与其他业态相融合可以更好地激发从业人员的创作激情，更好地生产出优质内容，取得更多的经济效益。

础，通过广电媒体的联合营销，从而完成旅游项目的推介、旅游信息的发布、旅游活动的组织、旅游资源的对接等活动。

"广电+教育"

在国家统计局2018年上半年发布的《文化及相关产业分类（2018）》中，在"文化辅助生产和中介服务"大类下保留了"文化艺术培训"，并新增"文化艺术辅导"，进一步明确了培训辅导产业与文化产业的内在密切联系。《2017—2018中国家庭教育消费报告》显示，当前社会中，除了学校课程外，家长对于少年儿童参加以艺术教育培训为代表、以培养兴趣爱好为目的的课程的需求愈发强烈，尤其是播音、主持、歌唱、舞蹈、朗诵、写作、摄像等方面的课程，受到家长和孩子们的喜爱，而这些正是地方广电的"拿手好戏"。

省级广电在这方面的探索要更加深入。金鹰卡通是湖南广电旗下一家以少、幼儿节目为核心的上星卡通频道。2004年开始，金鹰卡通为了进一步夯实平台实力，以内容为引擎，积极联动文化和教育两大板块，在线下布局幼教产业。目前，金鹰卡通飞行幼儿园已经建立了超过20所园区。对于家长们而言，幼儿园与电视媒体的密切联系，以及因此带来的优秀幼教师资资源、丰富的广电媒体活动机会是最吸引他们的地方。

"广电+演艺"

《2017中国演出市场年度报告》显示，2017年演出市场总体经济规模489.51亿元，相较于2016年的469.22亿元，上升4.32%。随着我国居民文化消费水平和审美要求的进一步提高，未来演出产业在我国仍然有较大的发展空间。

在国外，演艺与广电两大产业的融合发展已有数年，而在我国还仍处在试探阶段。广电产业与演艺产业的结合之处在于广电媒体与演员、演出团体长期保持着联系，并且具有演艺人员的资源和选拔机制，熟悉市场的运作规律和行情。此外，广电媒体还具有强大的包装推广能力。山东广电就通过旗下的多档综艺节目筛选艺员,随后进行培训包装,进而在各大平台宣传,逐渐培养了旗下数量可观的本土知名艺人资源。

"广电+节庆会展"

无论是音乐节、文化节还是观众节,"活动节庆化"现在已经成为省级广电吸引受众关注、提高自身社会影响力和增加广告创收的不二法宝。正如广电媒体在发展演艺产业上的天生优势,节会活动同样也能成为地方广电打造品牌的不二途径。或许在当下,地方广电在资源和条件上还无法与省级广电相比较,但从省级卫视"广电+节会活动"的实践经验中或许能得到不少启发。

解读《粤港澳大湾区发展规划纲要》,大湾区文化发展将迎来哪些新机遇?

范周

2018年2月18日,中共中央、国务院印发了《粤港澳大湾区发展规划纲要》(以下简称《纲要》),就湾区发展的战略定位、空间布局、产业选择、公共服务建设等方面做出明确指导。同时,推动文化与经济的融合发展,是促进粤港澳大湾区协同发展的现实需要。《纲要》的发布为大湾区的文化建设释放了哪些利好信号,其文化发展又将迎来哪些新机遇?

协同发展机遇

早在2008年,《珠江三角洲地区改革发展规划纲要》就首次在国家层面提出珠三角"与港澳紧密合作、融合发展,共同打造亚太地区最具活力和国际竞争力的城市群"的目标要求。此后出台的一系列相关政策规划,都始终紧紧围绕着区域合作、协同发展这一命题,珠三角区域的合作发展也随之不断深化。

时隔十载,在《纲要》框架下,珠三角九市(广州、深圳、珠海、佛山、江门、东莞、中山、惠州、肇庆)与香港、澳门11座城市作为一个整

微评

★ 粤港澳大湾区作为区域发展的共同体，涉及许多城市，这些城市之间的自愿和发展水平存在着不平衡的问题，需要建立合理的分工与协作关系，实现自身优势的最大化。

体，形成"9+2"发展格局。《纲要》将"充满活力的世界级城市群"置于湾区五大战略定位之首。同时，"实施区域协调发展战略，充分发挥出各地比较优势，加强政策协调和规划衔接，优化区域功能布局，推动城乡协调发展，不断增强发展的整体性。"由此可见，**建立各城市间合理的分工协作关系，实现优质的整体发展水平，依然是粤港澳大湾区发展的核心要义。**

《纲要》也指出了粤港澳大湾区协同发展面临的诸多挑战。目前，大湾区处于"一国、两制、三关税区"的复杂格局之中。大湾区各个城市社会制度不同，法律制度不同，分属三个不同关税区域，使用三种不同货币，市场互联互通水平有待进一步提升。因此，其协同发展就更需要顶层设计的战略协调，通过构建跨区域、跨制度的开放协同创新体系，来克服世界级城市群建设的重重困难。

另外，**协同发展不仅是政治、经济的协同发展，还是更基础、更广泛、更深厚的文化的协同发展。**港澳文化与岭南文化同根同源，因此湾区三地文化具备协同发展的基础。《纲要》中也提到了各城市和区域文化发展的重点方向，例如，澳门将建设世界旅游休闲中心，打造以中华文化为主流、多元文化共存的交流合作基地；广州需培育提升科技教育文化中心功能；深圳要努力成为具有世界影响力的创新创意之都。**明晰城市定位，突破行政区划制约，形成三地文化优势互补、资源互通、市场共享的良好格局**，粤港澳大湾区的文化发展将更具系统性、平衡性和开放性。

产业结构优化机遇

在全球化进程加速的大背景下，放眼国际，城市—产业集群的形式逐渐成为区域融合发展、产业转型升级的重要布局方式。相关统计数据显示，2017年，粤港澳大湾区经济总量突破10万亿元人民币，以不足1%的土地面积和5%的人口，产出全国12%的GDP，经济效益超过京津冀和长三角两个国内主要的经济带。**凭借港澳的国际化优势，以及广东作为改革开放排头兵、先行地的实践经验，大湾区将不仅仅是我国GDP增长的核心极，也是新动能壮大、新业态培育、新经济发展的领跑者。**

在国际国内的双重压力下，针对粤港澳大湾区城市产业的结构性、互补性等问题，《纲要》指出，构建具有国际竞争力的现代产业体系。深化供给侧结构性改革，加快发展先进制造业，着力培育发展战略性新产业、新模式，同时加快发展以航运物流、旅游服务、文化创意等产业为代表的现代服务业。目前，粤港澳大湾区已经拥有以香港为核心的大珠三角金融贸易服务圈；以深圳为核心的数字信息产业圈；以佛山、肇庆为代表的装备制造业基地等差异化的产业发展格局，这为大湾区产业的融合转型打下良好基础。

作为产业结构转型优化的重要一环，未来大湾区的文化产业一定是紧紧依赖信息技术，具有强融合性和高附加值的文化产业。**充分发挥龙头企业的带动作用，依托良好的创新环境，通过促进地区间动漫游戏、数字文化装备、数字艺术展示等数字创意产业合作，文化产业的发展将助力大湾区建设世界级现代服务业基地。**

微评

★ 龙头企业在一个区域发展过程中发挥着重要的作用，在科技不断发展的当下，需要出现一批科技类龙头，以引领区域内产业的高质量发展，与文化产业一起，形成文化与科技融合的新业态。

人才培养创新机遇

人才的汇聚和互动交流对粤港澳大湾区的文化发展至关重要。随着港珠澳大桥通车与区域高铁线路发展，粤港澳1小时生活圈逐步形成，《纲要》的发布则为大湾区的**人才创新培养、教育合作发展和青少年交流提供了新的机遇。**

数据显示，2018年粤港澳大湾区共接收超过39万名广东应届毕业生，占全省已就业毕业生比例超过82%，已成为广东省最重要的人才聚集地。目前，粤港澳大湾区拥有超过180所高等院校，高水平大学数量众多。但与此同时，大湾区内部高等教育资源不平衡现象也不容忽视。香港人口740余万，拥有5所位列世界大学排名前一百强的高校，与之一桥相隔的深圳实际管理人口超过2000万，却没有一所等级接近的大学。放眼珠三角九市乃至整个广东省，也只有中山大学、华南理工大学两所985高校。因此，在粤港澳大湾区迈向可持续、高水平发展的道路上，教育资源整合势在必行。

《纲要》提出，三地高校将形成更加制度化、常态化的互动合作机制，积极探索开展暑期学分互认课程、联合培养学位、交换生等培养项目；通过"粤港澳青年文化之旅"、香港"青年内地交流资助计划"和澳门"千人计划"等文化艺术交流活动，加深青少年交流合作；开展青少年研学旅游合作，打造内容新颖、具备国际影响力的研学旅游品牌与示范基地。**打造更具开放性、理论与实际结合更紧密的人才交流培养和创新研究模式，不仅是推进大湾区高校集群与"粤港澳1小时文化圈"建设的关键一步，更有利于整合教育资源，充分激发人才活力，提升文化艺

微评

★ 人才是一个区域发展的后备动力，在粤港澳大湾区的发展中，培养人才成了重要任务之一。要促进不同城市人才的流动，建立更加合理的人才机制，将人力资源发挥到极致。

术领域人才培养水平，为大湾区打造教育和人才高地提供持续的智慧动能。

文化传承发展机遇

粤港澳三地以开放包容、兼收并蓄的岭南文化为共同根脉，有着不可分割的地缘、文化血脉。三地民众的文化认同不仅是塑造大湾区人文精神内核、推动地区文化繁荣发展的重要基础，更对发扬中华优秀传统文化，推动岭南文化焕发当代光彩有着重要意义。

目前，粤港澳大湾区内11座城市共拥有85项国家级非物质文化遗产。其中，粤剧由广州、佛山、香港、澳门四地联合申报，目前已成为世界非物质文化遗产；凉茶由广东省与香港、澳门联合申报。粤港澳三地同根同源，文化保护与交流活动开展现状良好。澳门与江门联合举办的"大湾区世界文化遗产嘉年华"活动整合两地文化资源，共同打造大湾区文化品牌，完善大湾区内公共文化服务体系。粤港澳三地以基础教育交流合作为平台，通过结成姊妹学校等形式积极开展青少年传统文化学习交流活动，通过建设艺术基地学校扶持岭南传统文化项目，各中小学开设非遗选修课，非遗研学活动规模逐渐扩大，青少年对传统文化的理解和热爱不断加深。

源远流长的岭南文化在大湾区建设背景下将迎来新机遇。《纲要》提出，粤港澳三地应继续加强互动合作，积极开展文化保护传承活动，合作推进文化遗产保护活化、文物资源融通交流，合作举办各类文化遗产展览、展演活动，创建保护活化经验共用机制。**这将促进各地整合岭南文化资源，降低文化保护传承成本，提升交流合作活动的**

微评

★ 粤港澳三地拥有丰富的文化资源与文化遗产，需要合力合理开发，秉承"开发式保护"的原则，通过非遗进课堂、非遗进社会等活动，促进非遗的宣传与开发，打造传统文化精品。

宣传力度。《纲要》还指出，文化人才的培育和创意人才的汇聚，对于创新传承传统文化、打造文化精品尤为关键。相信未来一段时期内，**粤港澳大湾区将持续加大对于人才扶持和引进的力度，推动岭南传统文化不仅仅局限于保护和传承，更能得到发展与发扬。**

对外文化交流机遇

粤港澳大湾区自汉代开始就与海外文化保持密切交流，一直是我国古代中西文化融合之地，以广府人为主干的"广帮商人"早在清代中期便驰名全国，"十三行"的繁盛让粤港澳大湾区成为世界眼光的代名词。**在新时代背景下，必须积极传承对外文化交流的优良传统，重新激活中外文化交流历史基因。**对此，《纲要》中明确提出要发挥粤港澳大湾区中西文化长期交汇共存的综合优势，促进中华文化与其他文化的交流合作，创新人文交流方式，丰富文化交流内容，提高交流水平。

粤港澳大湾区不仅承载着建设国际一流湾区、世界级城市群的重任，同样肩负着加强对外文化交流、建设国际文化交往中心的使命。纵观国际一流湾区，无一不是当今世界重要文化中心。纽约湾区自由多元的文化特质，旧金山湾区包容进取的文化特质，东京湾区精益求精的文化特质，支撑湾区成为引领全球经济发展和文化创新的重要空间载体。对标国际一流湾区发展经验，《纲要》中对大湾区重点城市未来发展方向做出清晰定位：支持广州建设岭南文化中心，支持中山深度挖掘和弘扬孙中山文化资源，支持江门加强华侨华人文化交流合作，支持澳门建设中国与葡语国家文化交流中心，鼓励香港发挥中西方文化交流平台作用，旨在通过多元文化碰撞共同塑造具有全球标志性的文化特质，使粤港澳大湾区这一东方明珠闪耀全球。

文旅融合发展机遇

粤港澳大湾区凭借优美的自然环境、丰富的人文资源、便捷的旅游设施等要素一直保持全国旅游收入领先状态。2016年，粤港澳大湾区接待游客总量超过4亿，旅游收入超过1万亿人民币（约1530亿美元）。随着港珠澳大桥主体工程的全线贯通，有效地促进了三地旅游资源优势互补，推动了区域旅游合作一体化进程，旅游成为粤港澳大湾区互相融合、互利共赢的重要领域之一。2018年访港旅客人数持续增加，全年旅客量超过6000万人次，打破2014年以来的最高纪录。2019年春节假期期间，广东省共接待游客6330.3万人次，同比增长13.8%；旅游总收入494.6亿元，同比增长16.9%；人均消费达781.3元，同比增长2.8%。

在国家深入实施"一带一路"倡议和文旅融合发展的宏观背景下，《纲要》将创新、协同、共享理念融入大湾区旅游发展，提出构筑休闲湾区的新概念，为进一步提升大湾区文旅融合效能指明了前进方向。**首先，明确了创新旅游产品体系，推动旅游休闲升级是未来发展的主要方向**。《纲要》指出要构建文化历史、休闲度假、养生保健、邮轮游艇等多元旅游产品体系，丰富旅游精品路线，研发具有创意的旅游产品。**其次，确立了协同发展、合作共赢是提升大湾区文旅融合效能的主要方式**。《纲要》中提出加快"海洋—海岛—海岸"旅游立体开发，探索开通香港—深圳—惠州—汕尾海上旅游航线，在澳门成立大湾区旅游合作联盟的举措，旨在提升大湾区文旅融合整体品质，缩小大湾区内部城市间的发展差距。**最后，强调了共享区域资源、构建旅游品牌是打造大湾区文旅IP和提升大湾区影响力的长久之计**。《纲要》中提出推进粤港澳共享区域旅游资源，构建大湾区旅游品牌的举措，旨在引导大湾区旅游发展向深度化、体验化、科技化方向转型。

微评

★ 2019年2月18日，《粤港澳大湾区发展规划纲要》正式公布，明确提出"高水平建设珠海横琴国际休闲旅游岛"。在一体化的过程中，澳门要利用自己既有的邮轮、康养、旅游等优势，打造成为世界休闲旅游高地。

结语

粤港澳大湾区作为深化改革开放和加速"一带一路"倡议的助推器,不仅能够加强区域资源整合,而且能够实现区域经济、政治、文化、社会、生态的全方位创新发展。尽管粤港澳大湾区内的11座城市间存在两种不同社会制度的行政层面障碍,但是,《纲要》确定了创新、协调、绿色、开放、共享的发展基调,指明了产业升级、科技进步、业态创新、生活宜居、文化交流是未来主要发展方向,也为粤港澳大湾区文化发展提供了诸多难得的机遇,期望粤港澳大湾区成为具有全球影响力的国际文化交往中心,成为最具发展活力的世界级城市群,成为探索中国未来现代化发展路径的典范!

文化与科技：破壁创新，深度融合，激发产业新动能

范周

【写作背景】"科学与艺术在山脚下分手，在山顶汇合。"科技与文化的融合既是历史演进的必然趋势，也符合产业升级的内在逻辑。当下，文化与科技正不断突破边界，走向深度融合，激发着文化产业优化供给、提质升级。未来，文化与科技融合会有哪些新趋势？文化科技类企业又将如何应对？2018年12月6日，在北京市文化科技企业经营管理人才培训班上，范周教授就文化与科技融合这一主题进行演讲，以下为演讲内容。

寻根探源：文化与科技融合的背景与特点

文化与科技融合的历史演进

从广义上讲，文化与科技融合就是将文化创意与科技创新作为两种要素结合起来。技术的进步促使先进的文化产生、发展和传播，不断扩大文化的影响力，同时先进的文化引领着技术的发明和应用。

在此意义上，文化与科技的融合可谓由来已久。无论是造纸术、印刷术等古代科技促进人类文明的传播，还是信息技术、数字技术等现代科技改变人类的生活方式，文化与科技融合的历史，从某种程度上来说，就是文化与科技的发展史，是科学技术与文化相互影响的历史。

文化与科技融合的内在机理

第一，文化为科技创新提供创意源泉。先进的社会文化理念能够影响科技创新主体的价值取向和创新意识，进而影响科技创新活动的模式选择和实践过程。习近平总书记指出，"坚持用创新文化激发创新精神、推动创新实践、激励创新事业"。创新思维具有更大的发散性和更强的兼容性，有助于实现科学精神与人文精神的深度融合。如今，传统制造产业要实现持续发展，不仅在于科学技术的运用，更在于跨界思维的引领和文化内涵的导入。

第二，科技为文化创意提供技术支撑。《国家文化科技创新工程纲要》指出"科技已成为文化产业发展的核心支撑和重要引擎。"科技创新为文化创新提供优质的发展平台，科技创新成果在文化领域的不断应用可以激发文化创作的灵感、丰富文化内容的表现形式、拓宽文化传播方式、改进文化生产方式、培育文化消费的新热点等。例如，传统织锦工艺只能表现20多种颜色，运用现代数码仿真彩色丝织技术的织锦则可以表现近千种颜色。浙江理工大学通过创建现代织锦文化创意产品研发平台，在两年多的时间里，研发了5个类别的系列织锦产品200余种，初步形成了具备年产织锦工艺品10万件能力的数字化生产线，使传统工艺在新时代实现文化创意与科技创新的"两翼齐飞"。

第三，文化与科技融合催生新型业态。文化与科技融合的不断发展，使二者突破固有边界，形成一种双向的互动循环式协同创新模式。在文化创新与科技创新的互动中，形成具有单个文化或者科技所不具备的特征、功能和属性的新兴产业形态，带给人们更高层次的物质享受与情感体验，促进文化科技消费市场的发展。VR旅游、在线教育、网络游戏等新兴产业，无一不是在文化与科技的相生共融中发展壮大。随着电子乐器以及电子音乐技术的发展，我国电子音乐市场发展势头迅猛。数据显示，2018年我国电子音乐线上播放量突破2800亿次，电子音乐节数量预计超过150场。

科技应用对文化的积极影响

第一，促进文化资源数字化。文化资源数字化是指运用数字化手段实现文化资源的数字化转化。科技的发展助力文化资源的数字化整合，也有利于文化资源的保护与传承，有利于文化资源通过网络实现更大范围的传播。例如，浙江省文化资源数据库就整合了西湖文化资源库、浙江民国图书网络版、浙江非物质遗产资源库、中国大运河全媒体资源库等六大文化资源库，通过对来自不同时期、不同载体的地方特色文化内容资源进行碎片化与结构化标引，以提供稳定、快速的数字文化资源检索服务。

第二，促进文化产业结构升级。一方面，各种以文化创意内容为核心，依托数字技术进行创作、生产、传播和服务的新兴产业纷纷涌现，文化产业信息化趋势日益明显。另一方面，文化产品供给方式不断变革。新兴数字技术与数字装备支持数字文化创意、设计服务、数字创意与相关产业融合应用服务等创意产业的产品和服务的开发，加之信息技术对消费群体的细分，促进了文化产业的个性化和差异化发展。

时代逻辑：我国文化与科技融合发展的现状

我国文化与科技融合发展的优势

1. 人民向往美好生活

随着人民对美好生活的需要日益增长，对文化享受层次和质量提出了更高要求，迫切需要文化进一步繁荣发展。**满足美好生活需要的源头活水，根本在于文化创新创造活力。**文化创新创造不仅要注重内容，还要注重手段和形式。大数据、云计算、人工智能、物联网等现代科技为文化创新提供了技术保证。

2. 资本助力市场发展

上市的预期吸引大量资本涌向科技，促使科技成果增加以及产业化道路的选择，人工智能等科技领域投融资热度快速升温。我国文化企业中中小型企业多，而相较于主板市场，创业板市场具有更为宽松的上市标准，有利于成长性中小企业成为上市公司，为企业的扩张提供了更为广阔的融资渠道。2018年上半年，先后有100余家中国企业赴港或赴美实现IPO，这其中不乏娱乐、影视、游戏、体育等领域的明星企业。以人工智能领域为例，资本市场敏锐地捕捉到人工智能的商业化前景。纵观2012—2017年中国AI私募投资股权市场，共有多达411家AI企业获投，获投事件总数为704起，投资总额达439.74亿元，570家投资机构参与投资。

3. 国家政策引导支持

早在2012年，中央就出台了《国家文化科技创新工程纲要》，提出要充分发挥科技创新对文化发展的重要引擎作用，深入实施科技带动战略，加强文化科技创新，增强文化领域自主创新能力和文化产业核心竞争力。《国家"十三五"时期文化发展改革规划纲要》中明确，要强化文化科技支撑，以完善现代文化市场体系和现代文化产业体系；依托国家级文化和科技融合示范基地，加强文化科技企业创新能力建设，提高文化核心技术装备制造水平；加强文化资源的数字化采集、保存和应用。2017年4月出台的《文化部"十三五"时期文化科技创新规划》则立足于我国文化科技融合的发展实际和应用要求，提出要实现我国文化、艺术与科技相融合需要有建设文化科技创新体系的指导思想、基本原则和发展目标。2018年3月颁布的《国家文化和科技融合示范基地认定管理办法（试行）》，从具体环节规范了国家文化和科技融合示范基地的认定和管理工作，进一步引导和推动了文化与科技的融合发展。

4. 单体市场基数庞大

CNNIC数据显示，经历近10年的快速增长后，我国网民规模人增长率趋于稳定，网民的增长速度开始慢于GDP增速。但即使人口红利正在减弱，从技术落地产品的维度上看，中国市场也仍然是单体最大市场。从计算机到手机，中国市场是衡量整体市场规模大小的最佳利器。我国正处于功能性消费向享受型消费迁移的大时代，新的消费领域正在拓展，崛起的中产阶级、青年群体、老年群体等都是不可小觑的消费主体，是当下消费市场扩容升级的主要驱动力。有数据显示，到2050年，60岁以上的老年人口将占中国总人口的三分之一，巨大的老年人群给银发经济带来广阔的市场。而"90后"占据中国人口的16%，从现在起到2030年，这支庞大的消费生力军将贡献中国消费增长的20%以上，高于其他任何人口类别。

我国文化与科技融合的广泛实践

1. 数字创意产业风头正劲

数字创意产业是以创意为核心、以数字技术为依托的战略性新兴产业，是引领文化新供给、促进文化新消费的新型文化业态。在国家统计局公布的2017年全国规模以上文化及相关产业企业营业收入相关情况中，以"互联网+"为主要形式的文化信息传输服务业发展最为迅猛，营业收入达到了7990亿元，增长34.6%，增幅位居榜首。以数字出版产业为例，其整体产业规模正稳步增长，2014年接近30亿元，2017年超过40亿元，2020年有望超过70亿元。

近年来，国家出台了一系列政策文件支持数字创意产业的发展。从《2016年政府工作报告》首次从国家层面提出"数字创意产业"概念，到《国民经济和社会发展第十三个五年规划纲要》中正式将数字创意产业列为战略性新兴产业之一，再到《关于推动数字文化产业创新发展的指导意见》的颁布，政策红利不断释放。当前我国数字创意产业发展的良好势头，也引起了各地政府的高度关注。从2017年上半年开始，四川、北京、广东、天津、浙江等地已出台各项政策鼓励数字创意产业发展。以天津为例，2017年天津已出台包括税收减免在内的多项政策，预计到2020年，天津高新区、滨海新区等重点区域内的数字创意产业产值占GDP比重将达到10%，并建成产值超千亿元的产业链。2018年7月，北京市正式发布了《关于推进文化创意产业创新发展的意见》，指明新时期将构建数字创意和内容版权"两大主攻方向"和"九大重点领域环节"组成的文创"高精尖"内容体系。

2. 时尚产业迈向智能制造

从产品来说，智能服饰成为下一个风口，科技企业与时尚品牌合作开发了大量智能服饰产品。自2012年，谷歌眼镜（Google Project Glass）的发布让人们看到了可穿戴设备的市场机遇。基于大数据、物联网、技术创新等层面应运而生的智能服装，正逐渐成为重振传统服装业的新突破口。有机构预测，预计到2020年，智能服装的市场规模将超过千亿。而在营销环节，国内外时尚网红经济同步发展，创造的经济价值惊人；零售方面，时尚电商逐步由线上转向实体，传统零售商利用技术和大数据打造无缝体验，线上线下融合趋势明显。

3. 文旅融合不断升级

如今，文化旅游产业与互联网、大数据、人工智能融合发展，协同推进，数字经济成为文化旅游转型升级的重要引擎，数字化、智能化也渗透到了文旅产业的服务、管理、体验、营销等各个环节，文化旅游正在被数据覆盖、赋能并重构。

今年，腾讯云就发布了旅游助手小程序"一部手机游云南"和"一部手机游武隆"，游客可以通过小程序查看游览路线、提供信息查询、消费、娱乐等游玩"一条龙"的景区伴游服务。

4. 科技创新助力传统文化保护传承

现代科技能够助力优秀传统文化的保护和创新，为传统文化注入新的时代内涵。信息技术、数字技术的应用让收藏在博物馆里的文物、书写在古籍里的文物"活"了起来。创意设计及高科技使传统文化更"接地气"，走进百姓日常生活。飞速发展的数字科技手段打破了诸多限制，更多国宝级文物也能够以更好的方式呈现在更多人面前。

《清明上河图》真迹展出机会极为有限，每五年才能展出一次，每次展出不能超过一个月。而"3.0版"的《清明上河图》则融合了双8K超高清投影等多种高科技，以动态效果展现北宋都城汴京的众生百态，构筑出虚实相映、人在画中的沉浸体验。历经岁月变迁的国宝再次焕发光彩，唤醒了参观者内心的传统文化记忆。

5. 科技创新驱动公共文化服务升级

科技创新可以提升公共文化资源供给能力，实现服务内容供给与服务形式的现代化。通过大数据技术的应用，可以实现对公众多元化的文化需求进行动态分析，针对公众需求提供丰富的、充满个性化的公共文化产品，实现公共文化资源的有效供给。公共文化服务数字化的利用也在我国多地得到了广泛实践。例如，南京市政府开设"南京文客网"和"在南京"App，主要用于搜集和综合全市文化娱乐信息，分析和公布城市文化消费指南，为民众线上和线下文化消费带来极大的便利。

放眼未来：对文化科技融合发展的探索

文化科技企业创新发展的对策建议

1. 在技术迭代中寻找蓝海，满足人民对美好生活的新期待

一方面，要深入研究科技发展趋势，研究文化与科技融合发展规律，为新业态新模式快速成长做好理论准备。**另一方面**，要强化文化科技融合原始创新能力。围绕文化产业科技需求，开展文化内容创意创作、设计制作、展示传播、用户体验等环节关键共性技术研究，创新文化产品供给。同时，积极开展与研发机构、高等院校的合作，结合市场需求，联合推动文化科技成果转化。

2. 在创新创业浪潮中做好中华传统文化的弘扬者

"互联网+"时代为创新创业者提供了更便利的条件，包括更公平的创业环境、更开放的创业空间、更低的创业门槛和创业成本及更活跃的风投资本等。在"双创"大潮中，活用传统文化资源，赋予数字技术以文化温度，善用现代科技，探索传统文化的现代化表达并赋予其时代意义，是每个文化科技企业应有的文化自觉。例如，腾讯在游戏《奇迹暖暖》中融入了养心殿文物、《清代皇后冬朝服》等元素。此前《王者荣耀》也推出了"守卫长城的英雄活动"，引起了更多年轻玩家对传统文化的关注。

3. 在全球化背景下积极出海，增强国际竞争力

2010年以来，我国主要文化产品的海外出口总额有了显著提升。从各分类行业的发展状况来看，与数字技术联系最为密切的游戏、动漫等产业增速明显。中国文化企业在"一带一路"相关国家和地区的活动日益活跃，"一带一路"相关国家和地区已经成为我国文化贸易和投资的重要潜力市场。因

此，文化科技企业应抓住这个契机，既要借鉴国内市场的经验，同时还要借鉴国际优秀文化科技企业的经验，打造中国品牌，提高国际影响力。

4. 强化主题网络责任意识，加强企业内部管理

如今，文化与科技融合离不开互联网和数字技术，因此，增强文化科技企业的网络责任意识，事关我国数字经济发展、网络空间环境改善，以及人民群众利益等多个方面。这既要靠外部约束，也要靠行业内部自律。文化科技企业作为市场主体，要加强底线意识、红线意识，规模较大的企业尤其应发挥示范引领作用。

文化与科技融合的未来趋势

第一，万物互联打破行业壁垒，跨界融合持续深化。"文化+"是文化更加自觉主动地向经济社会全领域的渗透。"互联网+"的内涵也已经不仅仅是"互联网+传统产业"，而是互联网思维方式和生活方式的进一步实践。未来，随着5G时代的到来，无论是文化还是科技，都将继续与制造业、农业、金融等产业深度融合，并在跨界思维的引导下裂变出涉及内容更广、运行机制更复杂的新兴业态。

第二，文化资源开放共享，数字化、社会化发展或成主流。传统的文化事业机构，如图书馆、博物馆、文化遗产地等，储存着丰富的文化内容和素材，但更多地承担着公共文化服务的功能。随着数字经济的发展，一方面，这些文化内容借助数字化手段实现了版权化的再生，在跨媒体、跨介质传播中将发挥更大的作用；另一方面，也依凭信息技术，逐渐走进了大众的日常生活。

第三，新兴产业叠加创意，颠覆文化消费方式。随着消费社会的崛起，大众文化接受的方式将进一步向文化消费和文化市场延伸。而体验是连接消费者与文化产品，形成情感共鸣的关键。虚拟现实、增强现实、全息成像、裸眼三维图形显示、交互娱乐引擎开发、互动影视等新的沉浸式技术发展、设备普及和内容创新发展，在带来游戏产业、影视娱乐、文化旅游领域视听感官交互升级的同时，也将催生新一轮的文化消费革命。

透视5年中央一号文件,做好"三农"工作需要关注哪些文化事儿?

范周 林一民

2019年2月19日,中央一号文件《中共中央国务院关于坚持农业农村优先发展做好"三农"工作的若干意见》(以下简称《意见》)正式发布,这是新世纪以来第16个聚焦"三农"的一号文件。《意见》共分为8个方面,其中多处涉及农村文化建设和文旅发展,有9次提及"文化",8次提及"创新创业",5次提及"文明",3次提及"旅游"等。回顾过去5年的中央一号文件,都出现了哪些文化高频词?2019年中央一号文件又折射出什么文化事儿?本文将为您详细解读。

近5年中央一号文件的文化高频词

一带一路

"一带一路"是经济贸易与文化发展的双核战略,不仅是国际商贸路线,更是国际文化对话、传播与交流之路。从2015年起,中央一号文件多次涉及"一带一路"内容。

2015年文件提出要推进京津冀、丝绸之路经济带、长江经济带生态保护与修复。自2016年开始，文件连续4年通过"一带一路"倡议鼓励农业对外合作，培育跨国农业企业集团。2019年中央一号文件更是明确强调，要加快推进并支持农业走出去，加强"一带一路"农业国际合作，培育一批跨国农业企业集团，提高农业对外合作水平。因此，**统筹用好国际国内两个市场、两种资源，对我国农业经济贸易与农村文化发展具有重要意义。**

乡村旅游

在乡村振兴战略的总要求下，提高乡村旅游在乡村经济中的比重、通过乡村旅游的发展为乡村振兴注入新的动力尤为迫切。2015年中央一号文件首次部署乡村旅游发展；2016年则提出要使乡村旅游成为新兴支柱产业，乡村旅游的战略地位不断上升；2017年文件首次提出"旅游+"，指出要丰富乡村旅游业态和产品，打造各类主题乡村旅游目的地和精品线路；2018年文件提出要实施休闲农业和乡村旅游精品工程。

乡村文旅产业是将乡村生态资源转化成经济来源的首位产业，各地不同的文化禀赋和自然资源则成为进一步推进乡村旅游发展的核心竞争力。 2019年文件再次提及乡村旅游，要求大力发展乡村新兴服务业，同时要加强乡村旅游基础设施建设，改善卫生、交通、信息、邮政等公共服务设施。通过旅游的发展引领乡村基础设施升级，既能充分保存乡村个性，也让乡村建设更具针对性。

三产融合

促进一二三产业融合发展，是着力推动供给侧结构性改革这篇文章往深里做、往细里做的关键内容。

微评

★ 农业作为我们三产中的基础性产业，发挥着重要作用，在"一带一路"的机遇之下，必须要统筹好国内国外两种资源，推动农业的国际合作，从而促进农村文化的传播与发展。

★ "中央一号"文件已经连续多年关注农业，乡村文旅也被提到重要位置，挖掘乡村特色文化，打造"一村一品""一县一业"，提高乡村服务水平，加强基础设施建设，实现乡村的活态化发展。

2015年中央一号文件提出要推进农村产业融合发展，延长农业产业链、提高农业附加值；2016年提出要促进农业产加销紧密衔接、农村产业深度融合，让农业成为充满希望的朝阳产业；2017年文件表示要重点支持乡村休闲旅游养老等产业和农村三产融合发展；2019年中央一号文件进一步强调，要推进现代农业产业园、农村产业融合发展示范园、农业产业强镇建设，健全农村产业融合发展利益联结机制，让农民更多分享产业增值收益。

可见，大力推进农民奔小康，必须充分发挥农村的独特优势，深度挖掘农业与其他产业融合的多种可能，让三产融合发展成为农民增收的重要支撑，农村或将成为大有作为的广阔天地。

公共文化服务

提升农村公共服务水平是推进"三农"工作、补齐农村发展短板的重要环节。一直以来，农村文化基础设施和公共文化服务落后，是城乡差距最直观的一个表现。2015年，中央一号文件提出要为农村提供健康有益、喜闻乐见的文化服务；2016年、2017年文件都聚焦全面加强农村公共文化服务体系建设、继续实施文化惠民项目，同时2017年文件还提出要完善基层综合性文化服务设施，发挥基层文化公共设施整体效应；2018年文件进一步强调要按照有标准、有网络、有内容、有人才的要求，健全乡村公共文化服务体系。

随着物质生活水平的提高，农民对于精神生活的需求进一步凸显，提升农村公共文化服务水平，完善农村公共文化服务体系，越来越成为农民的一个强烈诉求。因此，2019年中央一号文件更明确提出要全面提升农村教育、养

微评

★ 在互联网技术不断发展的当下，不管是城市还是乡村，都需要与"数字""智能"相结合，在旅游、康养等各个层面，提供优质的公共服务产品。

老、文化体育等公共服务水平,加快推进城乡基本公共服务均等化和农村基层综合性文化服务中心建设。**通过实施数字乡村战略、依托"互联网+"推动公共服务向农村延伸。**

创新创业

近五年来,中央一号文件不断强调创新创业对于农村发展的重要作用。2015年中央一号文件提出要激发科技人员创新创业的积极性;2016年提出推行科技特派员制度,鼓励支持科技特派员深入一线创新创业;2017年文件提出健全农业劳动力转移就业和农村创业创新体制;2018年文件还特别提出要全面建立高等院校、科研院所等事业单位专业技术人员到乡村和企业挂职、兼职和离岗创新创业制度。

2019年中央一号文件更加明确支持乡村创新创业,特别鼓励外出农民工、高校毕业生、退伍军人、城市各类人才返乡下乡创新创业,支持建立多种形式的创业支撑服务平台,完善乡村创新创业支持服务体系,加强创新创业孵化平台建设,支持创建一批返乡创业园,支持发展小微企业。

可以看出,随着大众创业、万众创新的深入推进和向农村的延伸拓展,乡村新业态也在不断产生,**政策的引领以及创意、人才、资金、平台的汇聚,将使农村迸发出更大的创业潜力和创新活力。**

人才培养

加强人才培养能够解决"谁来振兴"的问题。乡村旅游、公共文化服务的完善,都离不开人才队伍的支撑。2015年,中央一号文件提出要完善科研院所、高校科研人员与企业人才流动和兼职制度;2016年,文件提出制定促进协同创新的人才流动政策;2017年,文件提出要实施农业科研杰出人才培养计划;2018年,文件进一步强调要创新乡村人才培育引进使用机制,建立城乡、区域、校地之间人才培养合作与交流机制,加强农村专业人才队伍建设。

农业农村的持续发展的背后,人才缺口问题进一步显现。因此,2019年中央一号文件专门强调要培养懂农业、爱农村、爱农民的"三农"工作队伍,要把乡村人才纳入各级人才培养计划予以重点支持,引导各类人才投身乡村振兴,对做出突出贡献的各类人才给予表彰和奖励。**在此过程中,既要维系好引领乡村精神文明建设的乡绅、传统文化名人等,又要吸引年轻人投身于乡村文化事业建设。**

2019年中央一号文件有哪些文化要点?

讲好乡村特色产业故事

文旅介入乡村发展,要求乡村凝聚自身的产业特色。文件明确要求加快发展乡村特色产业,因地制宜发展多样性特色农业,倡导"一村一品""一县一业",支持建设一批特色农产品优势区,创新发展具有民族和地域特色的乡村手工业。另外,要健全特色农产品质量标准体系,强化农产品地理标志和商标保护,创建一批"土字号""乡字号"的特色产品品牌。

"一村一品""一县一业"已经成为乡村文旅主题化的前提,而"土字号""乡字号"的特色产品品牌则能够为乡村打造属于自己的IP。**乡村的主题化包装,IP化发展路径,对于讲好乡村特色产业故事,提升乡村核心竞争力具有积极的促进作用。**

进一步扩展乡村产业业态

数据显示,2018年上半年,我国休闲农业和乡村旅游接待16亿人次,实现营业收入4200亿元,同比增长15%。全国农村网商超过980万家,带动就业超过2800万人。在文旅融合的大背景下,乡村可承载的产业业态将不断扩展,开始突破传统的农家乐、民宿、采摘等简单模式,一些原本

微评

★ 在人才培养的过程中,要重视当地人才,选拔当地各方面较为突出的年轻人进行重点培养,他们对本地的了解、对本土文化的热爱将为美丽乡村建设贡献重要力量。

★ 再小的村,也有自己的特色,将古老的乡村文化深入挖掘,形成独特的IP,进而进行IP的全方位开发,提高乡村的品牌力与影响力。

只活跃在城镇的新型文旅产品和服务进一步向乡村扩展。

《意见》强调要大力发展乡村新型服务业,发展适应城乡居民需要的休闲旅游、餐饮民宿、文化体验、健康养生、养老服务等产业。**这也要求乡村更准确地把握、更深入地挖掘在地资源、生态和文化优势,借力互联网,深化农业与文旅产业的融合发展,积极培育农村新产业、新业态、新模式。**另外也要注意,在扩展新产业、新业态的同时,做好农村环境和传统民族文化的保护工作。

强化乡村规划引领

乡村振兴,需要乡村规划与文化规划协同发力。要把加强规划管理作为乡村振兴的基础性工作,实现规划管理全覆盖。《意见》提出要按照先规划后建设的原则,通盘考虑土地利用、产业发展、居民点建设、人居环境整治、生态保护和历史文化传承,注重保持乡土风貌,编制多规合一的实用性村庄规划。**"多规合一"对于传统乡村规划提出了更高的要求,导入文化规划的综合性解决方案将成为乡村振兴规划的新方向。**

在这一过程中,还要特别注意将农村人居环境整治与发展乡村休闲旅游等有机结合,农村人居环境整治工作要同农村经济发展水平相适应、同当地文化和风土人情相协调。另外,对于创新创业用地困难的问题,《意见》还专门提出允许在县域内开展全域乡村闲置校舍、厂房、废弃地等整治,盘活建设用地重点用于支持乡村新产业、新业态和返乡下乡创业。**老旧厂房在乡村如何实现转型突破?这或许是老旧厂房改造在新时代的新命题。**

微评

★ 对于乡村建设来说,村庄建设规划,土地利用规划,村庄规划改革等实现多规合一,有利于产业的规范发展、生态环境的有效保护与居民的生活幸福。

塑造农村精神文明新地标

乡风文明是乡村振兴的重要保障,在抓好物质文明的同时,农村精神文明建设同样不能松懈。今年《意见》也重申了加强农村精神文明建设的重要性。值得一提的是,文化礼堂等设施建设被写入文件中。

自2013年起,浙江就在省内文化特色鲜明、经济社会发展较好的历史文化村、美丽乡村精品村、特色村,建起了一批集学教、礼仪、娱乐于一体的综合性农村文化礼堂,成为全国的标杆。相信在未来,**文化礼堂等乡村文化服务综合体将在各地从无到有、由点及面不断铺开**,盆景变风景,充分满足农村农民文化节庆、文化仪式、文体活动以及议事集会等的功能需求,**成为农民喜爱的公共"会客厅"、休闲好去处和精神文化园**。

微评

★ 对于乡村居民来说,他们的精神文化生活与城市居民还有一定的差异,而文化礼堂等乡村文化服务综合体的建设,能够寓教于乐,实现乡村文明的铺开。

结语

2019年是中华人民共和国成立70周年,是决胜全面建成小康社会攻坚冲刺的阶段,是脱贫攻坚和乡村振兴交汇推进的时期,也是改革开放40年新时代农村改革再出发的关键年,实现农业农村优先发展意义重大。

通过透视回顾近5年中央一号文件,可以看到,关于农村文化建设和文旅发展的各项工作正有条不紊地持续推进。当然,坚持农业农村优先发展,做好"三农"工作,如何更好地发挥文化建设和文旅融合的力量,还有更多的方面需要我们持续关注、思考和探索突破。

上海浦东新区总规发布,浦东离"卓越的全球城市"还有多远?

宋立夫　王菲菲

【写作背景】《上海市浦东新区总体规划暨土地利用总体规划(2017—2035年)》(以下简称《规划》)草案公示结束。从《规划》中可以看出,浦东聚焦发展模式、发展能级、发展空间和发展品质等重点问题,实现从增量到存量、从速度到价值、从离散到协调、从粗放到精细的转变。本文就《规划》中公共服务设施部分,阐述浦东新区的展开方式。

2018年1月,《上海市城市总体规划(2017—2035年)》对外发布,并对上海市的发展目标定位做出了明确指示——**"卓越的全球城市,令人向往的创新之城、人文之城、生态之城"**。浦东新区是上海乃至全国的商业与金融中心,经济实力雄厚,人均国内生产总值甚至超过部分省会城市,同时也是上海市人口最多的区域,拥有着近上海市1/4的人口。浦东新区的发展牵动着上海市整体的城市品质,承载着上海发展的核心目标。

依托《上海市城市总体规划(2017—2035年)》的发展愿景,《规划》希冀到2035年,浦东成为"中国改革开放的示范区,上海'五个中心'的核心承载区,全球科技创新的策源地,世界级文化交流和旅游度假目的地,彰显卓越全球城市吸引力、创造力、竞争力的标杆区域"。实现这一目标,科技和文化缺一不可。

城市是什么?虽然我们大致判断出一个区域是城市还是农村,却不能准确说出它们的定义。刘易斯·芒福德这样定义:城市是一个地理集合体、一种经济组织、一个制度进程、一做社会活动的剧场和集体创造的美学象征。城市与城市之间相互区别,是因为文化,塑造了城市的软实力,成为城市发展的内在引擎。

便捷、高品质的公共文化服务,浦东助力上海构建卓越全球城市

作为改革开放的试验区,浦东是变化的浦东,是发展的浦东。构建便捷、高品质的公共文化服务体系,是积极应对城市发展和变化的时代要求。

《规划》中提到,浦东将"预留公共服务设施保障能力,**高等级文化、医疗、教育、体育等公共服务设施及水、能源、环境保障、交通等基础设施,按照更大区域内人群的需求予以配置**。建立定期评估及动态调控机制,按照常住人口调控目标,及时进行政策调控",以此积极应对人口变化。

从人口来看,2017年年末,浦东新区常住人口为552.84万人。其中,户籍人口总数为298.96万人,增加3.18万人,增长1.1%;户籍人口中,老年人口91.39万人,首次突破户籍人口总数的30%,老龄化态势凸显。《规划》中提出,到2035年,浦东新区人口将发展至558万左右,人才结构向高精尖化迈进。

总的来说,不论是从宏观的人口结构、中观的文化设施和场所,还是微观的市民个人文化需求,构建便捷、高质量的公共文化服务体系,是浦东实现自身的发展目标定位,助力上海成为卓越全球城市的必要条件。

依托世界级城市标准,构建国际水准的高等级优质公共服务体系

近年来,东方明珠电视塔、上海科技馆、东方艺术中心、浦东图书馆等标志性文化设施先后投入使用,丰富了浦东市民的文化生活。基本建成覆盖区、街镇、居(村)的三级文化设施网络体系。推进国家公共文化服务体系示范区建设,为浦东新区提供了强有力的公共文化服务设施保障。

但与伦敦、巴黎、东京等国际大都市相比,上海市在公共文化服务领域还有不足。据纽约、伦敦等世界级文化都市的发展经验可知,当下都市的公共中心功能已经发生变化,这也成为现代大都市功能更新演变的重要一环,主要表现在以下三个方面:

第一,由单一商业功能向多元专业功能发展。它不再仅仅是为城市内部居民提供生活服务的职能空间,而且正由商务和金融服务业为主导的经济功能向商务和金融服务业,以及创意产业、旅游产业、文化产业等多种产业并进的经济多元化格局转变;同时,各类专业中心(如会展、信息)也不断地涌现和发展。

第二,成为提升城市综合竞争力的重要区域。随着国际大都市公共中心功能的发展演变,其所承担的作用也相应地发生了变化,成为其面对外部竞争、确保自身主导地位的核心区域。

第三,成为引导城市空间结构发展的核心地区。城市空间布局发展规律大致可以总结为"中心—副中心—多中心"网络格局。

《规划》中也体现出了这样认识上的变化。如将文化设施定义为高等级公共服务设施,相应地,在空间上也将在主城区和多个副中心围绕文化创意、文化旅游等业态进行布局。《规划》中提出,形成"2条文化发展轴线、11个文化集聚区"的文化空间发展格局,重点打造浦江东岸

微评

★ 我国的公共文化服务在推进的过程中还要加强和发达国家地区的城市进行对比,借鉴可行的经验,实现同国际的接轨。

文化发展轴线和城市东西向文化发展轴线，建设陆家嘴、世博、前滩、花木—龙阳路、张江、金桥、国际旅游度假区、浦东枢纽、南汇新城国际未来城等文化集聚区。支持多方参与，积极鼓励社会主体参与建设各类文化设施；同时，新增9处城市级文化设施，新增26处区级文化设施，并鼓励在主城区结合城市更新设置专业文化设施。

公共文化服务的扎根：基于社区场景，营造文化生活圈

如何向市民提供公共文化服务，通过什么样的路径能够提升市民公共文化服务的获得效率，这一直是考验政府治理能力的一大难题。2018年1月公示的《上海市城市总体规划（2017—2035年）》中就提出以生活圈为单位组织社区生活，而《河北雄安新区总体规划纲要》中同样将不同层级的生活圈作为组织生活空间的重点。这不禁让我们思考，"圈"的概念是否将成为解决这一问题的答案。

浦东新区在《规划》中提出了"15分钟服务圈"的概念，即以社区为单位，以居（村）委为起点，按照"城市化地区""城镇化拓展区""远郊地区"的人口密度分类，结合现状交通路网，在15分钟慢行可达范围内，形成"5+3+x"基本公共服务体系。《规划》提出："至2035年，规划社区公共服务设施（文化、教育、体育、医疗、养老）15分钟步行可达率达100%。"其中，"5"是指配置教育、卫生、养老、文化及体育等社会事业5个领域、21项基本公共服务设施；"3"是指形成相关工作机制、标准和成熟的经验做法后，逐步统筹商业、公园绿地、交通设施等3个与群众生活密切相关领域的设施布局；"x"是鼓励各街镇结合自身区域特点，着眼于不断提升群众的获得感、

微评

★ 社区作为人们生活的基本单位，在城市发展过程中起着重要的作用。要切实完善社区公共文化服务体系，提高公共文化服务品质，满足人们对美好生活的向往。

幸福感、安全感，适当配置特色公共服务设施。

基于浦东特点，《规划》提出了全面建设"家门口"服务站这一举措。浦东新区自2017年起，便探索把7大类147个民生服务项目下沉到居（村）委，通过以"家"为配置基本公共服务设施的中心，构建形成与全球城市核心区相匹配的"体系健全、便利优质、城乡一体、全民惠及"的公共服务体系。

"15分钟服务圈"的开展意味着这将极大程度上增强文化生活圈的营造，有利于差异化配置社区文化设施，加强配置社区图书馆、影剧院、青少年活动中心等文化设施。正如规划中所提到的："以社区服务圈为单位，每5~10万人配置1处社区文化活动中心。鼓励各街镇根据人口特征和区位属性，以公共交通为支撑，差异化配置社区文化设施，引导产业社区型服务圈加强配置社区图书馆、影剧院等，城镇型服务圈加强配置社区图书馆、青少年活动中心等。"推动浦东新区的文化氛围营造迈进新阶段。

此外，在《规划》第十三章中，将历史文化保护在城市设计当中的作用单独作为一节来说明，突出体现了它与总体城市设计的关联性。雷宁格（Leighninger）将城市公共空间中的文化遗产也定义为城市的文化基础设施，而城市设施当中的原生文化要素，也是城市历史文化的在地化彰显。《规划》中提到，要"充分挖掘和保护各类历史文化资源，创新完善保护制度和机制；强化对历史文化遗产的整体性保护，继承和发扬优秀的历史文化传统；彰显浦东新区的历史发展脉络和地域文化特征，形成具有历史特色与时代特点的浦东文化精神"。

微评

★《规划》以社区服务圈为单位，从配套基础设施出发为社区居民提供了便利的文化条件和相关设施，满足了人们的文化需求，营造出良好的文化氛围。

结语

在此次《规划》当中,浦东新区公共服务设施体系建设呈现出诸多鲜明特点,这离不开政府的重视,也充分体现了公共服务设施建设在政府工作中的重要地位。

艺考趋势探析——文化产业越来越热的背后是巨大的人才缺口

王菲菲

现在正值各大高校的艺考,学校招考情况成了人们关注的热点话题,"最难艺考年"的定义连年刷新:327∶1,270∶1,230∶1……这是2018年几所知名艺术院校的报录比。据数据统计,有近7万人报考了中央戏剧学院;近5万人报考了中国传媒大学,近6万人报考了北京电影学院,远远超过了去年的人数。2018年,教育部对艺考进行了改革,部分专业院校可以独立设置录取分数线的同时,加强对艺术理论的考核等,这对于学生来说既是机遇也是挑战,但丝毫没有影响艺考的火爆。

大数据下的中国艺考

报考人数持续增加

从2019年艺考的报考人数整体来看,不论艺术类统考或校考的报考人次都有所增加。据统计,北京电影学院2019年报考总人次达59059人次,同比增长31.02%,创历史新高;中央戏剧学院计划招生573人,但共有6.7万多人次报考该校,比去年增长1.6万多人次,为历年报考人数之最,其中表演系的报录比高达229∶1；中国传媒大学有近5万人次报名艺考，人数再创新高，其中2.3万多名考生进入复试，角逐793个招生名额；上海戏剧学院表演系招录比达到了创历史的193∶1，今年，上戏拟招生484人，报考人数则高达45884人。

即便部分学校在今年出现了减少名额的情况，但从2018年与2019年院校的整体报录比可以看出，2019年各校艺考竞争形势均较去年更为严峻。

除校考之外，各省的统考人数也有一定的增加。从2017、2018年统考的报名人数来看，各省份统考报名人数均呈现上涨的趋势。

艺考报考人数的增加一方面意味着竞争难度也有了较大程度的提升，但同时也反映出越来越多的人加入了艺考这场战役。

微评

★ 艺考历年就是"万人过独木桥"，即使这样，人数也还是在逐年增加，越来越多的人加入了艺考大军，这与娱乐圈呈现的光环密不可分。

热门专业竞争激烈

除了学校整体报考难度较往年有所加大，各学校热门专业的竞争也更为激烈。

2019年北京电影学院的表演专业计划招生60人，报名人数达到10454人，专业报录比达到174∶1；而摄影系计划招生18人，报考人数达3137人，报录比同样为174∶1。

中央戏剧学院2019年表演系，计划招生50人，共有11441人报名，报录比达229∶1；电影电视系计划招生90人，报名人数高达19290人，报录比达到215∶1；广播电视节目主持专业方向计划招收25名学生，报录比高达362∶1；而话剧影视表演专业（北京班），计划招生25人，报名人数10233人，报录比更是高达453∶1。

2019年，上海戏剧学院戏剧影视表演专业计划招生40

人，总报考人数7727人，报录比达193∶1；而播音与主持艺术专业招生计划24人，总报名人数6468人，报录比达269∶1。

2019年，中国传媒大学表演专业计划招生26人，报考人数达1万人，报录比达385∶1；此外，播音与主持艺术专业计划招生100人，报名人数1.8万人，报录比也达到了180∶1。

艺考火爆的背后

艺术类人才的理论水平备受重视

长期以来，艺考生的专业水平不断受到社会质疑，很多反对学生参加艺考的家长老师认为，艺考往往占用了学生大量的学习时间进行专业课程培训，这样偏重于"术"而非"道"的模式使艺术教育看起来更像理论基础薄弱的"空中楼阁"。2018年12月，教育部下发《关于做好2019年普通高等学校部分特殊类型招生工作的通知》（以下简称《通知》），发布2019年普通高等学校部分特殊类型招生基本要求。通知中提到，根据要求，省级招生考试机构应逐步提高艺术类各专业高考文化课成绩录取控制分数线。这意味着对于艺考生的文化素养有着更高的要求。

其中有这样几点深刻影响着艺术类考试招录。

有一部分艺术院校可以独立设置艺术类的本科专业分数线

高校根据自身情况决定录取控制线，也就是高考实行了好几年的学校自划线。这样的改革对于学生来说无疑是个严峻的挑战，因为高校自划线往往高于国家线，知名度越大、越热门的学校和专业必然因为报考人数多导致分数

微评

★ 过去的艺考常常被视为上大学的一种捷径，但是艺考背后也需要付出很多艰辛与努力，而《通知》的出台，对艺考生的文化素养与文化课成绩提出了更高的要求。

线"水涨船高",掌握了招生主动权的高校为了提升生源质量,必然会提升文化课程录取线,因此对于艺术生来说,就要专业、理论两手抓,两手都要硬。

适当逐步提高艺术学理论类,戏剧与影视类有关本科专业高考文化课录取控制分数线,2019年起中央部门高校的相关专业不得低于普通专业所在批次控制分数线。

这意味着艺术学理论类的高考文化课录取控制分数线要提高。同时,文件指出,**有关于高校的艺术史论、戏剧影视文学等专业,若没有艺术专业考核要求,可不组织专业考试,协商省级招生考试机构,安排在普通类专业相应批次录取并执行相应的批次录取规则**。这样一来,部分理论性很强的艺术专业将被逐渐边缘化,甚至划归到普通类专业的录取。可以看出,国家对于艺术专业设置改革力度之大,理论水平越来越受到重视。

落实到具体学校也有了相应的行动和举措。2018年,中国传媒大学在原有语、数、英考试类别的基础上,增加了文、史、哲考试类别。今年该校有约1.6万名考生选择参加文、史、哲的考试,占总报考人数约三分之一。

中央戏剧学院也将继续致力于提高考生文化综合素质,预计戏剧影视美术设计专业、戏剧导演、演出制作等8个专业方向的录取分数线提升。中央戏剧学院副院长徐永胜认为,"一个出色的艺术家,好的演员,好的行业从业者,他不仅在专业上强,同时也具有全面的综合素质。"

此次翟天临事件无疑加重了国家和社会对于艺术考生的专业文化水平的要求与审核,随着艺术相关产业乃至于文化产业在经济社会发展的作用越来越重要,国家对于艺术人才培养的定位也做出了相应的调整:不仅仅重视专业素质,文化素质也越来越受重视,要多角度发掘包括综合

微评

★ 对于一个优秀的"艺术家"来说,他不仅要懂得艺术,还要有很强的综合素质和对生活的体味,这对艺考生而言,无疑提出了更高的要求。

文化素养在内的多种发展潜质，更好地适应社会对于艺术人才的需求。

艺术不是一个框，不能啥都往里装

一方面是已呈白热化竞争态势的艺考报录现实，另一方面却是热门专业停止招生的信息，比如山东师范大学2018年已停止该校播音与主持专业的招生，要知道播音主持一直是该校的"爆款热门专业"。播音与主持艺术自2006年9月开始招生，中间经历了山东艺考最热的阶段。而2018年，该校却宣布自2019年起，该校播音与主持艺术、摄影、舞蹈学（健美操）、舞蹈学（体育舞蹈）、作曲与作曲技术理论专业暂停招生。

该校招办主任在接受媒体采访时对此做出了解释："播音与主持专业招生虽然火爆，生源质量很高，但从人才培养的角度，如果以学校的实力不足以给予与他们的优秀程度相匹配的培养质量，就不应该耽误他们。"

其实，不光山东师范大学如此，教育部公布了2018年我国大学撤销专业的数量，高达426个。在撤销专业的名单中，服装与服饰设计、教育技术学、信息与计算科学、信息管理与信息系统、产品设计这5大专业的撤销院校数量均在10所以上！

教育的目的很明显是为社会培养相应的人才，因此，应市场之需对人才培养的类别进行调整。我们常常看见一些高校为了抢占生源，并不考虑学校本身的软硬件条件和学生今后的就业状况，看到什么专业热门就盲目开设，这不仅仅是对教育资源的严重浪费，也是对学生的不负责任。

微评

★ 这是非常恳切的回答，为了艺考生的发展，学校也应该有匹配的实力予以培养，对于学科建设尚不完善的学校，暂停招生也未尝不是一件好事。

文化产业成热点，新兴专业陆续出现

艺术不再是传统意义上的"唱念做打""播音主持""琴艺舞美"，而是与不同的领域以及产业紧密联系在一起。中国传媒大学南广学院和上海体育学院在传统播音主持专业门类之下，设置了电竞解说专业，希望通过高等院校教育来改变电竞解说专业低门槛和主播素质良莠不齐的现状。

影视后期也成为新招收的艺考专业之一，2019年北京电影学院影视技术专业本科班开始招生。电影发展到今天已经和科学技术密不可分了，电影既是艺术，也是工作，而我国在电影技术长期落后于西方的背景下，终于要从人才这个根源之上解决问题了。当然，广播电视、网站、视频等传统业态开始不断随着技术发展更新迭代，亦需要拥有专业知识的人才，这方面正是严重制约文化产业、艺术产业快速发展的瓶颈之一。

微评

★ 人才不是想当然，很多人觉得影视后期不需要太高的学历，有技术就够，但是，经过专业培养走出来的高素质人才，才是推动中国影视制作持续发展、高质量发展的关键。

结语

艺考最重要的是不忘初心，让那些怀揣艺术梦想的人实现自己的理想。在当下的"艺考热"背后，一方面对于艺术类高校的要求增强，一方面也要求考生更加理性地面对艺考，不要盲从地选择艺考，要全面地考虑今后的专业发展与就业前景。

洞察行业发展新趋势

在我国供给侧结构性改革深入推进的大背景下，文化产业要想更好地发挥其优化经济结构的作用，为社会转型注入文化活力，需持续洞察行业发展新趋势，肩挑文化使命，坚定文化自信，抢抓时代机遇，从而促进我国文化产业高质量发展，为人民群众提供更为丰富的精神食粮，有力地提升人们的文化福祉。

新旧动能转换中的文创思考

范周

【写作背景】2018年，我国经济正处在转变发展方式、优化经济结构、转换增长动力的攻关期，新旧动能的转换成为推动经济高质量发展的内生要求。在此背景下，文化产业的转型升级是不容忽视的命题。2018年9月29日，范周教授受邀参加山东儒商大会·文化创意产业发展与新旧动能转换高端论坛，围绕新旧动能转换中的文化产业发展进行了主旨演讲，下文为演讲内容核心观点。

新旧动能转换中的文化产业转型升级

新旧动能转换的背景

纵观人类历史，第一次工业革命后，机器代替了手工劳动，实现了经济发展动能的第一次转换。在此后的历次工业革命中，新兴能源、信息技术与远程通信技术等新动能的出现不断推动着社会变革。

如今，中国经济迎来了新一轮的经济增长动力转换的

微评

★ 文化产业在我国经济社会发展中的战略地位日益凸显，成为推动新旧动能转换的战略支点和重要载体。

攻坚期。2017年1月20日，国务院办公厅印发《关于创新管理优化服务培育壮大经济发展新动能加快新旧动能接续转换的意见》，这是我国关于新旧动能转换的第一份文件。2018年1月3日，《山东新旧动能转换综合试验区建设总体方案》获国务院批复，标志着山东新旧动能转换综合试验区的建设正式成为国家战略，山东将在全国新旧动能转换中先行先试、提供示范。

文化产业转型升级需认识的几大问题

在社会经济发展内生动力更迭的背景下，文化产业的发展也必然要顺势而为、借势而进、造势而起、乘势而上。一方面要"无中生有"，用新技术催生文创新业态、新模式，另一方面要"有中出新"，做好传统文化产业的转型升级工作。而文化产业转型升级的未来，也必然要认识到以下问题。

第一，有效供给是前提。面临着文化消费主战场正向互联网与数字领域转移及文化消费群体的代际更迭的背景，文化产品与服务的供给不论在内容上或形式上，都面临着"量"上的数字繁荣与"质"上的精品短缺的现状。以电视剧行业为例，2017年前三个季度，全国通过审批发行的电视剧达186部，合计7706集，通过审批的剧集比例仅为22%，真正播出的比例更是少之又少。大量产品刚"出生"就"入库"，成了"僵尸产能"。瞄准新消费群体的消费端需求，提高文化产品的供给质量和效率是文化产业健康发展的前提。

第二，技术创新是关键。如今，以人工智能、移动互联网、云计算、大数据、区块链等为代表的新一代信息科技已经渗透到文化产品创作、生产、传播、消费等各个层

微评

★ 新型文化业态是把各种先进要素融入文化产业的产物，促进文化和科技融合与发展新型文化业态在本质上是一致的。从技术角度看，文化和科技融合是以关键技术为核心、多种技术作匹配进行的。

面和关键环节,正成为文化发展的核心支撑和中坚引擎。不论是新业态的培育,还是传统产业的转型升级,都离不开技术创新的载体。

第三,融合发展是必然。文化产业是一种与其他产业关联度较高的产业类型。文化与相关产业跨界融合、应用新技术、活跃消费市场需求,可推动关联产业转型升级,催生文化新业态发展。融合发展不断推动文化产业在与相关产业的竞合中调整优化产业结构、提高资源利用率,成为未来发展的必然。

新旧动能转换中山东文化产业发展的关键点

重新思考新业态:紧扣未来发展趋势

山东新旧动能转换综合试验区是党的十九大后获批的首个区域性国家发展战略,也是中国第一个以新旧动能转换为主题的区域发展战略。面对新旧动能转换的重大机遇,山东省将文化创意列为"塑造活力新山东"的十强产业。在此过程中,新业态的发展应紧扣未来发展趋势、顺势而为。

一方面,要发挥数字文化产业的龙头作用。2016年12月,《"十三五"国家战略性新兴产业发展规划》正式公布,数字创意产业首次被纳入国家战略性新兴产业发展规划。2017年4月,文化部颁布了首个"数字文化产业"概念的政策文件《关于推动数字文化产业创新发展的指导意见》,向社会发出国家鼓励数字文化产业发展的明确信号。从整个数字创意产业的规模和产值来看,主要集中在以美国为核心的北美地区、以英国为核心的欧洲地区,以日本、韩国、中国为核心的亚洲地区。其中,**美国占市场总额的43%,欧洲占34%,亚洲及周边国家占19%,其中日本占10%、韩国占

微评

★ 企业是文化和科技融合的主体,也是文化产业转型升级的主体。发挥企业主体作用,对于促进文化和科技融合至关重要。

5%。我国的数字创意产业发展迅猛,增速较快,预计到2020年,我国数字创意产业规模有望接近3万亿元,相关行业产值规模将达到8万亿元。

从动漫游戏到网络文学,从网络音乐到网络视频,越来越多的数字文化产品走进我们的生活,数字文化产业正在成为引领新供给、新消费规模高速成长的数字创意产业的重要组成部分。山东省的文化产业发展,抢占数字文化产业的发展先机至关重要。

另一方面,文化产业的发展应与国家重大战略相结合。山东省得天独厚的区位优势使其成为"一带一路"海陆交通的重要节点。与此同时,大运河文化带等重大文化发展战略也是打造开放新山东的重要机遇。

打赢人才争夺战:留住人才是核心

文化产业发展归根结底是人才问题。**人才战略是文化产业可持续发展、后发制人、弯道超车的最根本保障**。2018年,全国各地陆续出台政策开展人才争夺战。山东出台了"人才新政20条",从人才工程、引才用才机制、人才培养开发模式等7个方面提出了20条突破性措施,含金量高、针对性强、支持力度大。

但与此同时,不能忽视的是,吸引人才是为了留住人才。人才新政的出台只是人才争夺战的第一步,能否留住人才,才是检验人才争夺战成绩的最终标准。因此,要以**"别出心裁引人才、独具匠心育人才、不拘一格留人才"**的胆识与魄力,让人才能真正能**"为我而来、为我所用"**。依托山东156所高等院校和239家国家级创新平台,吸引对文创领域发展起到决定性作用的领军人物,这是关系到山东文化产业发展能否从第二方阵跻身第一方阵的关键。

发挥文化资源优势:实现文化资源的产业转型

转变思想:资源≠产业。齐鲁之邦,历史悠长。提起山东,我们会想到孔子、孟子、墨子等一大批推动中华文化发展的杰出人物,会想到"好客山东"的旅游标识。儒家的**"仁义礼智信""修齐治平"**等理念,更是影响了一代又一代中华儿女。山东的文化资源灿若星河,这也正是山东实现传统文化创造性转化的基础。

但同时我们要意识到,**资源不等于产业**。这也正是国内许多文化资源大省不是文化产业强省的困扰所在。深圳以"无中生有"实现了从"文化沙漠"到"文化绿洲"的蜕变,而传统的文化资源大省何时才能真正实现"有中出新"、唤醒沉睡的文化资源呢?

解放思想、独辟蹊径,不应让文化资源成为文化包袱,打造好客山东的"传统文化"金名片是构建文明新山东的必由之路。在此过程中,要进一步梳理有效资源和历史文化资源之间的关系。

探索乡村振兴的齐鲁文创模式。2016年11月以来,国务院办公厅发布《关于进一步扩大旅游文化体育健康养老教育培训等领域消费的意见》,中共中央、国务院印发的《健康中国2030规划纲要》也专门就康养旅游做出规划部署。山东良好的自然人文环境,深厚的历史人文环境,使山东可以依托其儒家、道教特色资源,实现从养生到养心、从自然到人文的深度融合,发展精品旅游产业,打造美丽新山东、魅力新山东。

此外,作为传统农业大省,山东丰富的乡村特色资源也正是其探索乡村振兴的齐鲁模式的基础。传统的手工艺产业,有产业、有基础、有产能、有制作,但还要学会有效传播和精准营销,这样才能够变资源优势为产业优势,尤其注重融合发展。

统筹陆海战略:写好海洋经济的文创篇

山东海域面积广阔,与陆域面积相当,海洋经济总量约占全国的五分之一,拥有全国近一半的海洋科技人才,以及

微评

★ 文化产业是"内容为王"的产业,为了生产出优质内容,内容环节应该向专业化发展而非全领域发展,尤其是在大众对于高品质文化产品需求日益旺盛的情况下,不管是网络文学、网络娱乐、还是网络短视频,创意能力和制作水平将会成为"生死线",决定着数字文化产业能否转型成功。

青岛海洋科学与技术试点国家实验室等一批重量级海洋科研机构和创新平台。

在山东的未来战略中,陆海战略中的海洋文明、海洋经济、海洋文化、海洋旅游,是未来发展的潜力,而这篇文章目前还未真正破题,历史把这篇文章留给了我们这一代人书写。山东的海洋资源,既是旅游的财富,也是文创的财富。**所以挖掘海洋文化资源、发展海洋经济、传承海洋文化,文创篇是其浓墨重彩的一笔。**

> **【延伸阅读】国家发展改革委关于印发山东新旧动能转换综合试验区建设总体方案的通知**
>
> 　　文化创意产业。建立文化走向世界新平台新机制,增强文化自信和软实力。健全现代文化产业体系和市场体系,推动文化创意、设计服务与装备制造业、消费品工业深度融合,培育新型文化业态。加快建设大运河文化带,弘扬墨子文化创新精神和鲁班文化工匠精神,传承创新齐鲁文化,推进优秀传统文化创造性转化、创新性发展。支持创建建筑设计创新平台、时尚服装设计创新创业平台等。鼓励创建对外文化贸易基地和国家级文化产业示范园区。支持济南、青岛建设影视文化消费先行体验区。
>
> 　　精品旅游产业。创新旅游发展机制,推动旅游业与农业、工业、教育、文化、体育、城乡建设以及上下游产业融合发展。扩大高质量、个性化旅游精品供给,完善旅游服务体系。支持低空飞行、旅游演艺、生态休闲、康体健身等旅游新业态项目建设,支持青岛等城市开展邮轮旅游。积极创建全域旅游示范省,加强旅游市场综合整治,严厉打击旅游失信行为,全面提升"好客山东"品牌价值和影响力。
>
> （资料来源:中华人民共和国国家发展和改革委员会,http://dqs.ndrc.gov.cn/gzdt/201801/t20180117_874126.html）

旅游纪念品怎么买，记住这两点

范周

【写作背景】春节期间，越来越多的人选择旅游过年，带一些当地纪念品也必不可少，但却发现本应为旅游目的地独一无二的纪念名片，却以"同一张脸"出现在全国各地旅游景点，对此，中国传媒大学文化产业管理学院院长范周教授表示，真正好的旅游纪念品应该兼具长久的生命力和吸引眼球的新鲜感，保持其"真"与"特"才是核心所在。

春节期间，不少选择旅游过年的人发现，国内很多景区的纪念品"基本都长一个样"，旅游纪念品缺乏地域特色、缺乏创意开发，同质化严重。那么，该如何让旅游纪念品走出这些怪圈？在我看来，真正好的旅游纪念品应该兼具长久的生命力和吸引眼球的新鲜感，保持其"真"与"特"才是核心所在。

所谓"真"就是本真，保持本土特色，使旅游纪念品具有鲜明的地域特征和文化特征。例如，在日本奈良市，旅游产业与梅花鹿有着密不可分的联系，即便是有着南都七大寺庙之一的东大寺，在开发旅游纪念品时也以梅花鹿为主要元素之一。京都则不同，这个崇奉狐狸的城市，大街小巷出售的旅游纪念品都与狐狸有关。世界上很多旅游大国都是如此，旅游纪念品只有在这个地区甚至某个景区出售，一旦离开该地，其他地方就买不到或者不正宗，像在俄罗斯买套娃，瑞士买军刀都成了旅游过程中颇具"仪式感"的环节，似乎"过了这个村就没这个店"。**独一无二的地方性决定了旅游纪念品的不可替代性，突出文化和地域特色才是核心竞争力所在。**

当然，突出地方特色必须保证旅游纪念品所传递的文化信息真实准确，必须能够代表这个区域的某种文化。目前，国内旅游纪念品市场存在的一个突出问题就是信息紊乱，张冠李戴，否则，游客又怎么会觉得不论哪里的纪念品都似曾相识呢？

所谓旅游纪念品的"特"，就是具有特殊性、创新性和时尚感。美国管理学大师托马斯·彼得斯曾说过："要么创新，要么死亡。"现在中外不少博物馆在开发IP方面先行一步，比如故宫博物院、大英博物馆等，对历史文化开展创意开发，古老的历史被赋予了新的生命。因此，**旅游纪念品首先要有"脑洞大开""独具慧眼"的创意设计，在根植本土文化的基础上实行艺术深加工，创意设计引领。**

其次，旅游纪念品需要具有实用性，摆件注定只能供人观赏，唯有把传统文化移植到生活中，接地气，群众喜闻乐见，才能既有生命力又有新鲜感。日本旅游纪念品种类丰富多样，其中日用品类占据了大半，他们将含有地域特色的元素植入水杯、丝巾、衣服、钥匙扣等生活用品之中，大大增加了游客的购买欲望。

最后，**旅游纪念品知识产权保护，是制约旅游纪念品市场发展的又一个瓶颈。**不能忽视的问题是，国内一个好的旅游纪念品往往一经推出，便会出现各地一窝蜂地仿制现象，因此很多企业没有勇气研发新产品。我国应重视旅游产品创意IP的保护，为旅游纪念品开发者提供必要保障，防止同一旅游纪念品到处泛滥。

微评

★ 对于旅游纪念品来说，最为重要的就是独一无二，这也是我们经常说的文化产业的核心，即版权问题，涉及知识产权的保护与开发，以及泛娱乐生产的"IP"化。

★ 中国拥有上下五千年的古老文化，每一个地区都有自己独特的文化标志，在开发的时候首先要根据其本土特色进行现代化转化，同时考虑其设计的独特与"抢眼"。

新媒体不再"新"?

李晓飞

随着互联网信息技术的革新,传统媒体已悄然发生着一场翻天覆地的变革。从社交媒体到新媒体平台的逐步铺设,再到VR全景以及直播视频的瞬间火爆,媒体一再被重新定义,新媒体的外延也不断被拓宽。不断变化、泥沙俱下,新时期下的新媒体又发生了怎样的变化?五大看点告诉你。

微评

★ 2019年两会上,李克强总理在答记者问时首次提出"智能+"概念,此后该概念首次被写入政府工作报告中。

"人工智能+"助力新媒体

根据《2017年中国人工智能产业数据报告》,在目标市场行业中"人工智能+"企业总计占比40%,位居第一。人工智能与传统产业融合促使机器人、智能生活助理、自动驾驶、新闻分发、智能家居等多领域实现突破,人工智能催生新经济形态,变革传统工作与生活方式。

在新闻分发领域,以"今日头条"为代表的个性化信息推荐平台通过计算机算法实现了用户新闻信息的个性化定制。算法将海量新闻信息与用户个人阅读兴趣智能连接，实现了信息推送的精准化。今日头条的海外版产品"Topbuzz"已经成为美国第三大、巴西第二大新闻资讯客户端。今日头条旗下的"Flipagram""Musical.ly""TikTok"已成为欧美日最流行的短视频应用，人工智能时代的到来，使中国企业成功地向传统发达国家输出了信息文化产品。

当今，技术对媒体发展的影响愈加深刻。云计算、短视频与视频直播、人工智能等技术应用因符合新媒体传播规律，满足用户需求，有利于提升用户体验而成为热门。2017年8月，微软小冰以人工智能记者的身份入职钱江晚报，首次与报业品牌合作，并在浙江24小时上开设了专栏。小冰除了具备记者功能，还可以担当机器人客服，自上线以来，小冰已在版面和客户端累计发稿300多篇，服务用户总数高达122万人次。

未来，随着人工智能技术的不断发展，如何选择其应用领域，与市场结合进行布局成为关键，而智能化与视频化仍是新媒体发展的趋势。

网络直播、短视频异军突起，个性化内容受追捧

2017年，**网络直播与短视频发展进入"下半场"，新产品样态层出不穷且更替频繁。**同时，直播与短视频呈现向全民平台发展的趋势，用户生产内容、专业生产内容与社交属性成为平台发展的主要推动力。在政策监管、激烈竞争、观看需求理性化的前提下，网络直播与短视频行业发展前景依然乐观。

在网络监管下，直播行业加速整合，不断回归理性。

微评

★ 2017年以来，网络直播与短视频迅速发展，涌现了快手、抖音等一批头部视频平台。2019年，淘宝电商平台主播李佳琦的走红更是成了现象级事件，为电商直播平台博得了大量关注。

同时，各平台通过差异化定位以自制内容赢得用户。虎牙直播、熊猫直播、斗鱼直播等主打网络游戏直播，通过热门网络游戏保持内容影响力；映客直播、花椒直播、一直播等泛娱乐平台则通过引入明星大咖、美女帅哥等在美妆、电商等生活方式领域布局；以六间房、YY等为代表的秀场直播侧重发挥网红主播的号召力进行社交直播。

资本的青睐与互联网巨头的进入为短视频市场带来了前所未有的发展机遇，组合产品体系化发展成为短视频平台背后互联网企业的发展战略。比如，字节跳动旗下拥有抖音、火山小视频、西瓜视频等短视频应用。三个平台分别瞄准不同层次的用户群体，通过差异化产品定位建立短视频应用矩阵，扩大用户覆盖范围和规模。

音频付费、语音交互，声音产业前景广阔

从付费用户对于知识内容媒介呈现形态的青睐程度来看，2017年用户群体主要青睐于音频类知识产品的付费。使用知识付费产品的用户中，有41.6%的人群正在使用音频类知识产品，并且有45.4%的用户表示未来倾向于使用音频类知识付费产品；而选择视频、文字等其他媒介形式知识付费产品的用户比例均低于40%。这说明知识付费用户在选择媒介类型时更加倾向于音频类产品。在2017年付费内容购买指数前十名中，70%为音频类产品，有六项最受欢迎的产品来自综合型音频分享平台喜马拉雅FM，而喜马拉雅FM也凭借音频类知识付费产品成为2017年知识付费市场的一匹"黑马"。

语音交互是目前媒体走向万物互联的应用重点和发展风口。在实际应用领域，讯飞输入法的识别准确率达到

微评

★ 随着互联网应用的升级，企业通过对市场的细分，将力量集中于某个特定的目标市场，或严格针对一个细分市场，或重点经营一个产品和服务，创造出产品和服务优势。字节跳动公司显然注意到这一趋势，并通过差异化品牌打造，占据市场份额。

★ 当前在线音频行业呈现三足鼎立态势，其中喜马拉雅与蜻蜓FM以PGC模式为主要模式，大力拓展知识付费领域；而荔枝则另辟蹊径，以UGC模式为主，立足于语音直播，致力于打造音频娱乐平台。

98%，距颠覆性发展只有一个百分点的距离。语音识别技术的成熟使人机交互方式的更新成为可能。科大讯飞的云端语音开放平台，截至2017年12月，累计终端数达到15亿个，日均交互次数达到40亿，开发者团队数量已达50万个。搭载语音识别技术的终端从集成平台，如智能手机中的语音助手，到垂直领域的具体应用，如教育、公共服务、汽车、客服、医疗保健等，都已迎来蓬勃发展的阶段。

音频付费，语音交互的火爆说明这一方式能够适应当前快节奏社会的生活节奏，未来，兼具智能化功能的声音产业必将拥有广阔的发展前景。

传统媒体如何"浴火重生"？

2006年，原国家新闻出版总署将数字报业定位传统报业战略转型的方向。2007年，国家启动全媒体数字采编发布系统工程建设，南方报业传媒集团、烟台日报传媒集团在全国首开先河，整合集团内部所有的采编资源，建立全媒体新闻中心，开始了传统报业全媒体运作方式的探索。

随着移动互联网时代的到来，纸媒先后经历了创刊网站、iPad版、电子刊、微信公众号、客户端等几个阶段。前南都媒体人栾春晖曾形象地指出，传统媒体App产品"起了个大早赶了个晚集"。这句话形象地说出了纸媒转型中存在的问题，那就是换汤不换药。在总人数不改变的情况下，在原有架构上增加新的业务，并由原有的人员转型而来。无论从业务水平还是受重视程度都达不到要求。比如说，一个纸媒转型而来的微信公众号只有2~3个编辑，而一个专职的微信公众号运营公司，需要的是一个完整的团队和全新的思路。

微评

★ 传统媒体在转型过程中仍旧存在着诸多问题，许多媒体转型缺少规划，缺乏新媒体思维，内容质量参差不齐且不符合在线阅读习惯，导致其无法触达有效受众。

传统媒体向新媒体的转变，还体现在由原本的内容生产变成内容分发，从而形成综合传播平台，这是最为本质的变化。比如传统网站，新浪、搜狐、腾讯、凤凰等，都相继转型成内容平台，分别有新浪看点、搜狐自媒体平台、腾讯企鹅号、一点资讯等。直播平台、文字内容平台、视频内容平台等鳞次栉比，App也成等级增长。很多传统媒体马不停蹄地投入到了平台化转型的战斗中去。

微评

★ 新媒体（New media）概念最早是1967年由美国哥伦比亚广播电视网（CBS）技术研究所所长戈尔德马克（P.Goldmark）提出的，主要是指在报刊、广播、电视等传统媒体以后发展起来的新的媒体形态。

"大数据"时代，新媒体的"得"与"失"

近几年来，各种社交网络，移动网络和各种智能终端广泛运用，数字技术、网络技术和通信技术日渐介入媒体的构成当中，创造出诸多被称之为新媒体的媒体形态，一大批新媒体生产了许多大数据，为网络信息传播带来一个崭新的时代。但是大数据时代，新媒体发展也存在着诸多隐忧。

首先，网络空间充斥大量有害信息。新媒体在传播信息过程中，一方面，由于网民素质良莠不齐，有些网民言论自由随意、导向不明，有些网民热于揭人隐私、谣言惑众，甚至有些所谓网络大V毫无顾忌、妄发评论，给社会带来负面影响；另一方面，出于某种目的和企图，网络上频繁出现一些欺骗虚假、黄色低俗、网络暴力等有害信息，给构建健康文明网络环境造成了极坏影响。例如，2018年网络上吵得沸沸扬扬的"德阳女医生自杀事件"，事件发生后，一些媒体和自媒体以《疑妻子被撞，男子竟在泳池中按着小孩打》为题发布、转载视频，最终导致当事人不堪舆论压力，服药自杀身亡。

其次，虚拟网络空间治理存在不足。目前，全国每天有亿万人在网上发言、在网上围观,每天发布微博、微信多达数百亿条,这些通过网络新媒体传播的信息,很难保证其质量。2017年6月,"狼友直播"利用所谓的"网红主播"进行色情表演被曝光后引发广泛关注。这起被媒体称为"特大传播淫秽色情网络直播平台牟利案"还牵出了涉黄直播背后的规模化、组织化、产业化的黑色链条,涉黄主播与犯罪组织、黑产团伙结成利益攫取与分配的共同体。与此同时,直播内容涉及暴力犯罪也是舆论关注的重点。"炉石"平台主播直播飙车导致严重车祸,"虎牙"平台直播中出现群殴等事件引发众多媒体报道。

当前出现的种种乱象说明政府缺乏有效的治理手段,特别是立法滞后造成监管缺位和对网民自律要求不高,管理不严,处罚不重。

新媒体发展之路走向何方

新时代,在媒体融合浪潮中传统媒体应如何实现转型升级,新媒体在大数据背景下应如何实现健康运营?面对新媒体发展隐忧,新媒体应如何重塑价值,实现新媒体的责任与担当?由中国传媒大学文化发展研究院主办,自媒体"言之有范"及北汽齿轮场文创园共同承办的"未来已来,新媒体的责任与担当"高峰论坛,邀请学界、业界专家围绕新媒体发展,新媒体运营展开深度探讨,共同描绘新媒体发展的未来图景。

六年网络作家富豪榜,一个"大时代"的风向标

张园园

微评

★ 2018年网络文学行业保持持续健康发展,用户规模达4.3亿,较2017年同比增长14.3%。此外,网络文学市场规模同比增长20.3%,达153.5亿元,增幅较为稳定。

从1998年中国"网络文学第一人"蔡智恒推出《第一次的亲密接触》起,我国网络文学至今已经走过了20年的岁月。在这20年间,网络文学发展势头强劲,据中国作协2018年发布的《中国网络文学蓝皮书(2017)》数据显示:截至2017年12月,中国网络文学用户已达3.78亿人,国内45家重点文学网站的原创作品总量达1646.7万种,中国网络文学创作队伍约1400万人。2012年,中国作家富豪榜开始加入对网络作家的盘点,截至2018年4月,已经成功发布六届。网络作家富豪榜,无疑是网络文学发展的另一个参照。

2011年是网络文学大放异彩的一年。经过13年的发展,网络文学逐渐开始走向成熟,多部由超高人气网络小说改编的电视剧和电影,如《失恋33天》《裸婚时代》《步步惊心》《甄嬛传》等,使网络文学走进了大众的视野。2012年,吴怀尧顺势而为推出了中国作家富豪榜品牌子榜单——网络作家富豪榜,从2012年第七届中国作家富豪榜子榜单到2017年第十二届网络作家富豪榜,已经发布了6张网络作家富豪榜榜单。网络作家富豪榜在反映网络作家所创造的财富量的同时,也展现了我国网络文学的发展盛况。

六年榜单:谁是铁打的网文大神

唐家三少:连续6年蝉联冠军

2012—2017年,被称为"网文之王"的唐家三少,连续6年位列网络作家富豪榜榜首,成为"中国最吸金网络小说作家"。2014年和2015年,唐家三少两次入选福布斯中国名人榜。从2012年第七届网络作家富豪榜3300万元的版税收入(2007—2012年的版税收入之和)至2015年1.1亿元的版税收入,四年间,唐家三少的版税收入几乎以每年翻倍的惊人速度在增长,2017年的版税收入更是达到了1.3亿元,平均每天就能入账35.6万元,堪称"神一般的存在",唐家三少每天更新8000字,17套图书的总销量近亿册。唐家三少版税收入的高增长速度,也反映出我国网络文学发展的迅猛程度。

微评

★ 唐家三少,本名张威,中国内地网络小说作家,中国网络文学的代表人物之一,代表作有斗罗大陆系列、神印王座系列、都市深爱三部曲等。

老面孔居多,但黑马频现

纵观六年网络作家富豪榜,能够榜上有名的还是老面孔。唐家三少、天蚕土豆、骷髅精灵、鱼人二代、高楼大厦、无罪皆是次次榜上有名;辰东、柳下挥、跳舞、月关五次上榜;梦入神机、烽火戏诸侯四次上榜。**由此可见,网文大神们的地位仍然非常稳固,能够次次上榜的大有人在。每届网络作家富豪榜中,老面孔平均占上榜总人数的**

微评

★ 2019年2月24日，唐家三少从事网文创作整整15年了，他曾表示，"要让读者天天看到我的作品，是我对网络文学最真挚的告白。"可见光芒的背后是执着的付出与辛勤的汗水。

82.8%。作为中国网络文学发展的中坚力量，唐家三少、天蚕土豆、骷髅精灵、鱼人二代、高楼大厦、无罪这样的作者仍然深受广大读者的喜爱，**说明网络文学作者最重要的一点就是："贵在坚持"。**

网络大神地位稳，但黑马频现，网络文学发展的新生力量亦不容忽视。**一方面，网络作家富豪榜的位置排名不断变动，不断有人实现名次跃升。**如在前五届榜单中一直处于第十三名至第十五名之间的无罪，在2017年第十二届网络作家富豪榜中飞跃到了第三名的位置。一年时间内突然从2016年的第十四名冲进前三甲，版税收入从2016年的1660万元暴涨到6000万元，不可不谓之为黑马。而无罪之所以能够成为黑马，是因为2017年是无罪小说改编井喷的一年，无罪的经典代表作《剑王朝》被爱奇艺开发成"剑王朝IP"，形成泛娱乐产业链IP矩阵，从原著小说衍生出电视剧、动画、游戏等多种形式的作品。2017年4月，《剑王朝》动漫版在爱奇艺开播，总播放量已近一亿。《剑王朝》的网剧版现已杀青，于2019年开播。

另一方面，不断有新生力量进入网络作家富豪榜，每届网络作家富豪榜中都有三到四位新面孔进入榜单，平均占上榜总人数的17.2%。如出现在2015年第十届网络作家富豪榜中的烟雨江南、妖夜与何常在，皆首次进入榜单。可见，网络文学发展空间巨大，新鲜血液不断涌动。

阳盛阴衰：女作家凤毛麟角

六年网络作家富豪榜，五年被男性网络作家霸榜，无一个网络女作家名列榜单。2017年第十二届网络作家富豪榜终于迎来了头号女作家——藤萍。藤萍以言情小说出道，十多年的时间里创作了上百部小说，从言情到武侠、科幻、悬疑，几乎各种小说类型都有尝试。多年笔耕不辍终于迎来了爆发，以《中华异想集》为经典代表作，凭借2500万元的版税收入名列2017年第十二届网络作家富豪榜第九名。与藤萍一起名列榜单的女作家还有以《深渊游戏》为代表作的水千丞和《缥缈》的作者白姬绾，**女作家在此届网络作家富豪榜中大放异彩**。在欣喜的同时，我们也要看到，网络女作家想要和男作家平分天下，还有漫长的路要走。

微评

★ 2000年，藤萍（原名叶萍萍）考入广州中山大学法律系。同年，她以《锁檀经》出道，荣获第一届花雨"花与梦"全国浪漫小说征文大赛第一名，自此成为网络知名写手。

笔下自有黄金屋：网文大神是怎样炼成的

玄幻奇幻：最受欢迎的网文类型

在六届网络作家富豪榜中，有多部经典网文作品频频上榜，比如唐家三少的《斗罗大陆》六次上榜，鱼人二代的《校花的贴身高手》五次上榜，烽火戏诸侯的《雪中悍刀行》四次上榜，天蚕土豆的《斗破苍穹》和骷髅精灵的《圣堂》三次上榜。其中，《斗罗大陆》《雪中悍刀行》《斗破苍穹》都是玄幻奇幻类小说。

不仅如此，在六届网络作家富豪榜上榜的共113部作品（重复作品叠加计算）中，有61部属于玄幻奇幻类小说，占全部上榜作品的54%，其余的则是仙侠类、都市言情类、科幻类及架空历史类等类型的作品。**由此可见，在网络文学中，玄幻奇幻类小说是最受读者欢迎的网文类型**。值得一提的是，在所有的上榜作品中，没有一部是现实主义题材的作品，这不仅仅反映了网络文学读者的兴趣偏好，也反应出网络文学自身空间虚拟性的特点给玄幻奇幻类作品的创作营造了良好的时空环境。

在网文读者对于玄幻奇幻类小说的大力追捧下，很大一部分的网络作家为了扩大作品的受众面,提高作品的关注度,都将创作题材瞄准玄幻奇幻类型。这种针对性的作品创作给他们带来丰厚收益的同时,也使网络文学作品类型固化,客观上成为网络文学创作的一种瓶颈。

网文变现:网文大神的吸金大法

2012年,首次推出的网络作家富豪榜统计的是从2007年至2012年五年间,中国网络作家通过网络写作以及由此产生的纸质图书版税及相关授权总收入。上榜的20名网络作家,在文学网站以1000字1.4分钱起步,凭借自身的坚持不懈,在短短5年内敲出1.77亿元的财富。最新发布的第十二届网络作家富豪榜,统计的是2017年1月至2018年1月期间,中国网络作家通过网络连载以及由此产生的纸质图书版税加上游戏、影视改编授权收入总和。上榜的18名网络作家,其版税收入总和高达6.54亿元。两者间的差距令人瞠目结舌,由此可见,随着当下移动互联网的普及、粉丝经济的兴起,网络文学的发展日益成熟,向网游、影视改编的速度明显加快。尤其是2015年,整个影视行业几乎言必称IP,我国网络文学作家的吸金能力开始暴涨。

但网络大神并非一朝一夕炼成的,需要经历长时间的积累和打磨,板凳坐得十年冷,才能收获鲜花与掌声。

首先,精雕细琢IP之源。 网络文学作品是IP的重要来源之一,网络文学作家对其重视程度自然不言而喻。一方面,在创作类型的选择上,多采取玄幻奇幻类型的题材,不仅仅由于读者的阅读偏好,更重要的是,玄幻奇幻类型的文学作品在题材和内容上,都更利于进行后续环节中游戏、影视、动漫等领域的改编,相比现实主义题材而言,改编阻力会小很多。因此,网络作家大多在最早创作IP时,

微评

★ 当下网络文学读者群体不断细分,差异化需求显著,长尾效应明显。根据相关报告,2018年诞生的网络文学作品中,现实类、游戏类、宠物类、美食类题材热度较高,成为作者关注的焦点。

就会考虑作品的后续改编方向，并对当下的创作产生一定的引导，以确保改编环节中内容的高度统一。另一方面，在创作内容上，对于读者的意见足够重视，更加精确地定位读者的喜好，以推动作品的进一步传播，积攒人气，汇聚粉丝，为作品的全方位开发打下坚实的粉丝基础。

其次，多版权经营，打造完整的产业链条。 单纯靠网文挣钱的单一模式早已成为过去时。现在，网文大神瞄准的目标不仅仅是在网文产业中占据一席之地，他们更看重的是网文的改编领域。例如，第一个成功将网络小说改编成漫画的唐家三少，他的由网络小说《斗罗大陆》改编的漫画，单本销量早已超过了百万册，改编的游戏玩家众多，改编的动画视频的播放量更是居高不下，改编为电影的计划也已经在筹备中。另外，由天蚕土豆创作的网络小说《斗破苍穹》改编成的电视剧在2018年已经上映。多版权经营，打造完整的产业链条，早已成为当下网络文学发展的金科玉律。

最后，贵在坚持，打造个人影响力。 当我们看到网文大神赚得盆满钵盈的同时，也要看到他们整日坐在电脑前，日复一日的付出和坚持。早在2012年，唐家三少就凭借着"连续写作86个月从不断更"的成就创下吉尼斯世界纪录。经典的网络小说通过互联网平台积累大量的粉丝，具有极强的IP效应，基于此，网络小说才有了向游戏、动漫、电影、电视等领域跨界价值变现的可能，但是网络小说的这种粉丝效应具有极强的时效性，想留住读者、保持读者对于小说的黏性，就必须坚持定时更新、大量更新。可见，网文大神的道路也并非一帆风顺、简单易行的。

短视频最严监管来了,这对行业来说意味着什么?

张楚炀

2019年1月,中国网络视听节目服务协会颁布了《网络短视频平台管理规范》和《网络短视频审核标准细则》100条。针对短视频平台内容的审核细则,将致力于整顿短视频传播秩序,细化落实相关政策,营造良好的市场环境。

2018年年底,围绕着短视频市场的争夺战不断上演,短视频行业风口引得百度、新浪、腾讯、阿里等头部互联网公司纷纷入局。短短数月时间,随着《网络短视频平台管理规范》(以下简称《规范》)和《网络短视频审核标准细则》(以下简称《细则》)100条的出台,短视频行业顷刻间就从酷夏走入寒冬。政策收紧为行业的野蛮生长浇了一盆冷水,按照刚刚出台的《规范》和《细则》进行审查,目前短视频平台上的大部分内容可能都不符合标准,触犯了政策红线。先审后播的制度会过滤掉一大半短视频内容,因此有人说,这样一纸政策等于宣告行业死亡。当然,到底是行业死亡还是行业的断翼重生尚不能妄下结论。

条文关键词

总编辑内容管理负责制度

《网络短视频平台管理规范》中指出，"网络短视频平台应当建立总编辑内容管理负责制度"。

先审后播制度

"网络短视频平台实行节目内容先审后播制度。平台上播出的所有短视频均应经内容审核后方可播出，包括节目的标题、简介、弹幕、评论等内容。"**先审后播的内容包括短视频的弹幕和评论，一方面，有利于净化网络视频环境，但另一方面，这很可能影响即时互动评论的用户体验。**

审核员队伍

"网络平台开展短视频服务，应当根据其业务规模，同步建立政治素质高、业务能力强的审核员队伍。审核员应当经过省级以上广电管理部门组织的培训，审核员数量与上传和播出的短视频条数应当相匹配。**原则上，审核员人数应当在本平台每天新增播出短视频条数的千分之一以上。**"

以快手为例，根据2018年快手发布数据显示，快手的日均视频发布量为1500万条。按照最新的审核原则，快手需要配备1.5万人以上的审核员队伍。据数据显示，快手的日均视频发布还远少于腾讯、抖音等短视频平台。未来，对审核员的极速扩招将成为各个平台的必由之路。此外，考虑短视频平台需要支付的巨大人工成本，同时又为了满足审核队伍要求，平台方可能会加速人工智能技术在筛选和审核方面的应用。

微评

★ 先审后播的制度不同于以往的事后问责管理，从源头上加强了对短视频内容的控制，对于净化网络视频环境起着重要的作用。

审查内容

《网络短视频审核标准细则》中明确表示，审查的内容包括网络播放的短视频节目，及其标题、名称、评论、弹幕、表情包等，视频中语言、表演、字幕、背景等都要依据网络短视频内容审核基本标准进行审查。也就是说，**审查的内容其实不仅局限在上传内容中，还包括评论、弹幕、表情包等观众互动内容。**

违法违规上传账户名单库

一周内三次以上上传含有违法违规内容节目的UGC账户，及上传重大违法内容节目的UGC账户，平台应当将其身份信息、头像、账户名称等信息纳入"违法违规上传账户名单库"。

各网络短视频平台对"违法违规上传账户名单库"实行信息共享机制。对被列入"违法违规上传账户名单库"中的人员，各网络短视频平台在规定时期内不得为其开通上传账户。根据上传违法节目行为的严重性，列入"违法违规上传账户名单库"中的人员的禁播期也被分别为一年、三年、永久三个档次。

账户和内容管理

当下的短视频平台的账户主体主要分为机构注册账户和个人注册账户，短视频内容主要分为机构注册账户上传（PGC）和个人注册账户上传（UGC）。针对不同的用户主体，确立了短视频平台账户和内容的具体管理内容。

微评

★ 网络不是法外之地。对于违法违规的控制是加强网络管理的重要手段，同时也是净化网络空间的有效方式。

机构注册账户上传（PGC）

（1）应当核实其组织机构代码证等信息；

（2）签署体现本《规范》要求的合作协议，方可开通上传功能；

（3）持有《信息网络传播视听节目许可证》的PGC机构，其上传的节目必须在许可证规定的业务范围内；

（4）未持有《信息网络传播视听节目许可证》的PGC机构上传的节目，只能作为短视频平台的节目素材，供平台审查通过后，在授权情况下使用。

个人注册账户上传（UGC）

（1）应当核实身份证等个人身份信息；

（2）签署体现本《规范》要求的合作协议，方可开通上传功能。

短视频平台

在对短视频平台内容管理的细则中，则突出了版权保护的相关内容。 平台方对用户上传内容的转发和素材的使用需经过PGC机构或UGC提供版权证明，具体要求如下：

（1）不得转发UGC上传的电影、电视剧、网络电影、网络剧等各类广播电视视听作品片段；

（2）在未得到PGC机构提供的版权证明的情况下，不得转发PGC机构上传的电影、电视剧、网络电影、网络剧等各类广播电视视听作品片段；

（3）网络短视频平台应当遵守国家新闻节目管理规定，不得转发UGC上传的时政类、社会类新闻短视频节目；

（4）不得转发尚未核实是否具有视听新闻节目首发资质的PGC机构上传的时政类、社会类新闻短视频节目；

微评

★ 网络时代同样需要版权的保护。版权对于创作有着重要的作用，要加强网络空间里版权的保护，提供更加优质的内容产品。

（5）网络短视频平台不得转发国家尚未批准播映的电影、电视剧、网络影视剧中的片段，以及已被国家明令禁止的广播电视节目、网络节目中的片段。

触线重灾区

很多平台中常见的一些短视频内容根据此次颁布的细则都会被划归到严格禁止的内容中，而且这些内容在视频平台往往具有较高关注度和较大的受众群体。

"网络短视频平台应当履行版权保护责任，不得未经授权自行剪切、改编电影、电视剧、网络电影、网络剧等各类广播电视视听作品"；"篡改名著、歪曲原著精神实质的；颠覆经典名著中重要人物人设的"。

短视频平台中比较普遍的"X分钟带你看电影"等电影解读内容正式沦为触线重灾区。这类自制短片中都未经授权自行对影视剧等视听作品进行了剪辑，无论是上传用户还是视频平台自身，传播这种形式的短视频内容在中国著作权法范畴内已经属于侵权行为。不知道《细则》出台后，短视频平台的影视剧剪辑解说作品会不会就此"凉凉"了呢？

热议关键词

《网络短视频审核标准细则》100条中对相关审核标准进行了细化，增加了内容审核的可执行性。但是，对于《细则》中一些对内容的定性表述，其定义尚不明晰，模棱两可。这也是在网上掀起热议的部分。

颓废人生观、丧文化

宣扬颓废人生观的内容不得出现，宣传和宣扬丧文化的内容不值得宣扬。关于颓废人生观的概念，有部分网友表示，"我每天喝可乐、吃薯片、打游戏的快乐肥宅生活是不是颓废人生观？"虽然很多网友以此作为调侃，但不可否认，《细则》的部分表述和审核标准也确实存在模糊、没有明确界定的问题。此外，《细则》与当下青年人中备受推崇的"丧"文化潮流相悖，发布后引发网友热议。

非主流婚恋观

《细则》中规定"宣扬和炒作非主流婚恋观"的短视频内容不得出现。传统婚姻观念在现代发展中已经发生改变，无论是择偶观、婚恋年龄等都发生了重大变化。关于主流与非主流的界定在时间的流转中也必然在改变，如此一来，内容审核的标准和界限容易引发争议。

结语

短视频平台经历了野蛮生长，长期处于监管盲区。《网络短视频平台管理规范》和《网络短视频审核标准细则》的颁布触动了短视频哪些神经？

根据数据显示，短视频平台已经跃升为民众获取信息的重要渠道之一，短视频用户在2018年超过3亿，以抖音、快手为首的短视频平台也进入了商业变现期。作为变现的主要方式，短视频广告在不久后有望突破400亿元规模，广告植入已经无处不在。头部互联网公司形成系列短视频矩阵，平台间的流量竞争更加激烈。在广告变现的盈利模式和平台竞争中，行业发展良莠不齐。在逐利的市场环境下，平台的自律能力尚且不足，行业规范尚未树立，《规范》和《细则》的出台则及时地为短视频行业上紧发条，戴上了"紧箍咒"，虽然部分审核标准和细则存在争议，但是对于色情、低俗、暴力等不良内容却是一记重击。

知识共享许可开放，CC0协议带来的博物馆藏商业化能给文创人哪些启迪

宋立夫

2018年11月15日，芝加哥艺术博物馆（Art Institute of Chicago）确认加入"CC0无权利保留协议"，包括《神奈川冲浪里》《夜游者》等世界名画在内的馆藏近5万幅高清大图画作，全部可以免费下载。对于众多的艺术、文化或博物馆爱好者来说，这是一条振奋人心的消息。那么，什么是CC0协议？其他博物馆的数字馆藏是否有开放？博物馆馆藏的商业化会对社会产生什么样的影响？

"数字先锋"型的博物馆

芝加哥艺术博物馆（Art Institute of Chicago）宣布以"CC0协议"，开放所有数字馆藏的高精度免费下载，令艺术爱好者们欢欣雀跃。这意味着爱好者们不用为了看清楚展品再隔着反着光的玻璃反复调整观看角度，而可以在任何地方，通过屏幕上的高清大图，对作品的笔墨、技巧、色彩和材质进行研究。

在博物馆数字化浪潮中，芝加哥艺术博物馆并非第一个"先锋"。2017年8月初，哈佛燕京图书馆也正式宣布，馆藏的4200部/53000卷中文善本特藏数字化工程已全部完成，网友可以免费在线浏览、下载。

最近几年，纽约大都会艺术博物馆、中国台北故宫博物院、华盛顿美国国家美术馆、纽约现代艺术博物馆、洛杉矶盖蒂博物馆等世界顶级的博物馆机构都已通过"CC0"协议的形式，开放了数字高清资源馆藏的下载，且支持用户对于数字资源的商业化应用。荷兰规模最大的博物馆——阿姆斯特丹荷兰国家博物馆不仅鼓励公众下载数字资源、创建专题、进行再创作，还专门设立了一个名为"荷兰国家博物馆工作坊奖"的奖项，奖励来自观众的优秀创意。

CC协议：更广泛应用于文字艺术类作品的知识共享协议

现在公共文化机构的数字化和开放性已经使获取知识的方式发生了翻天覆地的变化，平板电脑和智能手机成了最常见的学习工具，文化、艺术作品的社会化应用场景越来越广泛，CC协议也便应运而生。

根据维基百科的描述，知识共享（Creative Commons）是一个非营利组织，该组织提供同名的一系列著作的授权方式，在2001年正式运行，最初版本在2002年12月16日发布。其主要宗旨是使著作物能更广为流通与改作，可使其他人据以创作及共享，并以所提供的授权方式确保上述理念。

知识共享协议允许作者或版权持有人选择不同的授权条款和根据不同国家的著作权法制定的版权协议，

而"CC0协议"是其中极为特殊的一种授权条款，意味着版权持有人将对作品不保留任何权利。芝加哥艺术博物馆等这些"数字先锋"型博物馆采用了"CC0协议"意味着什么呢？意味着当你可以下载任意一副艺术作品，印在T恤上、手机壳上，做成自己的文创产品，不用付费，也不用担心侵权。

"CC0"协议和博物馆精神，文物"活起来"从何谈起

"我不在乎这些图片被如何使用，"荷兰国家博物馆馆长维姆·贝维斯

曾表示,"博物馆藏品应该属于公共领域,任何人都可以自由使用,至少在文化用途方面。这些物品最重要的功能,就是被观看。开放图片只是进一步扩展它们的这项功能——在教学中使用,把它们转发给朋友,或者写一些关于它们的文章。我们不希望人们只能在博物馆里观看这些物品,我们希望与参观者建立联系。"

贝维斯馆长这一席话,对现代博物馆精神进行了通透的描述。同时,文化资源的数字化浪潮引领了文化创意衍生品的潮流,中国美术馆以及其他几个机构在此前都曾表示过,他们有加入"CC0协议"开放数字化馆藏的意愿,但在处理版权问题上,还缺乏各方满意的解决方案。为什么我国国内的博物馆不用这样的方式进行文物、藏品的社会化呢?

这是因为我国虽然有了本土化的知识共享协议,但采用"CC0"协议意味着放弃对作品的署名权,而在我国现行的著作权法律体系下,署名权是无法被放弃的。具体来说,在国内的《著作权法》中规定,署名权作为精神权利,对其转让和放弃的约定通常严格受到法律的禁止而不具有效力。

以故宫博物院为例,故宫博物院已经凭借极高的执行力完成了对于大多珍宝的数字化展示,用户也可以自行登录网站下载喜欢的作品。但是根据故宫博物院的版权声明,网站刊载的图片等作品还无法被用于商业用途。

这又使我们想起那个经常被提起的问题——怎么才能让文物"活起来"?或者说,怎么开发文物,才能在文物精神的传承和商业化上取得平衡?

文物的活化,意味着文物精神的传承和传播,以及传播路径的创新。故宫博物院和大英博物馆开发的文创产品,用生动的形象将馆藏进行了开发,将文物故事和文物精神通过商业化手段传递给消费者。

而这些采取了"CC0协议"的博物馆,则以更高的格局和更加开放的心态,将这些属于全人类财富的开发权,交还给全人类,使这些人文财富能够在社会中传播,让优秀的艺术作品进入更广泛的生活中,让更多的人感知和感受优秀文艺作品的艺术精神。

从"一超"到"多强",国产片暑期档上演"一出好戏"

祁吟墨

【写作背景】2018年的暑期档于8月31日正式结束,暑期档票房最终以173.8亿元人民币收官,创下历史新高。然而,大IP、大制作、流量明星与话题加持……这些电影营销的常用招数在2018年遭到重创。从近几年暑期档表现来看,影片口碑与票房的正相关性愈来愈强。

大盘优于往年,头部影片丰富度提升

这个被期待为"史上最强"的暑期档中,共计128部影片轮番上映,基本上每周可以上映近十部电影作品。暑期档一向都是全年重要票仓,近7年来表现总体稳步上升,2012—2017年,暑期档三个月的票房都占到全年总票房30%左右。根据艺恩统计数据,截至2018年8月25日,2018暑期档票房就已达到163.46亿元,提前6天超越2017暑期档,创造了暑期档总票房新纪录,这也预示着全年市场表现的稳中有升。

微评

★ 我国电影市场规模稳步增长,近年来增速有所放缓。但对于整个电影行业来说,这预示着市场需要更多的精品佳作,观众的电影欣赏水平也在稳步提升。

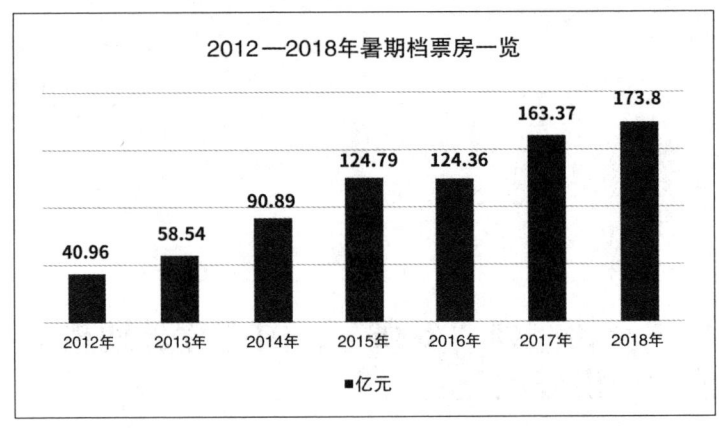

微评

★ 当前，电影创作被赋予了更多新时代的要求与期待，除了需要提供优质的内容之外，其思想性和价值观引领越来越受到重视，在满足观众文化娱乐需求的同时，如何高质量发展已成为了电影工作的主攻方向

区别于去年《战狼2》超56亿票房的"一枝独秀"，2018年暑期档的头部影片票房态势更加均衡。票房排名前五名的影片包括了剧情片《我不是药神》、喜剧片《西虹市首富》、动作片《侏罗纪世界2》以及中美合拍片《巨齿鲨》，影片类型整体呈现多元化。

值得一提的是，在国产保护月当中，一些引进作品和合资片都成绩喜人，国产电影与《摩天营救》《蚁人2：黄蜂女现身》《小偷家族》等进口片呈现出分庭抗礼的局面。有业内人士分析指出，2018年电影暑期档票房的数据表明**国产电影的市场主体地位得到进一步巩固，中国电影市场的人口红利仍在释放，观众的电影消费也更加理性、成熟。**

动画电影遇冷，严肃喜剧成票房赢家

自2015年《西游记之大圣归来》创造近10亿元的票房奇迹以来，国产动画电影的崛起备受瞩目。2016年暑期档国产动画电影总共有17部，总票房为2.08亿；2017年有14部，总票房为2.52亿；2018年共有16部上映，在影片增加的情况下,票房却大幅"跳水",跌至1.06亿。从质量上说,根据豆瓣评分,除了《美食大冒险》7.5分、《风语咒》7.0分外,《新大头儿子和小头爸爸3:俄罗斯奇遇记》《神秘世界历险记4》等其余几部动画作品都在5.5分之下。

喜剧片一直是各大档期的票房主力,但近年来出现转向,无厘头喜剧片逐渐失去吸引力,观众追捧的是笑中带泪、有现实关怀和深度的作品。2016年暑期档喜剧《快手枪手快枪手》《陆垚知马俐》被指"笑点尴尬,剧情浮夸",2017年暑期档喜剧《十万个冷笑话2》《绝世高手》则均未进入票房前10位。

2018年暑期档,《我不是药神》《西虹市首富》《一出好戏》三部电影,包揽国产片票房三甲,相对成熟的电影制作团队也是这些剧情片或者严肃喜剧获得高票房的重要原因。国产喜剧片已经形成几个特色鲜明、成熟稳定的创作团队,如"黄金搭档"徐峥、宁浩和以话剧起家的开心麻花,他们通过多年来高质量的生产创作,形成了相对稳定的票房号召力。

微评

★ 对于电影创作者来说,如何根据社会现实创作出人民群众喜闻乐见的电影,是面临的一道实际的难题,需要电影行业集体探索。

影片整体质量提升,口碑与票房齐飞

根据拓普电影智库的统计数据,2018年暑期档票房前15名有14部豆瓣评分在及格线之上,《我不是药神》更是成为豆瓣历史上第六部评分超过9.0的国产影片。猫眼研究院大数据报告也显示,2018暑期档影片猫眼评分均值为8.0,高于去年同期的7.7分,其中9分以上影片数量增多。较往年高票房影片频繁出现5分以下甚至更低评分的两极化现象,2018年高分影片的高密度出现,都可以算史无前例。

口碑对于影片票房的影响更为显著，赋予市场更快的反应速度，尤其是高分拉动首日票房的趋势明显。《我不是药神》在正式上映前开始大规模点映，点映后口碑扩散，形成一波"自来水"，拿下1.63亿正式上映前的高点映票房。良好的口碑也为影片正式上映后的票房打下基础。

"鲜肉"加持或大热IP改编而来的电影在2018年暑期档市场反应不佳，较差的口碑严重影响了其市场表现。《爱情公寓》在观众怀旧情感的助推下，上映首日便斩获超3亿元的票房，也破了2018年影片上映首日票房的纪录，但其豆瓣评分始终在3分之下。《爱情公寓》上映次日票房便呈现断崖式下跌，第三日票房仅为首日的六分之一。片方的前期宣传严重误导了观众预期，海报是那张熟悉的沙发，宣传语是"最好的朋友都在身边，想爱的人就住在对面"。借着"爱情公寓"的壳，拍了"盗墓笔记"，这对观众来说，无异于一种"欺骗"。

一个有趣的现象是，暑期档并没有爱情题材电影出现。在淘票票的统计中，25岁以下的女性用户对爱情电影最为青睐。而作为暑期档的目标用户，学生群体的观影人次占比虽然逐年提升，但跟北美市场相比还有很大的潜力未开发。

对比近三年来暑期档影片的口碑与票房情况，票房排名前十位影片的豆瓣平均评分有所提高。尤其是2018年，国产片表现优异，高票房影片的口碑也普遍较好，高水准影片大多收到了与其商业质量相符的市场回报。**票房口碑与票房的正相关关系愈来愈强，口碑在影片的长尾效应上发挥着越来越重要的作用。**

电影口碑传播是一种舆论传播，在"沉默的螺旋"机

微评

★ 这一现象充分说明了，"IP+流量明星"的电影创作模式已经失灵，观众不再为这样的作品买单。

★ 良好的口碑可以为电影带来持续的票房正激励，但同时也要避免电影的"曲高和寡"，注意更加贴近人民群众的现实生活。

制的作用下，优势意见会逐渐集中在观影期待和观影体验，形成舆论中心。好的口碑是观众对影片产生认同的直接表现，因而对票房也有较为明显的拉动作用。就整体而言，国产电影市场正逐渐进入口碑、票房双轨同向的佳境。没有万能的题材，任何类型都有可能创造奇迹，而内容与故事本身才是票房长驱直入的制胜武器。

【延伸阅读】关于加快电影院建设促进电影市场繁荣发展的意见

（一）加快电影院建设发展

认真贯彻实施《中华人民共和国电影产业促进法》，落实支持电影发展的若干经济政策，鼓励加快电影院建设发展。

1. 鼓励企业积极投资建设电影院。各级电影主管部门及有关部门对投资建设电影院提供审批便利，对影院选址分布加强规划指导。

2. 鼓励电影院积极采用先进技术，对放映环境和设备设施进行升级改造，提高放映质量。通过国家电影事业发展专项资金对电影院安装巨幕系统、激光放映机等先进技术设备给予资助，资助金额不超过设备采购支出的20%，每家影院不超过50万元。

3. 通过国家电影事业发展专项资金资助中西部地区（含国务院规定全面比照享受西部开发政策的地区）县城（县级市）新建（改扩建）影院，每家新建影院资助不超过30万元，每家改扩建影院不超过20万元。对位于"集中连片特殊困难地区"的县级城市影院的运营发展，给予每家10~15万元的资助。

4. 对新建或改扩建并加入城市院线的乡镇电影院给予资助，每家不超过30万元。

5. 开展电影院星级评定工作,引导电影院提升建设质量和服务水平。

(二)深化电影院线制改革

鼓励发展电影院线公司,按照"统一品牌、统一排片、统一经营、统一管理"的要求,投资建设或收购电影院,扩大规模,加强管理,提升服务。

1. 成立电影院线公司须具备以下条件:

(1)控股影院数量不少于50家或银幕数量不少于300块。

(2)控股影院上一年度合计票房收入不低于5亿元。

(3)所属影院正常上缴电影事业发展专项资金。

(4)最近三个年度申请主体无违法违规经营行为,未受到行政处罚或其他处理。

(5)最近三个年度所属影院因违法违规经营行为受到行政处罚或其他处理的不超过3家,且处罚期已满,处罚措施已执行落实并整改到位。

成立电影院线公司应按照国家电影主管部门相关规定办理手续。成立跨省电影院线公司的,由国家电影局审批;成立省内电影院线公司的,由所在地省级电影主管部门审批,报国家电影局备案。

2. 鼓励电影院线公司依法依规并购重组。鼓励跨地区、跨所有制进行院线整合,推动电影院线规模化、集约化发展。在整合过程中,应遵守和履行院线与所属电影院原所签协议,尊重和维护电影院自主选择电影院线的权利。

电影院线公司并购重组须报国家电影局审批。各级电影主管部门应依法依规进行审核,为院线并购重组提供便利和保障。

3. 实施电影院线年检制度,完善电影院线奖惩机制和退出机制。对电影院线公司每两年进行年检,跨省院线由国家电影局负责年检,省内院线由省级电影主管部门负责年检。对于严重违法违规经营且整改不力的院线公司及影院,将依法取消其电影发行放映资质。对于长期管理不善、经营乏力的院线公司,实行市场退出。

(三)加快特色院线发展

加快发展"人民院线",为国产优秀主旋律影片提供更大放映空间。对加入"人民院线"并开展相关放映业务的影院,按有关规定予以资助。

加快发展艺术电影放映联盟,为优秀艺术影片提供更大放映空间。对加入艺术电影放映联盟并开展相关放映业务的影院,按有关规定予以资助。

鼓励发展校园院线等特色院线,面向特定观众群体发挥积极作用。

(四)规范发展点播影院和点播院线

根据《点播影院、点播院线管理规定》,制定完善相关技术标准和业务规则,推动点播影院和点播院线规范发展,积极拓展电影放映创新业务。

(资料来源:国家新闻出版广电总局,http://dy.chinasarft.gov.cn/html/www/article/2018/0167a6d472606902402881a666e46c07.html)

《流浪地球》：中国科幻电影的春天来了吗?

刘小炜

2019年2月5日，首部国产科幻电影《流浪地球》在猪年春节的热闹气氛中上映。这个"人类带着地球逃离太阳系，去其他星系再造家园"的故事上映仅两天，就逆袭成为票房与口碑双丰收的春节档冠军。高票房的背后，观众对《流浪地球》的争论"百家争鸣，百花齐放"：认为它"不及格"的，把它贬得一无是处；认为它"一百分"的，把它夸得天花乱坠。《流浪地球》真的不及格？中国科幻电影出路在哪里？

微评

★ 这个问题确实发人深省。中国自古就有非常深厚的文化底蕴，为什么别人拍出来了大片，而我们只能观望？这和当时中国的经济实力、政策背景等都息息相关。

国外在拍科幻电影时，我们在做什么

对春节档上映《流浪地球》的讨论热火朝天。有观点认为它开启了中国科幻电影元年，也有观点认为它不值一提。

暂且撇开对影片的评价，你会不会有一个疑问：为什么《流浪地球》现在才出现？国外都在拍科幻电影时，我们在做些什么？

从1902年法国第一部科幻电影《月球旅行记》，到1980年中国第一部国产科幻故事片《珊瑚岛上的死光》上映，中间相隔了72年。

19世纪末开始，国外科幻电影几乎与其他类型电影齐头并进。从无声到有声，从机械特摄技术到数字绿幕技术，从微缩特效模型到电脑绘制技术，科幻元素被广泛运用，科幻作品被大量改编，比如《2001太空漫游》《星球大战》《黑客帝国》等一批留名影史的经典科幻之作早已俘获科幻迷的心，高技术含量、高风险的科幻片已是国外最常见的类型片之一。可以说国外科幻电影具有较长的历史背景、大量的经典作品和丰富的实践经验。

而20世纪80年代到现在，国内科幻圈的高光事件并不多。

列举国内外科幻事件时间轴，并非长他人志气灭自己威风，而是意图阐明国内外电影工业发展程度的不同：中国还在构思科幻作品、积累科幻素材、提出科幻概念，进行低技术含量创作如抠像、嫁接的时候，国外早已凭借其成熟的电影工业体系、具有实践性的科技成果创作出一批高质量的科幻电影。

但对国产科幻片的评价，需要横向比较下的批评自省，更需要纵向比较下的充分肯定。

平心而论，目前还没有哪一部国产科幻片能达到《流浪地球》的制作水准，这是大众所认可的事实。但对比国外优秀科幻片，《流浪地球》仍然存在一些问题：**如编剧掌控剧本的能力有待提高、人物刻画偏向功能性，导致部分情感戏衔接生硬，逻辑牵强**；又如在人工智能、5G通信技术高速发展的现代，影片所含的科技想象、科学设定过于保守，没有大胆踏出观众的认知舒适区。

微评

★ 不止是科幻片，中外的电影都存在着很大的差距，中国的编剧十分重视家国情怀，但是在普世价值观的打造方面存在一些问题，要想中国电影"走出去"，必须在世界价值观的树立方面形成共鸣。

微评

★ 时间最好的试金石，《流浪地球》虽然存在许多不完美之处，但是站在历史与现实的角度，它对中国科幻电影的发展树立了一个标杆。

客观公正的评价有助于影片的反思与进步，仅从横向对比的结果判定《流浪地球》"不及格"的观点更有失公允。必须承认当下本土民族电影工业的局限性，但也应该宽容在困境中砥砺前行的中国电影产业；应当给予刚刚起步的国产科幻电影有适当的试错空间，就像不能要求一个刚学会走路的孩子马上能跑步，更不应该苛求其与旁人比赛飞奔。

其实，观众心中清楚，《流浪地球》不是一部完美之作，但也不至于"不及格"。一部影片的成与败并非由哪家之言盖棺定论，经受得住市场和时间的考验，才能在历史长河中留下足迹。那些或喜悦或焦灼的讨论背后，隐藏的是观众们对国产科幻电影熊熊燃起的希望与期许。

《流浪地球》对中国科幻电影意味着什么

一剂强心针

《流浪地球》上映后获得国外电影人士的好评。好莱坞著名导演、《阿凡达》《终结者》等科幻大片缔造者詹姆斯·卡梅隆转发《流浪地球》相关微博称："祝中国科幻电影之旅顺利。"《纽约时报》发文称：《流浪地球》标志着中国电影新时代的到来。

随着中国电影产业的快速发展，电影创作维度拓宽、电影市场日趋理性，《战狼2》《红海行动》《我不是药神》《唐人街探案》《二十二》等一批电影表现突出，国产电影在喜剧片、古装片、动作片等类型电影生产上都积累了不错的经验，但科幻片却是中国电影人避而不谈的心病。

今年出现精良制作、匠心营造的《流浪地球》，对国产电影而言意义非凡。它敢于跨越国产科幻电影从无到有的门槛，打破了之前国产科幻片低票房、低口碑的惯例；

它一定程度上启发了社会对科幻电影项目投融资的思考，为国产科幻电影的未来创作打开了突破口；它拓宽了国产电影的类型维度，开始培养观众对国产科幻电影的认知；同时，它开辟了电影行业的新道路，给中国的电影从业者打了一剂强心针：中国也可以制作出优秀的国产科幻片！

一种新观念

在内容创作上，《流浪地球》提出了一种不同于国外科幻片、灾难片的全新观念。在好莱坞电影中，灾难面前通常有两种解决途径：超级英雄解救全人类，或者建造"诺亚方舟"带人类逃出地球，这便有了选择为地球战斗的《钢铁侠》《复仇者联盟》，也有了选择移居外太空的《星球大战》《超能泰坦》。只有中国的《流浪地球》进行了"带着地球一起逃离"的大胆尝试：人类也可以抛弃家园而活，但我们选择守卫地球而生。对于为什么要"带着地球逃离"的问题，导演郭帆表示：**将地球带走表现了中国人对于土地的情感，文化内核将是我们科幻文化的基石**。《流浪地球》打破类型片"超级英雄"的单一人设观念，将英雄光环套在5000个发动机救援队的集体作战与集体胜利之上，也更加符合中国人根植在内心深处的家国思维。

《流浪地球》能受到广大国人的喜爱与好评，极大一部分原因在于影片所蕴含的精神内核符合根植在中华大地上中国人的故土情结：对家园的不离不弃，深耕于我们千年的农耕文明历史。此外，明晰简单的背景与格局使科幻片容易被各年龄层的观众接受，巧妙而非生搬硬套地将主旋律元素融入故事情节也是高明做法。

微评

★ "文化内核将是我们科幻电影的基石"，这也是中外科幻片存在差异的原因，中外的本土文化是有差异的。

一批优秀人才

原著作家刘慈欣表示：《流浪地球》有75%特效是国内团队做的。以往的国产科幻影片要么是用简单的抠像、嫁接来处理，要么将特效技术交由国外团队承包，中国的技术团队似乎无法施展拳脚。而《流浪地球》主创团队摒弃了因技术原因导致科幻特效上的粗制滥造，不单纯依靠国外的技术团队制作，选择在剧本打磨、技术视效上启用大批中国团队。

北京师范大学教授、科幻文学研究者吴岩曾言：中国没有科幻电影的编剧。但是，《流浪地球》一共有八位编剧，背后流水线式的编剧体系在实践中不断完善。**4年磨一剑，《流浪地球》被认为代表了现下中国电影工业的高水准，而参与《流浪地球》制作的中国电影从业者无疑将成为国产科幻片乃至其他类型片制作的顶梁柱。**

《流浪地球》不仅实现了中国硬科幻电影的从无到有，更是以这次电影制作的实践教学培养了一大批科幻电影的创作、制作人才，使中国科幻电影站在了新起点。

一种正能量

"世界末日近在眼前，你会如何渡过最后的时刻？"是烧杀抢掠、罔顾道法，是醉生梦死、意志消沉，还是奋力一搏，争取一线希望？《2012》《世界末日》等电影，末日来临前的人性探讨是科幻电影常见的主题。在地球与木星即将相撞前夕，《流浪地球》以不同的视角描写了地下城与救援队接收最后通告时的境况，摒弃默默等死的消极态度，电影最终选择了救援队"即使希望渺茫但仍奋斗、奉献、牺牲"的价值取向，借科幻电影的外壳向观众传达满满的正能量：地球是我们永远的家园，只要我们在

微评

★ 叫好叫座的背后其实颇为坎坷曲折。电影从创作到拍摄到上映，4年磨一剑，其间屡次超支，获多方补充资本才得以继续。导演投入全副身家，前来客串的吴京不仅零片酬且"带资进组"等幕后故事，也多少给电影添了些传奇色彩。

地球上生活一天，我们就会保护地球一天。

中国科幻电影的春天来了吗？

众所周知，制约国产电影的一大瓶颈是电影成本的回收基本只能依赖本土市场。对国产科幻电影而言，成本、技术和资金问题，本就是电影制作的顽石，但长期被高水准好莱坞科幻大片熏染的中国观众们，却更容易以高眼光审视国产科幻电影，电影从业者也因国产科幻片的高风险对其望而却步。这些不自信、不认可更使国产科幻电影举步维艰。

有数据统计，国内科幻电影市场总体份额低于欧美市场，且多被进口科幻电影占据。2012—2017年国内票房前10位的科幻电影票房占比在20%左右，远低于欧美市场的40%。2017年院线科幻电影市场总票房为129.59亿元，国产科幻片占比仅为23.21%。

《流浪地球》的种种市场现象与国产科幻电影的发展困境表明：中国科幻电影还有很长的路要走。

社会资本、政策支持对国产科幻电影的可持续发展至关重要。

制作人龚格尔说："《流浪地球》最重要的作用就是拓展科幻的边界，让更多人关注科幻，还要赚钱。这样资本才会被吸引，才会有更多的从业者和明星，一切会变得更好。"

随着我国电影工业的进步与完善，国产科幻电影的剧本创作、数码制作、后期合成将越来越靠近国际标准。国产科幻电影要实现弯道超车，不仅需要公平、理性的电影市场环境，需要良性运行的电影投融资体系，更需要相关制作、保障、激励等政策的及时出台，将刚刚起步的国产科幻电影"扶上马，送一程"。

讲好中国故事、把握中国精神是国产科幻电影的关键。

无论是现实题材、动画题材、还是科幻题材，打磨剧本、讲好故事是国

微评

★ 习近平主席在四年前就提出"讲好中国故事",电影更是讲好中国故事的关键载体,不论是什么题材的故事,都需要体现中国的文化内核,而后将中国声音传递给世界。

产电影创作的关键。具有民族文化元素的好内容、精准把握中国精神内核的好作品,才能够引起中国观众对国产科幻电影的共情与归属。精心打磨的剧本和制作精良的画面对市场增强票房号召力有积极作用。同时,妥善处理电影中民族与世界的关系对有利于国产科幻电影走出国门。

国产科幻电影的观众审美仍需培养。

《流浪地球》之前,中国可以说没有代表性的国产硬科幻电影,间接导致许多观众只能欣赏、消费以好莱坞为首的国外科幻电影。国外科幻电影逐渐把持了中国观众对科幻电影的审美标准,我们急需用更多符合中国价值取向的优质内容培养观众欣赏国产科幻电影的习惯,通过国产科幻电影的精神内核树立中国观众的文化自信,让年轻一代意识到中国文化的魅力所在。

截至2019年2月13日下午15时,《流浪地球》票房累计27亿元人民币,豆瓣评分7.9分。

《流浪地球》代表了目前国产科幻电影的顶级制作水准,虽然剧本创作、人物塑造方面存在问题,但它将科幻题材的电影推到观众面前,产生的热潮引发了国人对科幻电影的新思考、新审美。它的意义已经远远超过了一部科幻电影本身,为中国科幻电影的未来开辟一条新道路,暗示着中国文化自信新时代的到来。

而《上海堡垒》《刺杀小说家》《明日战记》等一批国产科幻电影,正因《流浪地球》的备受关注。

2019年会是真正的"中国科幻电影元年"吗?未来,国产科幻电影会迎来美好的春天吗?让我们拭目以待。

解码文化发展新热点

从思维、要素到模式和产品，文化产业"无边界"融合正成为新常态，基于数字化、网络化的文化新业态层出不穷。互联网文化不断更新与裂变，虚拟消费、共享消费、小众消费正成为全新趋势，一种基于互联网的新文明正在形成。

"漫威之父"斯坦·李去世，他究竟为美国文化产业创造了多少价值

徐好函

"漫威之父"斯坦·李老爷子走了！当地时间2018年11月12日上午，斯坦·李逝世，享年95岁。他曾创造出无数著名漫威英雄，给我们带来了无限的精彩。

漫威一生，斯坦·李的英雄世界

在战争与萧条中诞生

20世纪30年代的纽约，正饱受大萧条的折磨，禁酒令更使黑帮犯罪猖獗。日后的超级英雄，**首先脱胎于大萧条时期的犯罪侦探连载小说与漫画**，比如青蜂侠、西蒙·坦普勒等。他们放荡不羁，采用非常手段，以暴制暴的超级英雄因此风靡，成为大众流行文化中的热门元素。这个时候，一些画家开始在报纸的边缘栏目连载发生在城市中的破案故事，《美国队长》在这样的背景下诞生。

为了能够创造一个让男性青少年读者为之痴狂的"超级明星"，"漫画时代"创始人古德曼开出12美元"天价"周薪请来了漫画家乔·西蒙。

1941年，第一期《美国队长》便是由西蒙创造完成，这个手持圆形超级盾牌、身穿美国国旗制服、挥拳痛殴阿道夫·希特勒的"超级士兵"，甫一面市，就售出了惊人的100万册。

此时的斯坦·李还叫斯坦·李伯，是"漫画时代"里负责打扫、买咖啡的小职员，最高端的工作是为漫画专栏作家创作的配角写台词。后来，西蒙给了他一个小小的任务——为《美国队长》撰写一个简单的故事情节，但李伯却构思了一个完整的故事体系，名曰《美国队长挫败叛徒阴谋》，他还给自己起了一个更加简洁的笔名"斯坦·李"，在后来的很长一段时间中，这个笔名伴随着一个又一个漫威英雄的诞生。

新英雄接连出现

如果说《美国队长》的出现正好迎合了战争时期和经济大萧条人们对于英雄形象的期待，"二战"的结束则让人们开始沉浸在全新的焦虑和放纵的情绪之中，经济复苏带来的消费主义和享乐主义，"婴儿潮"的年轻人长大了，于是，僵尸、木乃伊和外星人成为这一时期霸屏的典型形象。于是，在斯坦·李和科尔比的企划下，绿巨人浩克诞生了：世界著名的物理学家布鲁斯·班纳，在一次意外中被放射线辐射变成了绿色怪物。在漫威世界中，绿巨人浩克几乎和每一个反派英雄都正面"刚"过。

1962年，更加亲民、尤其更加受青少年读者喜欢的超级英雄——蜘蛛侠诞生。这个发育不良，有些自闭，带着大大黑框眼镜的少年被一只神奇的蜘蛛叮咬之后，偶然具备了超能力。为了应对劲敌DC漫画的挑战与冲击，斯坦·李决定创作一个漫画英雄组合，让这些超级英雄们不

微评

★ 日本在"二战"后出现了手冢治虫这样的漫画家，创造了《铁臂阿童木》等作品，陪伴了一代又一代人的成长。

再单独地在平行世界中孤军奋战,于是,雷神索尔、蚁人、钢铁侠、美国队长等组成了"复仇者联盟"。1963年秋天,镭射眼、暴风女等英雄一一与漫威读者见面,尽管屡次拯救人类于水火,依旧逃不了被怀疑、被敌视、被隔离,此时的英雄们有了更多的"凡人气息"。

总的来说,斯坦·李创作了《神奇四侠》《蜘蛛侠》《钢铁侠》《雷神索尔》《绿巨人》《X战警》《奇异博士》《超胆侠》等漫画角色。据统计,神奇漫画公司90%以上知名的角色都是由斯坦·李亲自创作,他的漫画已经在全球75个以上的国家以25种不同的语言印刷,超过20亿册。

拯救美国漫画于水火,这话怎么说?

在美国漫画史上,漫威漫画公司和DC漫画公司绝对是第一梯队,如果仅从数量来说,在如今众多观众耳熟能详的形象中,漫威占了90个,DC占了84个。

因此我们今天讨论的美国漫画分期,则是以漫威和DC为代表的超级英雄漫画的分期:

黄金时代(约20世纪30年代50年代)

白银时代(约20世纪50年代末到60年代末)

青铜时代(约20世纪70年代到80年代中期)

现代(80年代中期以后)

斯坦·李对美国漫画产业的贡献主要集中在白银时代。

1939年的时候,斯坦·李还只是漫威漫画的实习生,当时市面上流行的漫画,主要用来鼓舞士兵,提振士气,不管是超人还是美国队长、蝙蝠侠,都包含着浓郁的爱国主义思潮,士兵和民众看了都喜欢。但进入和平年代,大家明显不吃这一套了。**20世纪50年代风向大变**,一方面,社会上开始大肆宣扬漫画有害,另一方面"高大全"的英雄难再赢得观众的青睐,美国漫画产业走向低谷,漫画公司举步维艰。这个时候,爱互相捉弄的"神奇四侠"诞生,交不起房租的高中生(蜘蛛侠)、自恋的花花公子(钢铁侠)相继出现,性格迥异、活泼新颖的新英雄形象,给那个黯淡的灰色年代带去了许多鲜活的气息。

在DC推出了"正义联盟"的概念后,漫威也相应有了"复仇者联盟",一时之间,英雄组队成为潮流。斯坦·李还推出了漫威宇宙,用这些强大的IP及组团横扫了影视行业,带着漫威获得了与DC平起平坐的地位。

海外数据网站iCv2统计的2016年11月漫画销量Top100中,漫威占据了47席;DC占据了46席。

斯坦·李对美国漫画工业的贡献远不止于此,在20世纪50年代漫画遭到严重限制的时候,老爷子的"临门一脚"打开了新天地。

1954年,一本叫作《引诱无辜的人》的书出版,详细描述了"坏"的漫画如何影响了那个年代的年轻人,并声称漫画书会给孩子们"不道德"的内容,比如裸体和暴力行为。最终美国参议院少年犯罪小组委员会介入调查,CAA(美国漫画管理局)成立,管理实体漫画书的出版,并出台了一系列规章制度。尽管大家为了"活"下去不得不遵守严格的审查,但一些人还是想挑战这一准则,其中一个就是斯坦·李。

绕开CCA的审查,斯坦·李在《蜘蛛侠》杂志上讲了蜘蛛侠的好朋友如何染上毒瘾,并与毒瘾做斗争的故事。要知道,揭露现实问题的话题那时不允许在漫画书上讨论。此外,他想方设法通过直接的市场分销让一个个故事与读者见面,最终在"斯坦·李"们的持续坚持下,CCA于1971年更新了该法典,放宽对出版内容的限制。这些变化包括减少对犯罪漫画的限制,取消对恐怖漫画的禁令。

斯坦·李如同草莽英雄般,横冲直撞地出现在这个层层壁垒的世界里。他不是一个"合法"的商人,为了达到

微评

★ 1954年,美国参议院召开听证会专门调查犯罪恐怖漫画与青少年犯罪问题,听证会结束后,美国漫画行业成立了美国漫画杂志协会。由此,美国漫画行业开始了长达几十年的行业自律以规范漫画书的内容。

微评

★ 只有优质的内容才会在市场上走得最远。当漫画的受众是青少年时，更应当注意作品价值观的导向，宣扬正能量内容、积极向上的态度。

目的敢在"违法边缘疯狂试探"；他也不是一个遵守江湖规矩的文化人，为DC创作，以致后来漫威和DC有很长一段时间的版权之争。但不能否认的是，他抵住了文化右派对业界的歧视，也打破了当时漫画创作的窠臼，直接或间接地引导了漫画作者们更多地关注社会问题，让都市中的完美众神再一次变成了有血有肉的凡间"半神"，把灵魂还给了青年人与小孩手中的漫画。

青铜时代和现代，斯坦·李将更多的重心放在了IP的影视化上，这个时候他与漫威之间的关联已经很弱，但白银时代诸多英雄的（联合）创始人和漫威漫画的公众代言人这个身份对斯坦·李来说仍然有效。

IP运作，步步为营打造漫威模式

漫画将英雄世界构建起来了，但二次元的盈利空间毕竟有限，将成熟的IP拿到影视市场上运作并开发，才是让作品不断焕发活力的重要方式。

IP，一直是漫威屹立世界漫画之巅的核心优势。

斯坦·李与神奇漫画公司签订协议，他所参与创造的每一个角色如果被拍成电影或者电视剧，他都能获得公司从中获利的10%，仅这一项就让他成了美国的IP富豪。

20世纪90年代以前，漫威主要通过出售改编版权的方式获利，80～90年代陆续卖出了《神奇四侠》《X战警》《超胆侠》《绿巨人》等经典角色改编权。1996年，经历了合并、专卖之后重生的漫威娱乐集团，开始重点布局电影产业，通过IP授权的方式寻求与好莱坞合作共赢的机会。

★ 纵观当下的漫改影视剧的作品，往往会因为与原著差距太大而饱受批评。授权后仍然担任影片前期的工作的路径相对来说较好地解决了这一问题。

为了保证拍摄效果和原著设定相差不会太远，漫威探索出了一条最佳途径：即使授权，也要承担影片的前期工作，比如改编剧本、挑选创作团队、确定主创人员等，其中《X战警》是这一模式下最为成功的案例之一。

2000年推出的《X战警1》，北美首映周末票房为5450万美元，后来缔造了全球票房2亿9500万美元佳绩，并以1.58亿万美元成为2000年北美年度票房排行榜第六名。

《X战警2》，北美地区首映周末的成绩为八千五百九十万美元，轻松打破了《X战警1》首映周末票房水准。加上全球其他93个国家与地区同步首映，票房总收入则高达1.55亿万美元。《X战警3》的票房再次突破了历史纪录，成为同一时期票房最高的巨片，仅四天就获得了1.2亿美元的票房成绩。

看到了IP改编电影的巨大商机，2004年开始，漫威正式部署和规划自己投资拍电影。他们深深地认识到：要构筑自己的电影帝国，必须将之前授权的漫画角色至少是核心角色尽可能全部收回。所以绿巨人、雷神、黑寡妇等复仇者联盟的核心成员开始于2005年陆续回归。后来的8年时间里，漫威独立投拍了10部电影，当然电影大卖后，漫威的进账并没有终结，游戏授权、周边产品开发还会为漫威不断吸金。

这样的排兵布阵，让漫威从一家IP提供商，转型为全产业的IP巨头，或许对中国的IP开发能够有一些启迪与思考。

经典作品是"英雄之父"给我们的最大彩蛋

"这是所有漫威电影从未有过的悲伤时刻，因为最大的彩蛋不在了。"

在过去的20年里，斯坦·李乐此不疲地在各种各样的漫威电影中客串角色，制造彩蛋。

微评

★ IP是经过市场验证的，可以承载人类感情的符号。有可持续利用的大IP无异于手握"财富"之源。

经历了大半个世纪，斯坦·李创造的角色依旧经久不衰，拥有长久的生命力，说得极端一点，没有他可能真的没有现在的漫威宇宙，不论是电影宇宙还是漫画宇宙。比起那些电影彩蛋里的惊喜，老爷子更应被称为"美漫的活化石"。

也有人将斯坦·李誉为"西方的金庸"，称江湖从此再无金庸，漫威宇宙再无灵魂。虽然中美文化不同，但斯坦·李很多方面的确可以跟金庸类比。我想除了两人的年龄、经历之外，最大的相似之处莫过于一人创造了波澜壮阔的武侠世界，一人塑造了令人振奋的超级英雄文化。

斯坦·李曾说自己只能拿起笔杆娱乐大众，毫无意义，那些可以修建房屋、搭建大桥的工人让他羡慕不已。但笔杆之下的世界，同样伟大。

老牌企业之殇,影视巨头们的集体"陷落"

张楚炀

截至2018年11月,在已发布三季度财报的A股电影上市公司中,有3家在2018年前三季度归属于上市公司股东的净利润同比均出现了下滑。其中,上海电影前三季度净利润下滑34.60%,金逸影视下滑3.85%,华谊兄弟下滑45.38%。在票房前5的电影中,头部影视制片公司华谊兄弟、光线传媒作品的身影难觅。院线股中,激烈的竞争加剧了业绩的压力,万达电影给出了上市以来最低的业绩预测。影视股总体呈现出疲软状态,影视行业未来将何去何从?

老牌影视企业之殇

2015年,全国电影总票房为440.69亿元,同比增长了48.7%。2016年,全国总票房为457.12亿人民币,同比增长3.73%,增长速度明显放缓。2017年,全国电影总票房559.11亿元,同比增长13.45%,城市院线观影人次为16.2亿,比2016年的13.72亿增长了18.08%,呈现出复苏的趋势。但是,截至2018年10月30日,全国年内累计票房为525亿元,电影市场并不乐观。

微评

★ 雪崩时没有一片雪花是无辜的。影视行业"雪崩"的背后是行业的乱象、管理的缺位等一系列问题。

★ 实景娱乐板块需要大量的资金投入，而国内文实景娱乐项目处于亏损的多。电影世界中成为真正可盈利的好IP少之又少。

华谊兄弟："黑天鹅"事件波及

2018年下半年，因为"阴阳合同"事件把华谊兄弟推向了风口浪尖。事件在不断发酵的同时，也搅动着影视行业，并产生一系列连环效应。此次事件引起国家相关部门重视，规范和整改行动在影视圈掀起了一股寒风，以华谊兄弟为首的影视板块遭受重创，横店影视、光线传媒、金逸影视等均有较大跌幅。至今，"黑天鹅"事件的影响余波尚在，这也成为第三季业绩不佳的重要影响因素。

华谊兄弟发布的数据显示，2018年前三季度公司实现营业收入31.83亿元，同比增长31.58%，公司净利润3.28亿元，同比下滑45.38%，而扣非净利润2.70亿元，同比增长133.76%。其中，第三季度华谊兄弟净利润同比下降70.14%，扣非净利润上涨17.99%。

在电影票房表象上，第三季度中华谊兄弟影视表现不佳。梳理2018年前三季度华谊兄弟的主要影片，包括《前任3：再见前任》《芳华》《遇见你真好》《狄仁杰之四大天王》《小偷家族》《江湖儿女》《胖子行动队》等。除了《前任3》《芳华》在春节档分别获得18.78亿元和14.23亿元的票房外，其余影片票房表现并不尽人意。

近年来，除了电影板块，华谊兄弟也在积极布局实景娱乐板块业务，打造以自持电影知识产权为主题的文化体验项目——华谊兄弟电影世界，项目总投资达35亿元人民币。数据显示，华谊兄弟实景板块营业收入较上年同期下降57.11%。相关报道显示，华谊兄弟电影世界实景项目并未对公司经营性资金造成影响，并且预计未来实景娱乐版块将至少占公司主营业务收入的三分之一。

万达电影：陷全产业链困局

万达电影在电影业务方面表现欠佳，2018年6月发出公告拟收购万达影视，包括电影板块、电视剧板块和游戏板块；全资收购澳大利亚第二大院线运营商Hoyts，进军海外放映市场；全资收购慕威时尚，增加影片投资和宣传推广业务；全资收购时光网，补充在线票务与正版衍生品业务。**万达电影的全产业链战略布局凸显了它的野心，但"渠道＋内容"的全产业链布局也使万达电影负重前行，步履艰辛。**

2018年第三季度，万达电影的营收和净利润分别同比下滑0.93%和2.4%。**万达电影作为中国最大的电影院线公司，其目前的处境不容乐观。** 相关数据显示，2018年来国内约300家影院遭遇关停，三季度内逾千家影院无票房收入，占全国影院总数的20%，这也引发了对院线行业的担忧。

万达电影自2017年7月停牌至2018年11月，停牌时间长达1年零4个月。但是11月5日复牌以来也迟迟未能打破僵局，业绩低迷态势可能还将持续。万达电影预计，2018年全年净利润可能在13.64亿元至16.67亿元之间，同比减少10%或增加10%。

光线传媒：打好一手投资牌

民营影视公司"光线传媒"的三季报在一片低迷中尤为亮眼，其营收总额为万达、华谊等公司之和。根据第三季财报显示，该公司前三季度营收同比下降17%，至12.85亿元，但其净利润却高达22.85亿元，同比增长264%。根据

微评

★ 对标美国，"渠道＋内容"的上下游协同几乎是所有美股大市值传媒影视相关公司的共同特征。"线下渠道优势＋优质内容＋娱乐全产业链协同"的布局给万达带来的是潜力，也是压力。

财报披露信息显示，2018年3月，光线传媒出售了旗下公司新丽传媒27.64%的股份，交易价格为33.17亿元，因此获得高达22.41亿元的投资收益。可以看出，此次股权出售收益与三季度净利润基本吻合。

光线传媒在2018年前三季度已有《超时空同居》等获得不俗口碑的影片，但票房成绩依然不及预期。光线传媒想要坐稳榜首之位，任重道远。此外，与光线传媒出现类似现象的中国电影，也表现为投资收益贡献主要利润。中国电影前三季度实现净利润12.98亿，同比大涨83.37%。这也是中国电影近年来首次超越万达电影，成为最赚钱的院线公司。但中国电影第三季度非经常性损益项目金额之和为4.73亿元，其中4.54亿元主要中影巴可（北京）电子有限公司纳入合并报表带来的收益结果。

微评

★ 优质内容"难出"，全产业链式布局拓展需要时间。影视寒冬之下，没有企业可以脱离"危险"。

因此，我们看到老牌影视企业之殇正在上演，实现净利润增长的光线影业也难掩影视行业发展趋缓的现状。全产业链式生态布局以及其他板块业务的拓展成为头部影视企业的不同发展方向，华谊兄弟通过电影IP反哺开辟了实景娱乐业务板块，光线传媒通过股权收益稳居榜首，但不可否认的是电影板块发展遇冷。这一切现象背后其实都指向了优质内容的创作乏力，以致难以追赶消费者越发"精细""挑剔"的口味。

影视发展，再无捷径

"爆款"拉动业绩，但难成常态

电影行业票房两极分化趋势明显，因此上市公司业绩依靠爆款拉动较多。其中还在IPO道路上努力的博纳影业凭借"爆款"主旋律商业片《红海行动》不断拉近与上市公司的距离。2017年作为《战狼2》的发行方北京文化，凭借此片获得高达3亿元收入，扣除1.4亿的保底发行成本，净利润大概1.6亿，占公司2017年净利润总额的一半以上，成为黑马企业。但是，在2018年前三季度，传统的"五大"民营电影公司中，A股上市的华谊兄弟和光线传媒都可谓"爆款缺席"，因此票房成绩平平。自2015年来，国内票房成绩有很大一部分是靠"爆款"影片拉动的，在缺少爆款影片的票房助力，电影票房回落幅度让整个电影圈萎靡不振。"爆款"现象背后，其实还是凸显了优质影片内容的匮乏。同时，也告诫了上市影视公司"押宝式"的将业绩增长寄托在"爆款"的时代已经渐远。

"口碑时代"，大制作优势不再

影视圈，"大制作"和"大IP"经常与"流量"明星捆绑，"鲜肉""小花"扛起"大制作"影片的票房大旗，屡试不爽，但也因此在追逐流量的同时败了口碑。如果说"大制作"拥抱资本，那么小成本电影正在积极拥抱口碑。2018年具有不俗口碑的电影中，很多都是小成本电影，如《超时空同居》《我不是药神》等。低迷票房成绩下，11月上映的《无名之辈》又成为小成本电影的一次爆发，在进口大片的强压下突出重围。影片主演任素汐也发文称："感谢这个时代……"感谢口碑时代的来临，让优秀的演员、优秀的作品被看到。

中美电影配额，能否为国产电影争取时间？

2018年9月，习近平访美的49项成果清单对外发布，其

微评

★ "这是最好的时代，也是最坏的时代。"捆绑流量明星却失去了口碑。口碑时代，内容为王，优秀的作品永远不缺观众。

中中影集团与美国电影协会签署的《分账影片进口发行合作协议》引发关注。在中美贸易战之下，电影配额成为中国反击美国贸易战略的重要抓手。美国要求增加进口片配额，使电影市场更加开放。但是，国产片还寄希望于此次贸易战，通过降低配额来换取国产片发展的时间。我们通过紧闭大门来为自己争取时间，是明智之举还是掩耳盗铃？或许各有说法，但与其寄希望于此，倒不如多花些时间打磨精品。

自媒体"地震":9000多个公众号被封,你关注的号还好吗?

张园园

伴随着现代互联网信息技术发展而兴起的自媒体,已经走过了近20年的发展历程,作为一种新兴媒体,它有着传统媒体所不具备的低门槛、交互性强、传播速度快等特点,以微博、微信、头条号等为代表的自媒体形式,通过信息传播、舆论监督等方式在当今社会中发挥的作用愈发重要。但在自媒体发展日益成熟的过程中,也出现了很多的问题。最近,主流媒体对自媒体存在的乱象进行审批,相关部门频繁出台一系列政策措施,力求将自媒体推向更加健康的发展轨道。

口诛笔伐:无良自媒体的黑色二十天

新民周刊连发七文:揭自媒体黑幕

2018年9月,《新民周刊》发布了一篇《揭黑自媒体》的报道,指出"在人人都能当记者的年代,众生喧哗让理性与真相成了稀缺资源,道德伦理底线不断被突破,抄袭司空见惯,造假层出不穷的新媒体乱象。"

2018年10月20日,《新民周刊》再次发声,以一篇《自媒体黑幕背后的"连锁反应"远不是你想的那么简单》掀开了对自媒体口诛笔伐的大幕。其后又接连发布了《起底"自媒体政治谣言":如何叫醒装睡的人?》《独家调查:地产自媒体敲诈勒索,公号年入千万》《从8岁坑到80岁,不良自媒体如何侵蚀你的生活?》等六篇文章,揭露了自媒体传播谣言、敲诈勒索、发布低俗色情内容、洗稿等行业乱象,尤其是《独家调查:地产自媒体敲诈勒索,公号年入千万》一文,**揭露了部分地产自媒体凭借自身在网络上的影响力,以为粉丝维权为名,行敲诈勒索之实,揭开了无良自媒体虚伪贪婪的嘴脸,在社会上引起热议。**

在《如何"管出"自媒体的百花齐放》一文中,新民周刊对如何监管自媒体提出了三点建议:一保护舆论生态;二将监管落地;三自媒体人要坚守初心。

人民网四评自媒体乱象

2018年10月23日至26日,人民网连发四篇评论,揭露自媒体行业乱象。《让"臭脏黑"的套路再也没市场》《让"没底线"的谣言无法蛊惑人心》《唯利是图的自媒体可以休矣》《让自媒体空间回归健康有序》四篇文章,分别对自媒体行业存在的不择手段追名逐利、娱乐至死没有底线、散布谣言、骗取流量和关注度、唯利是图等问题严加批判,并提出要明确监管者、平台方、运营者各方的责任,形成齐抓共管合力,让自媒体回归到健康有序的发展轨道。

央视焦点访谈:揭露自媒体六大乱象

2018年11月10日,焦点访谈以"自媒体要自律不要自戕"为题,揭自媒体六大乱象:低俗色情、标题党、谣

微评

★ 互联网时代让每个人都可以成名十五分钟,博人眼球、低俗无下限的自媒体或许可以"成名",但违法违规必定会受到惩罚。

言、黑公关、花钱购买阅读量、伪原创。需要指出的是，焦点访谈所说的黑公关与新民周刊发布的《独家调查：地产自媒体敲诈勒索，公号年入千万》中敲诈勒索的自媒体如出一辙，都是凭借自身在网络上的影响力和社会关注度，或有偿发布某些企业的公关稿件，或以敲诈勒索的方式故意发布攻击抹黑特定企业的稿件迫使其花钱删稿，对社会造成了极其不良的影响。

从2018年10月20日至11月10日，主流媒体对自媒体批评不断，应当看到的是，伴随着互联网信息技术成长起来的自媒体，由于其"粗放式"的发展道路，本身已累积了很多问题，长此以往，自媒体必将负重前行、越走越慢。这次主流媒体对自媒体的批评之势，对于纠正自媒体存在的痼疾，为自媒体的健康有序发展扫清障碍，营造良好的行业发展环境具有积极作用，对自媒体的长远发展大有裨益。

微评

★ 自媒体内在的问题不解决，外在的光鲜亮丽也不会持续太久。社会所需要的是有道德、有底线、有态度的自媒体，自媒体应当为群众发声，而非利益的代言人。

官方出击：为自媒体健康发展保驾护航

国家网信办频频"亮剑"

2018年11月12日，国家网信办官网发文称，近期，国家网信办会同有关部门，针对自媒体账号存在的一系列乱象问题，开展了集中清理整治专项行动。"唐纳德说""傅首尔""紫竹张先生""有束光""万能福利吧""野史秘闻""深夜视频"等9800多个自媒体账号被依法依规全网处置。

关于这些账号为什么会被查封，网信中国表达的很明确。

随后网信办又约谈了腾讯微信、新浪微博等自媒体平台，对其主体责任缺失、疏于管理、放任野蛮生长，从而造成种种乱象的事实提出严重警告。2018年11月14日下午，国家网信办又集体约谈百度、腾讯、新浪、今日头条、搜狐、网易、UC头条、一点资讯、凤凰、知乎等10家客户端自媒体平台，就各平台存在的自媒体乱象，责成平台企业切实履行主体责任，按照全网一个标准，全面自查自纠。

早在2017年的时候，就已经有一批公众号被查封，其中包括粉丝数量巨大的"严肃八卦""毒舌电影""关爱八卦成长协会""芭莎娱乐"等大号，甚至深受女性读者喜爱的公众号"咪蒙"也经历了数月的禁言整改，只是相比于去年的监管整治，此次自媒体"地震"要来得更加猛烈，设计范围更广，打击力度更大。不少网友一觉醒来，点开关注的账号，只能看见"该公众号已被屏蔽所有功能，无法使用"的字样了。

比如@北美吐槽君和由这个账号衍生出来的一系列以吐槽为主题的账号，被很多读者亲切地称为"厕所读物"，后台粉丝500多万的微博大号被封以后甚至登上了微博热搜榜。

同名微信公众号"北美吐槽君"也因为散布未经证实的虚假消息而被查封。尽管从整体的发展历程来看，政策法规始终在追着产业发展的脚步前进，让很多在违法犯罪边缘疯狂试探的自媒体们有了可乘之机，但国家相关部门的频频"亮剑"直指自媒体乱象，可见依法监管将成为常态。

权威政策及时发布

2018年11月15日，国家互联网信息办公室和公安部发布《具有舆论属性或社会动员能力的互联网信息服务安全评估规定》（以下简称《评估规定》）。《评估规定》为开

微评

★ 比起被约谈、被整改，作为媒体人更应当清楚媒体的道德标准和自我规范。主动的自清自查往往比被查更有"面子"。

办论坛、博客、微博客、聊天室、通讯群组、公众账号、短视频、网络直播、信息分享、小程序等互联网信息服务提供者,依照《网络安全法》等法律法规规定自主开展安全风险评估提供了指导。该规定自2018年11月30日起施行。

有了可量化、可落地的评价标准对于自媒体而言是一剂良药。《评估规定》的影响范围几乎覆盖了我们当前最流行的所有互联网信息平台,有了悬在头顶的达摩克利斯之剑,很多依靠秀下限、造流言博出位的自媒体将无处遁形。

《评估规定》提出,管理部门根据法律规定制定了安全评估模板,供开展评估使用,规定要求互联网信息服务提供者将评估报告提交给互联网管理部门,以便于管理部门进行督促和指导。这意味着,我国互联网管理部门对于互联网的治理重心开始前移,由事后追惩向事前预防转变,而且是由当事企业自己进行安全评估,进一步强化了互联网平台在网络安全方面的主体责任。

微评

★ 借助互联网,信息传播的速度更快更广。事后追惩往往为时已晚,互联网的管与治更要"因地制宜"。

行业自律:需要顽强的求生欲,更要有社会责任心

在主流媒体的严厉批判、国家网信办频频亮剑之下,自媒体平台纷纷做出调整,求生欲不可谓不顽强。

2018年11月12日至13日,新浪微博社区管理官方微博@微博管理员先后发布四则公告,以禁言和关闭账号的方式处置了三批违规自媒体账号,从内容和账号两个方向落实整改措施。

2018年11月16日,微信团队发布公告称,公众号注册将做以下调整:

一，个人主体注册公众号数量上限由2个调整为1个；

二，企业类主体注册公众号数量上限由5个调整为2个。

今日头条头条号运营团队发布了《头条号平台持续打击违规账号的公告》，表示自2018年10月以来，平台对1586个账号进行了扣分/禁言。此次整改主要清理了标题党、低俗、谣言、恶意攻击、刷粉刷量、侵犯版权六大类的问题。

一些内容开放平台也纷纷出台了相应的整改措施，比如百家号提出要调整账号数量，腾讯平台处罚了56460个账号，也压缩了企业和个人注册账号的数量上限，上限下调，意味着一大批重复使用IP的僵尸号将出局。

凤凰开展"清风"行动，一点资讯推出了自媒体"清朗计划"，知乎升级了不良信息识别处理系统，其他自媒体平台也不断地加入到自媒体清理整治行动中。

但比起相对被动的监管惩治手段，我们更希望看到的是互联网企业和平台公司的高度社会责任感，建立起健全的事前审查筛选机制，不给"黑色信息"出来露面的机会。

自媒体时代，人人都有麦克风，正如微信公众号喊出的那句口号"再小的个体，也有自己的品牌"，只有每个人都加倍珍惜手中的麦克风，自媒体才有风清气正的行业环境，每个人才能成为自媒体时代的受益者。

微评

★ 自媒体给了普通人更多的发声机会，再小的自媒体也要有正向的价值观，为塑造良好的社会风气风向贡献一分力量。

黑色幽默照进现实,我们笑着笑着就哭了

汪晓琳

黑色幽默电影在其喜剧基因下关照社会现实,挖掘人性阴暗面。畅快淋漓的大笑背后,是我们对社会与人性的思考。中国的黑色幽默电影创作始于20世纪80年代,透过人物异化的心理特征来凸显人性的沦落,旨在以冷漠与荒唐挖掘小人物内心的劣根性,从而达成对现实生活的观照。谈及《无名之辈》的片名及创作初衷,饶晓志说:"生活的幽默处处都有,生活的荒诞处处都在,那种可能会带给我们无可奈何的东西,恰恰是有前面的狂欢,才有后面的深沉。"

《无名之辈》,一部无流量明星、无大制作、无大IP的"三无"国产电影被网友称为2018年电影市场的"黑马"。在"娱乐至上"的消费社会,黑色幽默电影在其喜剧基因下关照社会现实,挖掘人性阴暗面。畅快淋漓的大笑背后,是我们对社会与人性的思考。让我们一同回顾,这些年,我们看过的黑色幽默电影。

《无名之辈》自2018年11月16日上映以来,从最初寥寥无几的排片到现在有口皆碑,上映11天票房突破3亿元,接连超越《毒液》和《神奇动物2》等好莱坞大片,实时票房院线排名第一,可以说是完成了从口碑到票房的逆袭，堪称2018年电影市场一匹"黑马"。

时代的哈哈镜，大幕拉开谁在笑

"蟋蚁流下眼泪，憨匪为爱而生；烂泥开出花蕾，鼠辈也有名姓。"

浮生乱象，这是一群边缘小人物的命运狂想曲。在小城中，痴情而善良的"悍匪"，梦想进入体制内工作的保安，身残志也残了的毒舌女，做着卑贱工作的按摩女郎，一对逃避现实又迷途知返的"老赖"情侣，一对早恋的少男少女，还有一群警察和一伙流氓，他们的命运因寻枪、抢劫、追债、复仇交织，在一个平凡的日子里产生了不可预期的交集。影片以黑色幽默的风格戏谑了几个边缘人物辛酸、无奈的平凡人生，成功赚取了无数人的欢笑与眼泪。没有流量明星的参与也能够取得口碑票房的双丰收，其实并不意外。

《无名之辈》是喜剧所裹挟的悲剧，即便是贴着正面标签的人物，也在不断给周围的人带来痛苦，但那些有着明显负面标签的小人物形象，也因命运的交织，揭开了现实的另一个角落——千疮百孔的底层社会，有因生活所迫走上歧途的人，也有坚持正义、仰望天空、期待光明的人。

黑色幽默电影在中国

黑色幽默电影20世纪20年代诞生于法国，70年代盛行于美国。20世纪50年代，社会动荡不安、战乱频发是黑色幽默在美国兴起的根源之一。**黑色幽默电影作为黑色幽默文学的衍生品，是黑色幽默的解构主义极端表达。它透过**

微评

★ 每一匹黑马背后都是现实需求的写照。只有优质的内容才能带来口碑与票房齐飞。在好莱坞大片的竞争下，《无名之辈》这种讲述平凡人生活的内容更容易引起共鸣。

对荒诞现实的批评和嘲讽，展开一种爆发式宣泄，进而传递笑与悲的杂糅快感，引发耐人寻味的深思，挖掘对生活希望的追寻。在惨痛的现实面前，人们对改变现实无力而绝望，于是采取了嘲笑否定的态度来缓解心中的惶恐和不安。

黑色幽默在中国开始形成流派，最早也是出现在20世纪80年代的文坛。自20世纪70年代末，几乎所有西方所有具有一定影响力的黑色幽默作品都被介绍到中国来，得以在中国翻译出版。

中国的黑色幽默电影创作始于20世纪80年代，以黄建新的《黑炮事件》为肇端。影片《黑炮事件》讲述了知识分子赵书信因为一颗丢失的棋子而引发的种种"不测"的故事。在那个年代，"文革""大跃进"虽已过去多年，僵化封闭、泥古不化的思想依旧是断幅残纸。这是对所谓的现代大城市和大企业的"文明"进行的荒诞描述，是对这种"文明"外表下肮脏的丑恶现象进行的无声控诉。

进入21世纪，以新锐导演宁浩作品为代表的《疯狂的石头》《疯狂的赛车》等，继承前辈黑色幽默的导演贴近生活的取材和善于写实的风格，也将黑色与幽默进行了极致的升华。

现代人与社会环境的冲突在特定的情节中放大、扭曲、变形，使得故事更加荒诞不经、滑稽可笑。人们清晰地看到转型期中国社会特有的暗疾：国有企业的危机与宿命，房地产的畸形与泡沫，伪艺术家的浮躁与无知……林林总总的社会文化现象和时代虚症让人欷歔。**不同于西方黑色幽默电影对于疾病、战争的血腥暴力进行绝望式的刻画，国产黑色幽默电影更倾向于以一种柔和的表达方式引领观影者的思绪飘零与自我体悟。**

微评

★ 与其为包装出光鲜亮丽的生活而付出艰辛努力，不如面对真实惨淡的人生而奋起努力。即使面对无力改变的现实，你也会发现世界上如此多的"同类"。

小人物,"无名"也有尊严

中国经济飞速发展的当下,贫富差距依旧存在、社会阶层逐渐固化、就业压力有增无减,戏剧性的生活是否也让我们举头神明,有力诘问:"你耍老子呢?"《无名之辈》的导演饶晓志说:"我们都是微不足道的人,再艰难的时候,都要迎难而上,即使无名,也要有尊严。"国产黑色幽默的经典影片《没事偷着乐》讲述了大民一家六口在天津巷子里蜗居生活,面临着各种繁杂压力,一面无奈挣扎着,一面搜寻着点滴的幸福快乐。影片最后是中国人特有的无奈自嘲,儿子在大民的背上问:"爸爸,什么时候能再幸福一次?"大民说:"没事你就偷着乐吧,那就是幸福。"

微评

★ 幸福是人创造的,面对生活,有时候无奈和嘲讽也是一种反击的力量。再难也要迎难而上,再苦也要学会苦中作乐。

荒诞的不是剧本,是社会现实

就像《无名之辈》宣传语所说:"人生如戏,笑着活下去。"黑色幽默电影吸引观众的最大卖点在于其对于社会真实的异化处理,通过阻碍观者审美程序的正常推进形成对其审美观的冲击,因此黑色幽默电影在反映社会现实的手法上有其超群之处。《求求你,表扬我》表现了理想与现实的背离;《站直喽,别趴下》探讨了在经济化大潮的社会中,如何在金钱物质和觉悟意识中找到平衡;冯小刚的《非诚勿扰》则暴露当下社会许多问题,同性恋、性冷淡、老年痴呆、感情出轨等。

人性,荒唐之最,不过人心

透过人物异化的心理特征来凸显人性的沦落是黑色幽默电影关于传统审美价值的倾覆,旨在以冷漠与荒唐挖掘小人物内心的劣根性,从而达成对现实生活的观照。

《驴得水》将人性的脆弱、愚昧、无助与互相戕害彰显得淋漓尽致。影片中的男性角色，在金钱与苟生面前，有的由爱生恨、侮辱报复，有的铁骨铮铮到奴颜婢膝。而影片中的女性成了美好人性的象征，张一曼为"顾全大局"承担所有罪责，坚守人性，但最终自杀；佳佳，在复杂人性面前显得尤为纯洁而单薄，最终逃离小镇。

《追凶者也》讲述的是一场蛮荒之地的黑色逃杀案件。董小凤人物形象具有浓重的悲剧色彩，他本质上的恶不可否认，但这种恶的促成者直指丑恶的人性。面对奸商和"猎物"董小凤满是寡义薄情，但他对萍姐的爱却是热烈而深沉的，这两种极端心理的矛盾并存，投射的正是诸如此类的社会边缘人物的无奈和悲戚，展现的是一场根植于善恶的关于人性的辩证性思考。

回归现实，为什么这样的影片越来越受欢迎

黑色幽默电影取代了"直接给"的方式，引导观众在现实与矛盾的关照中达成对理性意义的追问和找寻，这或许是黑色幽默电影最大的魅力了。

披着喜剧外衣的悲剧

约瑟夫海勒曾说过："我要人们先开怀大笑，然后回过头去以恐惧的心理回顾他们所笑过的一切。"

后现代主义艺术背景下，一切公众话语都被调侃到"娱乐至死"的状态，向世俗化、娱乐化、消费化和商品化发展，这似乎成为一种文化精神。在后现代主义盛行的电影世界，电影作为消费文化的一部分，必须追求大众化才能实现商业上的目标。而电影也承载社会教化和价值倡

微评

★ 黑色幽默让人不忘现实，绝不能一味地沉迷在至死的娱乐之中。电影是无数人的真实人生的叠加，来源于生活的艺术绝不能抛弃真实生活。

导的功能，黑色幽默电影在这样的背景下增加了喜剧成分，且在看似玩世不恭的嬉笑怒骂中构成对现实社会的犀利批判。

谈及《无名之辈》的片名及创作初衷，饶晓志说："生活的幽默处处都有，生活的荒诞处处都在，那种可能会带给我们无可奈何的东西，恰恰是有前面的狂欢，才有后面的深沉。"

荒诞艺术的美学

黑色幽默电影的核心可辩证地看待为一种高度艺术化的荒诞美学实质。荒诞的美学意义在于其对人类精神世界和心理状态的"真"的追从，敢于直面病态的社会真实、丑恶的人性和扭曲的价值观下人们心灵深处的空虚与焦虑，以表达对生命终极价值的诘问和渴望。可以说，正是黑色幽默电影对荒诞美学意蕴的感悟和呈现代表了电影审美意识的提升和发展，促成了国产电影市场的繁荣与进步。

"美好生活流水账":Vlog会是短视频下半场的流量解药吗?

王径舟

"美好生活流水账"是时下人们对Vlog的认识,Vlog作为时下最流行的记录方式,与一般的短视频有着怎样的区别和联系?又有着什么样的特点?未来Vlog的发展前景又会怎样?

Vlog是什么?

Vlog,我们可以把它简单理解为视频博客(video blog),即用视频语言记录生活。拍摄者一般本人入镜,时长从1分钟到10分钟,剪辑完的视频就像是在讲述一个生动的故事。2012年,国外网站Youtube上出现了第一条Vlog,随后风靡网络。而在国内,Vlog算是一个"舶来品",最早出现在海外留学的中国学生之间,后来经由明星和网红博主的推广,逐步成为一个新的流量池。2018年下半年,Vlog在国内持续火爆,明星参与、素人追捧,短视频平台也从

微评

★ 其中,欧阳娜娜的留学Vlog很吸引人,记录的都是女孩子们的日常,化妆、工作、旅游、逛街等,吸引了一大批普通人参与到Vlog的拍摄与制作之中。

中嗅到了商机。抖音不再过分强调"短",开始延长视频的时间以期满足受众需求;以短视频剪辑为主的VUE平台也逐渐转型成为Vlog社区。Vlog的核心在于"记录",更强调视频的真实性,把生活的本来面目原汁原味地呈献出来。基于此,我们可以把Vlog理解为一种"微型纪录片"。

Vlog:与众不同但神形相似

记录:"生活需要仪式感"

当下,国内的诸多短视频平台以"记录"为口号,但表演化的成分居多。站在时代的浪潮上,Vlog给我们带来的,是对美好生活神圣而又富有仪式感的记录。它的内容更加"人格化",带有鲜明的创作者性格特色。视频内容多以拍摄者为主角,像日记一样记录自己一天的生活:它可以是健身、旅行、烧饭、整理衣橱……相比于短视频,Vlog的时长不限,但大部分在几十秒到几分钟之间,通过精炼的画面,快速的节奏和酷炫的特效来吸引观众。观看到与自己不一样的生活方式,以另一种视角获得对自己生活的新鲜体验,实现替代性的满足。

制作:更加专业化

Vlog的制作,其实是一件比较烦琐的事,看似普普通通的记录生活,需要的是制作者的细心、耐心和恒心。只有细心地观察世界,找到最美的拍摄角度,并耐心收集镜头画面,最后有恒心通过软件剪辑,一个像样的Vlog作品才能完成。Vlog可以通过手机完成拍摄,但不乏爱好者利用无人机等专业的视频拍摄器材进行拍摄,以增强画面的视觉冲击力,后期再利用专业的视频编辑软件进行文字、特效

微评

★ 不管是短视频还是Vlog,其实都是对生活的观看与记录,制作者展示自己的生活,浏览者观看别人的生活,从而实现"世界这么大,我想在线上去看看"的目标。

和背景音乐的选择和使用，凸显专业性。**随着观众审美品位的提高，Vlog也逐渐成为一项艺术创作，这其中难度最大的就是内容的深度挖掘和故事性呈现。**如何避免"流水账"，让画面的表达更具有情节性，也是Vlog天生的门槛，一般的短视频创作者可能很难快速学会。**这就需要创作者在内容的打磨上更注重画面的协调性、故事的连贯性、拍摄的审美格调以及剪辑的技巧性。**

商业模式：Vlog如何长久存在？

Vlog的整合营销，需要借助平台的力量。和其他行业一样，最先造风口的还是平台。在国内，目前有多家短视频公司正在Vlog相关的业务上进行角逐，逐步发力，抢占市场，希望能够拥有相当大基数的用户基础。就目前而言，Vlog的商业变现逻辑是非常清晰的，主要的变现方式就是通过广告和流量。而国内目前对Vlog发展的资金支持、计划扶持等整个培育环节并未完全成型。一切都处在萌芽阶段，往往也就是在这样一个无序时期，能够划分市场，培养用户。

相当一批的Vlog优质内容创作者，通过平台的推广和宣传成为新的网红博主。这些新晋的Vlog博主，也革新了过去我们对于短视频的种种认知，尽管我们还未见得足够理解它，但我们不得不承认这个新事物巨大的影响力。这些网红博主可以通过流量和广告实现变现，包括内容植入的软性广告和开屏、贴片等硬性广告；还可以和平台进行合作，进行内容电商的宣传和推广，实现内容平台到电商平台的引流。**主题故事定制、品牌发布会、品牌展览、沉浸式体验、产品测评，Vlog的商业模式在不断被探索。**但明星广告植入、产品营销的变现手段带来的负面影响也不容

微评

★ 当Vlog的用户足够多之后，就会自动进行市场化的筛选与淘汰，那些能够呈现优质内容，或是故事新鲜，或是技术高超，会在"大浪淘沙"中活下来，从而拥有更高的曝光度。

★ 可以说，现在"网红"的流量非常大，影响也非常大，他们通过在视频里植入广告能够实现带货，而长时间关注一个博主，粉丝在做事与价值观方面，也会潜移默化地受到他的影响。

忽视。互联网时代营销是不可避免的，如何在营销的过程中把握分寸、掌握尺度是每个平台必须要正确认识的问题。

Vlog火爆背后的冷思考

Vlog发展任重道远，未来可期

Vlog的出现唤起了我们某些思考：它究竟只是一种记录渠道，还是一种新表达方式？它是一种媒介，还是它的本身就是一种信息？它是人们追求的所谓"仪式感"，还是某些人炫耀的工具？短视频在国内经历了爆炸性增长后，目前逐渐进入沉淀稳定期。互联网领域的诸侯混战，争夺的不是"短视频"本身，而是一个社交型的传播媒介。短视频作为媒介的一种，承载了连接的作用。通过对Vlog创作者的孵化强调真实记录和人格化属性垂直领域细分内容，在短视频的下半场未必不能占据一席之地。

应该看到的是，短视频的受众很大程度带着娱乐和消磨时间的心理，在快速刷着一个个表演性的短视频中获得了即时的满足感；而Vlog反映的是平凡的真实生活，受众是否能一直耐心花更长的时间观看，很大程度上取决于Vlog能否一直引起观众的好奇心和窥视欲。未来，以优质内容创作者为IP的一系列产品开发都可能成为Vlog产业链的一部分。

内容为王的背后，平台更要学会担当

想要在短视频平台的竞争中突出重围，离不开对以下两方面的考虑：一是对自带流量的网红作者进行深入的挖掘和合作；二是对自己平台的服务进行更加细致的升级。短视频平台能够增加用户黏性的有效方式就是对头部创作

微评

★ 麦克卢汉曾提出"媒介即讯息"，不无道理，有的时候，新兴媒介的出现伴随着大量的信息，Vlog让普罗大众看到更多别人的生活，看到出自己世界之外的更大的世界，但是从宏观的角度看，这个涉及连接用户、平台竞争各个方面。

★ 现在，很多短视频平台都选择了对自带流量的网红进行深度合作，通过合约的方式实现分账，但是这样的隐忧就是一旦网红离开，平台就会损失一部分利益。

者进行签约，这是在前期竞争激烈的情况下最为稳妥、效果最为明显的方式。但同时，还需要考虑平台自身内容服务的供给与用户体验。例如一位Vlog头部创作者就认为自己已经有稳定的广告来源，没必要再接受平台的资源扶持，故而拒绝了平台的签约。他认为平台应该先解决清晰度的问题："平台对Vlog会有不同程度的压缩。秒拍压缩得比较严重，B站上可以看高清，效果相对好一点。"也就是说，平台自身服务提高，用户体验感增强也会自动吸引一些优质内容创作者的主动加盟。

每个时代有每个时代的表现方式

Vlog的出现其实是科技进步的产物，每一个火爆现象的背后实则是技术与观念的革新。从文字、图文到短视频，从2G、3G到4G、5G，我们记录生活的手段、自我表达的方式、认知社会的观念也随之更新。**每个时代都有每个时代的表现方式，随着5G时代的到来，又有会出现什么样的新的形式去表现自我？** 值得我们思考和期待。

微评

★ 每一个时代都有不同的媒介，从电视到互联网，变化的不只是一个大众媒介而已，背后还体现着受众审美、信息爆炸、社会观念等各个方面的内容，而未来5G必然会带来更多的变化。

拆解游乐场：我们是如何被迪士尼乐园俘获的

宋立夫

迪士尼乐园并没有贩卖"刺激"，而是闪回了记忆中每一个有关温馨和梦想的片段，并且串联成一场盛大的冒险。

作为全球传媒行业巨头的华特迪士尼公司，凭借旗下丰富的、影响力空前的虚拟形象，自20世纪以来，陆续在奥兰多、东京等城市缔造了多个"造梦工厂"，迪士尼乐园也逐渐成为全球最具知名度、最受游客欢迎的休闲度假目的地之一。

目前，迪士尼在全球范围内已经建成六个迪士尼乐园度假区。根据迪士尼公司公布的财报显示，2018财年中，迪士尼乐园度假区为迪士尼公司带来了203亿美元的收入，各个迪士尼乐园年均接待游客逾千万人次。

为何迪士尼会令游客心驰神往，成为全球出行目的地之中的璀璨明珠？除却其背后强大的经济手段的支撑，迪士尼乐园面向游客及消费者精准、细致和深入的运营更加值得称道。主要体现在以下三个方面。

丰富的、优质的版权库是创造快乐强有力的抓手

诞生于1923年的迪士尼公司坐拥全球最大的版权资源矩阵，米老鼠和朋友们、白雪公主、花木兰、冰雪奇缘、玩具总动员、汽车总动员、星球大战、复仇者联盟、加勒比海盗,这样响当当的IP都是迪士尼的囊中之物。想象一下这样的场景,当你走在大街上,米奇和米妮迎面向你走来;当你坐上过山车,浮现在眼前的是星球大战的故事;当你走进太空舱,牵引你游玩的是钢铁侠……这样梦幻的场景,如何令人不激动。

提到迪士尼乐园,就不得不提康卡斯特集团旗下的环球影城。其足以媲美迪士尼的是,环球影业同样拥有蜘蛛侠、变形金刚、哈利波特、侏罗纪公园等著名IP。在环球影城中,各个项目直接以IP进行划分,在每个项目中游客都能够感受到原汁原味的影片情怀。之所以用"抓手"来形容迪士尼,是因为迪士尼乐园对于IP的利用有着不同的思路。**如果说环球影城对于IP的利用是故事本位的,那么迪士尼园对于IP的利用则更接近角色本位**。在迪士尼乐园中,各个项目并非按照原本的动画或电影故事情节进行组织和展开,而是将角色、物件等元素置入各个游玩项目中,让这些元素成为陪伴游客体验游乐项目的重要伙伴。这便是我们将迪士尼的版权资源称为"抓手"的原因。

彻底贯彻"世界最快乐的地方"的定位,并且对项目进行不断地更新

"世界最快乐的地方"是迪士尼乐园的定位、口号和目标,不论是流线的规划,还是场景的设计,抑或是设施的布置,都体现出迪士尼对于这个定位的坚持。

入园前,配套的交通设施便被迪士尼元素所覆盖;踏入园区的一刻,如梦似幻的建筑和各类小品映入眼帘;身

微评

★ 迪士尼公司从诞生至今,拥有的版权数不胜数,它们不仅利用自己的版权矩阵进行影视开发、打造主题乐园,还在开发衍生品、游戏等方面让版权与IP发挥着最大作用。

★ 故事本位是影视剧创作的原则,但是在主题乐园的开发方面需要实现"角色本位",把每一个角色打造成为一个个独立的IP,而后成为一个IP矩阵。

微评

★ 迪士尼对整个的定位是"世界最快乐的地方",仅就中国而言,迪士尼是闺蜜、恋人最常去的地方,充满了欢乐与趣味,是完全符合其定位的。

边的游客也不乏盛装出席的孩童,和戴着各种配饰的伙伴;巴斯光年、小猪飞翔等人物陪同游客一起游玩特点鲜明的各个主题园区;纪念品商店中能够激发冲动消费欲望的各类周边;绚烂夺目的花车巡游和烟花表演……这一切,都是迪士尼为构筑"世界最快乐的地方"所作出的努力。**虽然各个国家和地区的迪士尼公园在项目的设置上有所不同,却都可以体会到相同的快乐氛围和相同的迪士尼精神。**

迪士尼并不缺少忠实拥趸者,比如NBA球星科比·布莱恩特几乎每年都会去一趟迪士尼乐园。**频繁地前往同一目的地,却仍然可以不断产生收获和喜悦,归功于迪士尼不断自我更新的危机感。**

"永远建不完的迪士尼"是对迪士尼长期坚持的"三三制"原则的概括,即每年要淘汰三分之一的硬件产品,新建三分之一的概念项目,每年补充更新娱乐内容和设施,使产品保持吸引力,不断给游客新鲜感。在强大的IP资源背景下,组织强大的设计班底,围绕动画电影的主轴,设计出动画形象和故事情节,待影片上映后,利用周边产品、科技或角色扮演的手段,把动画的人物、场景、情节展现在主题公园中,从而令游客不论是第几次来,都可以感到新鲜和愉悦。基于高质量IP和高频率更新两大前提的各种游乐设施,既保证了对粉丝期待的满足,也同样营造了全年龄友好的环境。

东京迪士尼乐园和巴黎迪士尼乐园的两种境遇,使地产外壳包裹下文化本土化策略受到高度重视

商业地产是迪士尼乐园的本质。在加州迪士尼和奥兰多迪士尼大获全胜后,迪士尼乐园开始铺陈全球化战略,东京迪士尼乐园和巴黎迪士尼乐园相继投入使用。在做好详尽商业分析的前提下,巴黎迪士尼乐园在东京迪士尼大获全胜之后折戟,使迪士尼认识到文化的相容甚至相融同样是决定商业决策成功或者失败的前提之一,是前期社会环境分析不可缺少的一部分。欧洲迪士尼在巴黎迪士尼乐园的决策过程中,从建设到管理完全效仿加州迪士尼乐园,并没有考虑到欧洲和美国存在着巨大的文化差异。

但这种套用在日本却获得成功,是因为日本作为第二次世界大战的战败国,战后经济在美国的"援助"下起步,在日本的年轻一代中普遍存在着一种崇美心理,对美国文化有较强的认感。根据东京大学马萨卡·诺托基教授的观点,在1983年东京迪士尼乐园启动之时,日本正处于经济腾飞时期,美国则是日本人心目中富裕社会的典范。而且,随着日本经济的发展,日本人开始关注世界文化,东京迪斯尼则成为许多人进入世界文化的象征。因此,在东京迪士尼乐园开业之时,马上受到了日本国民的欢迎。

众所周知的是,法国是世界上奉行"文化例外"政策的国家之一,也是近代欧洲文化的发源地和文化荟萃之地,强烈的文化保护意识使美国文化在法国步履维艰,巴黎迪士尼乐园在建设过程中,便有社会声音称之为美国的"文化核泄漏"。最后,迪士尼公司对巴黎迪士尼乐园进行调整,适当地淡化美国色彩,努力地与法国当地文化进行融合,比如根据法国科幻作家儒勒·凡尔纳的作品对园内设施重新命名。在不断地努力下,巴黎迪士尼乐园正逐渐走出困境。

重视对文化内核进行挖掘之后,当迪士尼乐园进入中国时,更加充分地制定了本土化策略——国人家喻户晓的

微评

★ 日本对版权也非常重视,这与美国的影响分不开。日本是一个非常善于学习的民族,在关注世界文化之后,也努力地将本土特色文化推向世界,现在的"熊本熊""樱花"等都是很好的例子。

★ 迪士尼的成功原因之一就是在不同的国家都进行本土化,它会根据当地特色与当地文化进行改造与创新,使之受到当地人的欢迎,避免了"文化折扣"。

花木兰、穿唐装的米老鼠、扎红绳跳民族舞的睡美人、中餐厅等措施齐头并举，这也才有了之后香港迪士尼和上海迪士尼良好的市场反馈。

随着经济收入的增长和旅游业的快速发展，主题乐园入园所覆盖的目标客群基本面不断扩大，营收能力水涨船高。目前，我国共有主题乐园2300余家，欢乐谷、长隆、方特等国有主题乐园品牌已颇具影响力。但对比迪士尼乐园来说，我国还缺少主体性、文化场景设计与经济辐射能力俱佳的游乐场，主要体现在以下方面：第一，周边产品吸引力不足，未能对以门票为主的单一收入来源形成补充；第二，作为度假区的主题乐园，酒店、演艺等配套设施与迪士尼乐园、环球影城等全球品牌相比，在主题的一贯性上还有待提高；第三，国内主题乐园具有展示在地历史文化的潜力，但低频率更新的游乐项目还未能对传统文化实现恰当、鲜明的提炼。

主题公园之主题的凝结、公园的诞生，都需要时间来沉淀，伴随专业团队的逐渐增多，对IP利用的日渐重视，我国主题公园的持续创新能力和市场影响力也会迈入全球顶级行列。假以时日，能够制造快乐的自主主题公园品牌，就将出现在我们身边。毕竟快乐这件事情，值得我们期待。

发掘文化传承新亮点

新时代下，中国优秀传统文化的传承与弘扬日益受到社会各界的广泛关注，尤其在文化传承与非遗保护方面更是效果显著。随着科技更新迭代速度加快，文化与科技的深度融合为传统文化的传承与发展带来新机遇、新亮点。

文旅融合背景下,传统文化传承怎样才能获得最大张力?

范周

【写作背景】探寻中华起源,增强文化自信。2019年1月12日,第五届中国(国际)起源地文化论坛在人民大会堂宾馆举办。我国起源地文化事业经历了从无到有,从有到迅速发展的重要阶段。中国传媒大学文化产业管理学院院长范周教授出席论坛并发表主旨演讲,以下是演讲内容。

探寻起源地文化,紧握中国传统文化文脉

习近平总书记指出,文化自信是更基础、更广泛、更深厚的自信。中华优秀传统文化是中华民族的精神命脉,是涵养社会主义核心价值观的重要源泉,也是我们在世界文化激荡中站稳脚跟的坚实根基。坚定文化自信,必须要充分认识传承和弘扬中华优秀传统文化的重大意义。

"相马须相骨,探水须探源。"万事万物皆有起源,中华文明源远流长,孕育出丰富的物质文化遗产和非物质文化遗产。它们是中华民族的宝贵财富,也是全人类的宝贵财富。传承和保护好非物质文化遗产,既需要保护凝聚着前人智慧的古老工艺、技艺,更需要其起源地文化脉络,拓宽传播渠道,提升传播效果。

文化与旅游相融合为起源地文化发展带来众多利好，起源地文化作为特有的文化符号，更应发挥自身优势，开发创造一系列文化产品和服务，充分讲好起源故事，讲好区域故事，讲好中国故事。

随着"中华文明探源工程"项目取得丰硕成果，我们对自身文明之源的认知逐步清晰。"中华文明探源工程"的专家们在浙江良渚遗址、山西陶寺遗址、陕西石峁遗址和河南二里头遗址等地开展大规模考古调查和发掘，以考古资料实证了中华大地的五千年文明。悠久的文明传承，自此不再仅仅是史书中泛黄的记忆；每一块铸就民族血脉的基石上，都深深镌刻着文化自信。

文旅融合背景下传统文化的传承与开发两大原则

有机融合，创造性转化和创新性发展

文旅融合应该是有机融合，不能生硬"拉郎配"。文旅融合不是只抓"文"或者只重视"旅"，而是融合发展，实现资源和载体、内容与形式、休闲与体验的结合。

传统文化要融入现代社会，必须进行创造性转化。目前，受现代文化传播大环境中一些不良因素的影响，有些非物质文化遗产传播出现表象化、娱乐化现象，其文化内涵被弱化甚至消弭。有一些传播平台造成非物质文化遗产在传播中被人误读，其中的文化精髓被忽视。总的来说，传统文化的创新发展需要行业共识进一步凝聚，传播潜力也需要进一步挖掘。

在南京夫子庙景区内，南京肯德基正式向外界推出了"非遗主题系列餐厅"项目，由南京市网络文化协会正式授牌的"云锦非遗网络文化小屋"同步开屋。"肯德基非

微评

★ 自2018年文化和旅游部成立，文旅融合成为热点话题。但是文化和旅游的融合在生活中已实践多年，两者之间的关系是灵魂与载体的关系。当前文旅部主要依照"宜融则融，能融尽融，以文促旅，以旅彰文"的十六字工作方针推动文化旅游高质量发展。

遗主题系列餐厅"创新性地通过开设和打造一系列非遗主题的特色餐厅，传递非遗文化的视觉元素、普及非遗文化历史知识，让原本束之高阁的非物质文化遗产真正"走上寻常百姓的餐桌"，走近每个人的身边。

有效融合，积极融入社会大环境

非遗具有很强的地域性和流变性。但是，目前我国对非遗的保护和传播，主要按照传统行政区域进行划分，这使得一些非遗传播主体产生了"跑马圈地"的思维——将非遗资源看成是自身独享的文化资源，从而产生排他性。这就为非遗传播人为设置了障碍，容易让非遗传播局限在当地的"一亩三分地"上。**从文化传播层面来看，非遗传播主体应该有意识地打破区域限制，跳出自身的狭小空间，加强跨区域传播，强化非遗资源整合，从而使非遗真正融入社会生活大环境之中。**

此外，并非所有媒体都重视非遗传播工作。在注重流量、制造话题的"注意力经济"时代，古朴典雅的非遗难敌自带流量的网红和"小鲜肉"，多数媒体为了获取短期经济收益而倾向于选择易夺人眼球的内容，这让非遗在社会关注中易被边缘化。

文旅融合背景下传统文化的传承与开发三大途径

梳理现有资源，发掘文化精华

1. 中华传统文化种类繁多、数量巨大

对于中国传统文化，刘春骅在《中国传统元素在现代标志设计中的运用》一文中提到："中华传统文化种类繁多、内容丰富，其历经时间的沉淀，几经建构——解构——再建构，绵延不绝，生生不息，积累了大量丰富多彩的艺术表现手法和表现形式。许多文化元素随着时间的推移、历史的变迁，科技和工艺的不断演进经久不衰，从而形成了中国特有的传统元素。这些传统元素凝聚了中华民族几千年的智慧精华，也传承了华夏民族特有的艺术精神。"

在可移动文物方面，2012年至2016年，我国开展了第一次全国可移动文物普查。2017年4月普查结果发布，全国新发现新认定文物共708.4149万件/套，全国可移动文物共计10815万件/套。仅北京地区就新登记收藏单位222家，新发现新认定文物2884873件/套。**而在世界级非物质文化遗产中，中国已有39个项目跻身世界级非遗，项目总数位居世界第一。**其中，人类非物质文化遗产代表作名录31项，急需保护的非物质文化遗产名录7项，非物质文化遗产优秀实践名册1项。对于中国起源地文化，2017年4月，首批中国起源地文化产业示范基地发布并授牌，共11家，分别是枸杞文化小镇、中国黄芪文化科技产业园、芳香小镇、千山中华温泉小镇、琢酒文化小镇、庄子文化基地、农民画小镇、竹乡小镇、黄酒风情小镇、科泓文化产业园、塞外蟠龙湖露营文旅小镇。如此庞大的文化资源，更需要我们去探寻起源，梳理文脉。

2. 需详尽梳理中华传统文化

挖掘提炼中华优秀传统文化，是继承和弘扬中华优秀传统文化的着力点和关键环节。去粗取精、去伪存真、由表及里地将中华传统文化中的精华部分挖掘出来，进而为传统文化的弘扬与发展打下基础。正如吴潜涛在其文《推动优秀传统文化的现代性转化》中所表述的："必须坚持唯物史观的立场、观点和方法，坚持古为今用、推陈出新，运用'批判继承'的方法来审视中华传统文化，通过去粗取精、去伪存真，提炼中华优秀传统文化。"

分析文化特色，创新传播手段

1. 紧随时代发展，树立互联网思维

年轻一代已经成为网络时代的"主力军"，借助互联

微评

★ 尽管我国在项目总数上位居世界第一，但是从文化资源的保护与利用等方面还有做得不充分、不到位等问题。必须着力推进传统文化的创造性转化和创新性发展，激发全民族文化创新创造活力，建设社会主义文化强国。

网手段的传统文化传承创新，需符合当下年轻群体的互联网思维特点，契合他们的欣赏方式。"90后""00后"的年轻一代，是参与政治发展的"首投族"，也是有着互联网思维的"新人类"，更是中华传统文化未来重要的继承者。因此这些传承与弘扬在方式上需要让年轻一代能够接受、愿意接受。

把握当下时代发展特点，"互联网+"、跨界融合、新兴科技等新型思维都将是传统文化未来发展的方向之一。2016年7月，北京故宫博物院与腾讯公司宣布建立长期合作伙伴关系，双方将以北京故宫博物院IP形象或相关传统文化故事为原型，在创意、跨界合作和创新人才培养等方面深度合作。双方的合作，是借助互联网和新技术的平台，将北京故宫所拥有的优秀文化资源分享给公众，把它们的内涵用富有创意的方式普及开来、传递下去，从而培养更多热爱传统文化的年轻人。

2. 融入场景，重回本质

将传统文化融入现代生活的场景中，也是一种创新传承的手段。这样可以透过生活中的细节，传递中华传统文化的精神。热播电视剧《延禧攻略》成为大众热议的话题，播放量破亿、在网络平台独播不上卫等热点重重，而里面最大的亮点在于通过影视剧这个形式在讲故事的同时让更多的人了解和关注非物质文化遗产，成功把遗产文化与电视剧巧妙地融合在一起。

多元碰撞融合，放眼世界舞台

在传承传统文化的过程中，既要与当下的文化深度融入，同时也要将中华文化放在世界文化的背景下进行思考。

微评

★ 目前，腾讯的定位已经从互联网企业转向互联网文化企业，并且创新性提出"新文创"的概念。这是腾讯在"泛娱乐"基础上的进一步升级，也是腾讯在文化维度上的一次全新战略思考。

中华传统文化有着多元文化融合、包容性强的特点。多元、融合、自由和创新是传统文化的根本精神。

韩国、新加坡、越南等国家都受到了中华传统文化影响,并由此形成了以中国文化为核心的东亚文化圈。孔子文化也备受世界瞩目,瑞典物理学家阿尔文博士曾提出:"人类要在21世纪生存下去,应该回首当年,到孔子那里汲取智慧。"第二届"世界宗教议会"根据著名基督教神学家孔汉思的提议,将孔子"己所不欲,勿施于人"的思想作为"人类伦理的黄金法则",这些都彰显着孔子思想作为一种"文化软实力"开始受到国际社会的重视。同时,也存在着儒释道文化与基督教文化等世界其他宗教文化融合发展的状况。

如何把传统节日的IP做大做强?一文get中秋节的趣味打法

微评

徐妤函

★ 中国传统节日，蕴涵着丰富的教育资源和文化内涵，是弘扬和培育中华民族精神的重要文化载体，需要我们从全方位的角度进行挖掘和开发。

【写作背景】正如日本学者森古正规曾说，文化不像文明那样具有地区的广泛性，却相应地和各个国家和民族的每一个的喜怒哀乐产生深刻联系。节日是一个国家和民族集体记忆的展现，也是对生活所需仪式感的一种满足：背井离乡的游子需要一个与家人团圆的理由，热恋的爱侣需要一个表达爱意的理由，活着的人需要一个缅怀故去之人的理由，忙碌一年需要一个庆祝丰收的理由……

在中国传统文化中，中秋节所表达的是一种"今夜月明人尽望，不知秋思落谁家"的情感。放到现代社会，除了实现家人团聚之外，"中秋"也被营造出浓厚的"礼尚往来"氛围。

这是一件坏事吗？也不尽然。随着时代的发展，传统文化需要不断地融入新时代、新生活，在不丢失文化底蕴的前提之下满足大众追求新鲜感和多元化的需求。

传统节日的中国故事：千年历史文化需要现代表达

天猫营销作品《乾隆元年中秋食月饼大赛》通过长图的形式，以乾隆时期的文化背景作为起点，展现了月饼大赛中的众生相，中规中矩的传统团圆观与有趣卖萌的现代团圆观形成强烈反差感。

此外，作为中秋节不可缺少的元素，月饼也被众多商家拿出来大做文章。故宫因为其得天独厚的宫廷符号与许多品牌联合，打造出了一系列"宫里的月饼"，从视频网站优酷到西方品牌必胜客，合作品类丰富。除此之外，故宫还利用自己的IP优势，推出了许多包含历史文化元素的月饼礼盒，和文创产品一样，赢得了年轻受众的喜爱。

每到传统佳节，我们总能看到形式各异的花样营销，对传统文化的诠释与形式表达也总有新的玩法。**但对传统文化的当下诠释，绝不是对传统文化元素的简单提炼与嫁接，更重要的是既不失趣味，又能抓住精髓，让中国故事走脑入心。**

圣诞节的全球化已经是个老生常谈的话题了，但这个全球文化传播的案例仍然值得我们不断地反思和借鉴学习。圣诞节有圣诞老人这个IP形象，还用一个简单得不能再简单的故事"吃"遍了全球各地——圣诞之夜，圣诞老人乘坐麋鹿车而来，爬进烟囱给大家送礼物。相比之下，中秋节的故事则要"高大上"很多，嫦娥、玉兔、吴刚虽然个个都形象饱满生动，背后的文化典故也流传久远，但终究离我们还是遥远了些。

同样的，国人最重视的除夕、春节也需要迎财神、贴对联，挂门神像，也有许许多多的传说典故，但不论是画风还是人设，都和我们太有距离感，一眼看去，更多的是敬畏。

2017年年底，迪士尼动画电影《寻梦环游记》在朋友圈刷屏，该片引入了墨西哥超级节日IP——"亡灵节"作为贯穿剧情的主线，可谓是360度无死角解锁了墨西哥的"死亡文化"。影片讲述了小男孩为追寻自己的音乐梦，在墨西哥亡灵节上无意间穿越到逝者的世界里，他在一边追寻自己梦想的同时,一边重拾与过去亲人的联系,在选择亲人还是选择梦想的两难中,他得到了成长,也从中找寻到了人生的意义。豆瓣评分高达9.1分,累计票房121185.8万。

仔细想想,《寻梦环游记》里的多数元素在中国传统文化节日里都有。清明节和中元节专门用来纪念先人,祭祀祖先。影片中"死去的人会再死一次"的理念,古籍《幽冥录》记载:"人死为鬼,鬼死为聻,聻死为希,希死为夷。"不仅死一次,还会死好几轮。活人进入亡灵世界再重返人间的故事,《牡丹亭》《长生殿》《聊斋志异》等等更是俯拾皆是。中华文明积攒了几千年的典故和素材异常丰富,而这些传统节日贴近我们的日常,拥有广泛的群众基础,都是文艺创作的"富矿"。

弘扬传统节日是增加民族认同的重要手段,值得我们思考的是,随着时代观念、社会认知和科学技术的不断发展,这些传节日和传统文化故事如何重新演绎,发扬光大,用现代元素讲好中国故事?

传统节日的现代意义:社会效益与经济效益的"双效统一"

2006年,中秋节被国务院列为第一批国家级非物质文化遗产名录,并于2008年正式成为国家法定节假日。

一个事物能否世代相传,就看它是否具有普遍认知的价值和参与社会生活的功能,否则认同感无从谈起,持续感自然表现难以为继。在四大传统节日中,中秋虽然成型最晚,但影响最大,很大一部分原因是因为中秋节的功能性随着时代的变化而调整,并且贴近民众生活的需求。中秋节成为国家法定假日的十年,也是我们对传统节庆文化

微评

★ 中华传统节日不仅传承了中华民族的生活习惯和民族心理,而且也是中华民族的文化"符号"和象征,中国传统节日中蕴涵着丰富的教育资源,值得我们认真汲取。

★ 传统节日还饱含着人文精神,大多反映了天人和谐共处、尊重自然传统的内涵,积淀了中华文化的亲情、和善传统,反映了中华民族的文化、性格、精神和情感,通过节日里的各种文化娱乐活动,中华文化得到传承、延续和发展。

重新发现并更为重视的十年。

据相关数据统计，2017年的中秋—国庆长假中，国内旅游市场接待7.1亿人次，同比增长10%，旅游收入达到5900亿元，同比增长12.2%。"年轻化"特征明显，"80后""90后"支撑旅游消费。消费能力强、体力充沛的31～45岁（占比33%）、19～30岁（27%）青壮年人群成为黄金周出游主力军，占比达到六成。

政府给传统及节假日放假体现了我们对传统文化的认知，给了社会大众享受传统节日的时间，也就给了我们消费节日的契机。在政府、媒体和学校等机构的宣传促动下，传统节假日的文化价值、社会价值与经济价值得到社会的公认，实现了社会效益和经济效益的统一。

传统节日的新型受众：如何讨年轻人"欢心"？

在吸引年轻受众，运用时尚元素进行营销这一点上，日本"花火大会"值得我们学习借鉴。

"花火大会"被称作"日本夏天的风物诗"，它既是穿插日本各地"夏日祭"的轴线，也是年轻人社交生活的重要组成部分。不论是在传统元素的植入还是"花火文化"的现代元素的创新上都十分值得借鉴。

从16世纪黑火药传入到17世纪被制成烟花，日本用了整整100年的时间完成了火药功能从军事功能向观赏功能的转化。在日本民间流传着这样的说法："如果火药被用作花火，那么就预示着和平。"所以，**"花火大会"在日本就是长久和平、健康顺遂的象征。**

"花火大会"发展到现代，已然成为一个日本全国性的活动，每逢夏季，日本各地都会在日本烟火协会的统一指导下举办规模不一的花火大会，其中最著名的三大"花火大会"是秋田县的大曲全国花火竞技大会、茨城县的土浦全国花火竞技大会、新潟县的长冈节大烟花大会。

除了历史传统，"花火大会"成为今天这样强有力的节日IP，还有赖于各种"花火文化"的无缝植入。日本著名导演演员北野武，著名歌手大塚爱

微评

★ 传统节日在现在需要更加年轻化的表达，但年轻化的表达不是一味地消费文化，娱乐文化。对于传统节日允许适度的开发，必须把握住一个度。

★ 创新载体和形式，充实内涵，增强传统节日的吸引力。把传统节日创造成为广大青少年所喜闻乐见的节日文化产品，注入传统节日文化的资源，增强中华传统节日的吸引力，增强对青少年的感染力。

都曾有以花火为主题的作品，在文学界，许多文学大家都曾在作品中描写花火大会的场景。

"花火大会"之所以能够成功走进年轻人的生活，本质的原因在于不断赋予它新的文化内涵，将它反复运用在年轻人关心的娱乐方式中，不管是一次元的文字、二次元的图像还是三次元的生活场景，只要有代入感，就能让年轻人记住并且传播。

除此之外，日本商家在浴衣、团扇等日常用品中不断运用"花火文化符号"也让这个节日IP得以越做越强，不断衍生出新的内涵。商家与节日大IP的互动，一定程度上也是促进了节日IP与消费者的互动，消费者通过商品接受传统节日的传播，同时又通过消费带动传播，一举两得。

数字时代，互联网技术让相聚和团圆都变得十分便捷，此外，多元的社会观念和各种各样让人眼花缭乱的洋节、电商造节让年轻人对传统节日相对淡化，新技术、新业态也赋予传统文化以新的温度。《中国诗词大会》的高收视率，"为你读诗"App的流行，古风音乐的崛起和汉服的逐渐普及，都标志着越来越多的年轻人渴望寻找属于本民族的文化归属感。我们应该用属于这个时代的载体与语言，让更多的年轻人与传统文化相遇，赋予它绵延不断的生命力。

"互联网+"赋能传统文化,方寸印石里藏着亿元产业

徐妤函　谭腾飞

【写作背景】2015年3月5日,李克强总理在政府工作报告中首次提出"互联网+"行动计划。报告指出,要推动移动互联网、云计算、大数据、物联网等与现代制造业结合,促进电子商务、工业互联网和互联网金融(ITFIN)健康发展,引导互联网企业拓展国际市场。当下,互联网不仅深入每个人的日常生活之中,还助力着传统文化的传承和发展。不少互联网巨头积极跨界文化产业,通过新技术传承,让中国文化的丰厚遗产"活起来",挖掘和创造新的文化符号。

一枚小小的印章,放到电商销售平台上,通过个性化的定制,实现了过亿销售额。孔府印阁,一个"深藏"在山东曲阜的印章篆刻基地,被称为北方的"西泠印社"。如今,孔府印阁远销海内外,不仅让山东曲阜成为全国最大的印石批发集散地,还推广了中华篆刻艺术。

2018年11月,言之有范团队赴山东曲阜调研,来到了位于林前社区的孔府印阁篆刻电商基地(以下简称"孔府印阁"),在面积不足20亩的厂房里,创造了年销售额过亿的神话。据负责人介绍,2018年"双十一",孔府印阁接到了3万份订单,销售额突破120万元。作为一家扎根传统、创新艺术的印章电商企业，它对于今天传统文化的时代性发展有着怎样的启示？

老社区变身新网红，雕刻印章成新网宠

"印者，信也。"在古代，印章用作取信之物，时至今日，印章所承载的文化内容一直在延续，篆刻这门"老手艺"也传承了下来。盛于汉，衰于晋，败于唐、宋，复兴于明，中兴于清，迄今已有了三千七百多年的历史。

曲阜的印章篆刻历史也由来已久。20世纪80年代，林前村兴起了印章篆刻的手艺，当时篆刻作品的售卖方式十分"接地气"——在景区附近支个马扎，随行物品就地摆开，一个印章地摊就开张了。所以在早期，游客是林前村印章销售的主要对象。后来，印章篆刻经历了过山车一般的命运转折，特别是随着景区管理走向规范，篆刻的地摊被一一取缔，带着手艺的篆刻师傅们只能从户外转移到了门头房。

2007年前后，孔府印阁的新任接班人将目光从线下市场转向互联网，并开始尝试开展线上生意，结果市场反应大大超出预期。于是2014年，在当地街道的扶持下，孔府印阁篆刻电商基地正式成立，当年的销售额就突破了1千万元人民币，对于一家专注于传承传统文化的企业来说实属不易。接下来的几年，孔府印阁的销售额保持着成倍增长的良好态势，2017年正式突破1亿元大关，如今平均每天有1万余枚印章诞生于此。

孔府印阁的发货间，50余名职工将印章打包，准备寄出。负责人向我们介绍，这里平均一天的发货量是8000件。

微评

★ 互联网对手工艺品销售具有巨大的推动作用。在传统手工业中，有限的流通范围是制约产业发展的重要因素。某地的手工艺品产业集群往往只能辐射周边地区。然而，当下互联网的介入为远程订单提供了可能，电商平台的建立助力产业结构的重塑。

正是因为其在"传统文化+互联网"方面的积极探索，2018年10月召开的第六届中国淘宝村高峰论坛上，**阿里研究院发布的《中国淘宝村研究报告（2018）》中公布了3202个淘宝村和363个淘宝镇的名单，其中，林前街道因为广为人知的雕刻印章产业而成为曲阜第一个淘宝村。**

传统文化年轻表达，小印章玩出大名堂

在曲阜这样一个文化底蕴厚重的地方，做传统文化的传播者、创新者实属不易。"传统印章就是刻上人名，充其量也就是一个工艺品和旅游纪念品，但是用互联网的思维，印章需要被赋予更多内容。从客户的层面来说，以前我们的客户主要是书法、书画爱好者，但是现在的话，我们有很多客户是大中小学生，整体来说，市场是越做越大，并且95%以上的订单都是来自于网络。"孔府印阁的负责人张凯说。

互联网平台意味着受众完全不同的消费习惯和心理，在产品形态和营销策略上也需要做出相应的调整。 近年来，孔府印阁不断进行技术研发和工艺创新，公司投资近千万元开发信息集成化系统，研发新型书画印泥，还与厂家联合开发引进了一条先进的印石智能加工生产线，技术国内领先，从而为自身的产品增值加码。

2018年3月，孔府印阁推出了一款胎毛印章，印章不仅可以刻上婴儿的姓名和父母的寄语，最为吸引人的是顾客可以使用配送的透明凝胶自行将婴儿胎毛黏贴在印章一侧的椭圆形凹口中，这样一份礼物，既满足了顾客动手的需求，也包含寓意和真情。一经上市就迅速引爆市场，日均销量突破500枚。

微评

★ 近年来，印章在中国的使用场景逐渐减少，然而在我们的邻国日本，印章文化仍大行其道。在日本，印章不仅仅只是流于形式，而是赋予法律效力。在有些重要场合下，本人签字并不具有法律效力，特别是在签署法律文件或向政府机关等递交申请时，必须在署名后加盖印章。

★ 根据互联网时代的长尾理论，企业的销售量不再集中于传统需求曲线上代表"畅销商品"的头部，而是长尾上"冷门商品"。在未来的发展之中，市场将进一步细分，如何注重多元化的用户需求是决定企业成败的重要因素。

在款式上，孔府印阁还推出了情侣对章、挂坠式印章、二维码等新产品；在材质上，还推出了木质、陶瓷、铜质等印章，这些新产品同样成为网上销售的爆品，满足了不同用户的需求。"创新"赋予了篆刻新的活力。

孔府印阁如何实现双效统一

在机器化大生产逐渐成为行业主流时，孔府印阁仍然坚持手工制作印章。其每一件印章成品，都需要经过切割、抛光、上蜡、印底篆刻等多道工序，但目前除了切割原石是依靠机器外，其他工序都是手工完成。十几个车间、七百多名员工每日忙碌在生产线的各个环节上，也正是因为这样的坚持，让曲阜当地的非遗手艺得到了妥善的保护和传承。

在目前孔府印阁的700名员工中，年轻人占大多数，其中大学毕业生占年轻群体的20%以上。这些员工多数来自本村和当地，小小的一枚印章，为当地带来了大量就业岗位。现在不少年轻人开始学篆刻，既传承了手艺，也增加了经济效益。

2014年孔府印阁成立时，便聚集了社区范围内的雕刻手艺人，其中还有不少是曲阜非遗手艺楷木雕刻的传承人。有了风格不同的制印艺人的不断加入，孔府印阁销售的产品种类、风格特色不断丰富，更为关键的是，**在工厂内形成了"以老带新"的机制，让非遗保护与产业结合在一起**。相较于许多非遗项目长期以来"保存残缺，开发乏力"的窘况，孔府印阁的经验或许值得其他非遗项目及传承人借鉴。

传统文化在今天的保护和利用一直是一个值得探讨的

微评

★ "以老带新"机制在非物质文化遗产的传承中具有重要作用。一方面，它能在实现非遗技艺的传承的同时，将非遗传承与市场化运作相结合。另一方面，这种机制也能带动当地就业，促进地区经济发展。

问题。值得欣慰的是，很多像张凯一样的年轻创业者，在创业初期就树立起了产业发展与文化保护并重的思想，他说："传统手艺的产业化并不能简单地等同于商品化，不能粗制滥造，而要像篆刻一样精雕细琢，只有延续好传统文化的香火，才能得到市场的认可，保护好传统手艺。"

微评

★ 所谓"工匠精神"，它的基本内涵包括敬业、精益、专注、创新等方面的内容，它代表着工匠们对完美的追求，同时也体现着对细节的执着。

【延伸阅读】《文化部关于推动数字文化产业创新发展的指导意见》

为助力文化产业与互联网的深度融合，2017年4月文化部出台《文化部关于推动数字文化产业创新发展的指导意见》（以下简称《意见》）。《意见》中指出，数字文化产业以文化创意内容为核心，依托数字技术进行创作、生产、传播和服务，呈现技术更迭快、生产数字化、传播网络化、消费个性化等特点，有利于培育新供给、促进新消费。当前，数字文化产业已成为文化产业发展的重点领域和数字经济的重要组成部分。在"引导数字文化产业发展方向"部分中，文件明确提出，要从以下几个方面发展数字文化产业。

一、优化数字文化产业供给结构。以供给侧结构性改革为主线，提升数字文化产业文化内涵、技术水平和产品质量。加强数字文化产业原创能力建设，鼓励全民创意、创作联动等新方式。发挥高新技术对内容创作、产品开发、模式创新的支撑作用,提高产品品质、丰富表现形式。深化"互联网+",深度应用大数据、云计算、人工智能等科技创新成果,促进创新链和产业链有效对接。提高不同内容形式之间的融合程度和转换效率,适应互联网和各种智能终端传播特点,创作生产优质、多样、个性的数字文化内容产品。探索基于互联网的个性化定制、精准化营销、协作化创新、网络化共享等新型商业模式和文化业态。大力推动演艺娱乐、艺术品、文化旅游、文化会展等传统文化产业的数字化转型升级,推进文化产业结构调整和优化。

二、促进优秀文化资源数字化。实施数字内容创新发展工程,鼓励对艺术品、文物、非物质文化遗产等文化资源进行数字化转化和开发,实现优秀传统文化资源的创造性转化和创新性发展。依托地方特色文化,开发具有鲜明区域特点和民族特色的数字文化产品。加强现代设计与传统工艺对接,促进融合创新。依托文化文物单位馆藏文化资源开发数字文化产品,提高博物馆、图书馆、美术馆、文化馆等文化场馆的数字化智能化水平,创新交互体验应用,带动公共文化资源和数字技术融合发展。

三、推进数字文化产业与相关产业融合发展。推进数字文化产业与先进制造业、消费品工业融合发展,与信息业、旅游业、广告业、商贸流通业等现代服务业融合发展,与实体经济深度融合。强化文化对信息产业的内容支撑、创意提升和价值挖掘作用,提升用户体验。推动数字文化在电子商务、社交网络的应用,与虚拟现实购物、社交电商、"粉丝"经济等营销新模式相结合。提升旅游产品开发和旅游服务设计的文化内涵和数字化水平,促进虚拟旅游展示等新模式创新发展。推动数字文化在农业、教育、健康、地理信息、航空航天、公共事业等其他领域的集成应用和融合发展,通过"文化+"提高相关产业的文化内涵、创意水平和附加价值。推动数字文化产业纳入军民融合创新体系。

四、扩大和引导数字文化消费需求。顺应群众期盼和市场需求，结合引导城乡居民扩大文化消费试点工作，增加数字文化产业有效供给，补齐内容短板、丰富服务模式、提升消费体验，引领时尚消费潮流，满足现代生活方式需求。把握知识产权环境改善、用户付费习惯养成、网络支付手段普及的有利机遇，充分挖掘消费潜力和市场价值。创新网络视频、网络音乐、网络文学等数字文化内容产品付费模式，将广泛用户基础转化为有效消费需求。支持可穿戴设备、智能家居、数字媒体等新兴数字文化消费品发展，加强质量与品牌建设。

（资料来源：中国政府网，http://www.gov.cn/gongbao/content/2017/content_5230291.htm）

灿烂而又孤独的戏曲艺术，如何继续前行？

汪晓琳

【写作背景】戏曲是中国优秀传统文化的重要组成部分，也是中国历史与文化发展的活化石。党的十八大以来，国家对戏曲的政策扶持持续不断地为戏曲注入生存活力，戏曲作为"民族艺术""传统艺术""国家艺术"的文化定位更加明确。但与此同时，中国戏曲艺术仍面临着"曲高和寡"等问题。近年来，文化和旅游部、国务院办公厅等机构曾下发《关于实施中华优秀传统文化传承发展工程的意见》《关于支持戏曲传承发展的若干政策》等多个文件，助力戏曲文化的发展。中国戏曲艺术如何在新时代争得话语权？它在巨大的市场压力之下最终又将走向何方？

作为我国传统文化遗存最丰富、最具民族品格的艺术形式之一，戏曲集中华文化之大成，在世界艺术之林独树一帜。然而，时代的发展为人们生产方式和生活方式带来巨大变革的同时，我国的戏曲艺术也出现了前所未有的危机。近年来，在政府顶层设计与民间力量的共同推动下，传统艺术有了怎样的新变化？怎样才能更好地保护、传承和发展中国的传统文化，让戏曲这颗璀璨的艺术明珠再次熠熠生辉？

中国的戏曲与希腊悲剧和喜剧、印度梵剧并称为世界三大古老的戏剧文化。**中国戏曲起源很早，成熟较晚**，在上古原始社会已有萌芽，经过长期发展演变，逐步形成了以京剧、越剧、黄梅戏、评剧、豫剧五大戏曲剧种为核心的中华戏曲百花苑。中国戏曲这位走过千年的老人，拥有丰厚的文化内涵，在现代许多人却认为"她"早已风烛残年，正逐渐走进博物馆，"寿终正寝"。

政策扶持力度不及戏曲衰落之势

国家在政策层面上为戏曲发展提供了重要决策力和扶持力。党的十八大以来国家对戏曲的政策扶持持续不断地为戏曲注入生存活力，戏曲作为"民族艺术""传统艺术""国家艺术"的文化定位更加明确。从2017年中央和文化部颁发的《关于实施中华优秀传统文化传承发展工程的意见》《关于戏曲进乡村的实施方案》《关于新形势下加强戏曲教育工作的意见》，到2018年国务院办公厅专门下发的《关于支持戏曲传承发展的若干政策》，国家政策的层面对戏曲深度扶持提供了保障，以夯实戏曲的文化自信、生态基础和基层活力。

然而，戏曲的发展依然步履维艰、在夹缝中生存。在市场经济的大背景之下，戏曲艺术产品不可避免地存在商品属性，戏曲演出票房情况最直接地表现出戏曲事业发展的繁荣程度。

微评

★ 中国古代戏曲在原始社会萌芽。原始社会的民间歌舞，发展到奴隶制社会主要是以祭神的巫舞为主，到西周末年则出现了专供帝王娱乐的倡优和俳优。到春秋时期，出现了"傩"舞。此后戏曲在宋代形成完整的形式。1912年，国学大师王国维发表《宋元戏曲考》（即《宋元戏曲史》），提出元杂剧的形成标志着我国戏曲的成熟。

★ 近年来国家大力推行文化体制改革，众多剧团通过公司制股份改革，由事业单位变为企业单位，自负盈亏。这种变化为剧院、剧团等机构带来机遇的同时也带来了新的挑战。

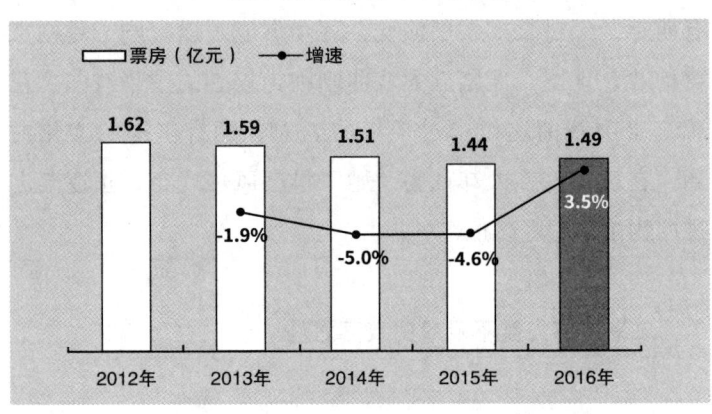

2012-2016年全国传统戏曲票房变化

数据来源：中投顾问产业研究中心

微评

★ 不论是1930年京剧大师梅兰芳访美，还是1980年北京人民艺术剧院经典话剧《茶馆》巡演欧洲，都说明中国传统文化与艺术的魅力。但是我们仍要注意到，中国传统文化在"走出去"的过程中普遍存在着文化折扣的问题。由于文化背景与价值体系的巨大差异，国外观众难以完全理解中国的传统文化。我们在传播过程中要坚定文化自信，但同时也要注意文化国际传播手段及表达方式等的运用。

数据显示，2016年全国传统戏曲演出票房收入为1.49亿元，较2015年增加0.05亿元，票房收入实现小幅增长，这与近年来政府对戏曲加强政策支持、资金支持密不可分。虽然传统戏曲市场摆脱了连续下滑局面，颇有振兴之势，但是相比较几十年前剧场观众趋之若鹜、场场爆满的场面，如今戏曲演出市场萎缩、票房不景气也是不争的事实，甚至有地方出现过演出现场的在场观众还不及戏曲演职人员多的尴尬局面。随之而来的是戏曲演出剧团经济状况日益拮据。

这不仅影响到演职人员的收入情况，挫伤了他们继续投身艺术精品的生产，而且制约了剧目的创新与编排。经济上的困境，也使不少剧团面临倒闭。推动戏曲发展的载体受到打击，要想戏曲继续发展壮大，困难可想而知。

国内发展尚且如此，"走出去"开疆拓土也就更加困难。20世纪30年代，梅兰芳访美时就将国粹京剧艺术带出国门，彼时恰逢世界经济危机，然而在纽约定价6美元的戏票却被"炒"到16美元，当时的美国观众对京剧艺术可谓惊叹不已。时过境迁，京剧的国际市场难现当年辉煌，其中缘由有京剧本身的文化"水土不服"，如中国传统的锣鼓弦乐曾被外媒形容为"呕哑嘲哳难为听"，高音假嗓被比喻为"猫叫春""阴阳不分"。而除此之外，知识营销、整合营销、关系营销等商业运作模式的不成熟，以及没有对戏曲进行"因地制宜"地"二度创作"更成为戏曲走出国门的"拦路虎"。

灿烂而又孤独的戏曲艺术

曾经的戏曲却是另一派繁荣景象。宏美的京腔、柔婉的越剧、清丽的昆曲……在历史上都曾深受上至皇亲贵胄下至平民百姓的追捧与喜爱。张择端的《清明上河图》就通过描绘热闹的勾栏百戏说唱场面表现北宋汴梁的繁华与兴盛。

到了明清时期，戏曲更是成为君王百姓所必需的娱乐活动。剧本创作在清代为历代数量之最，据傅惜华《清代杂剧全目》统计，清代杂剧约有1300种，作者数量达497人。在清代，"花雅之争"也体现出这一时期地方剧种的繁荣。乾隆皇帝也酷爱戏剧，他多次到江南巡视，对江南各类戏班十分欣赏。乾隆庆祝80大寿时，宣召南方的三庆徽班和其他各种戏班来京演戏。《梦华琐簿》载："而三庆又在四喜之先，乾隆五十五年庚戌，高宗八旬万寿入都祝匦时，称'三庆徽'，是为徽班鼻祖。"京剧艺术也由此诞生。

戏曲艺术能在中国历史大浪淘沙中兴盛千年，反观如今，戏曲观众不断老龄化，陷入困境的戏曲甚至被称为"夕阳艺术"，究竟原因何在？

微评

★ 关于"夕阳艺术"的争论早已有之。1983年设立"梅花奖"之初,社会上就有一种舆论,认为戏曲是"夕阳艺术",已经落后于时代,不能与时俱进,不能代表中华民族的先进文化。

首先,历史上的戏曲是表现当时社会现实的有力载体,而许多经典剧目早已不符合现代社会的主流价值观,与现实社会相去甚远。例如,宋人周密《癸辛杂识》记载,温州乐清县有个叫祖杰的恶霸和尚欺压百姓。乡人告到官府,祖杰行贿于官府,官府不但不治他的罪,反而将告状人治罪下狱。民间艺术人将之写成戏文上演,广为宣传,造成社会舆论压力,最后恶霸和尚被治罪。而在当今法治社会,政府治理信息化,法院判案透明化,这种官员一手遮天、官匪勾结的现象也早已不复存在。

其次,戏曲的基本功能是"寓教于乐",其作用就是教化人民,如今,多媒体技术的日新月异,主流媒体和自媒体等都能成为政府、人民的发声途径。明初,高则诚的《琵琶记》一出,就被朱元璋钦定为与"四书""五经"具有同样的地位:"五经、四书,布、帛、菽、粟也,家家皆有;高明《琵琶记》,如山珍、海味,富贵家不可无。"戏曲进入统治者视野后,原本属于民间艺术的戏曲就进入到了雅文化的行列,成为社会主流意识形态传达其意志的一种艺术样式。而如今,戏曲却不再承担教化人民的作用。

事实上,戏曲艺术中不乏能够在历史长河中经久不衰的普世价值。汤显祖在《牡丹亭记题词》中说:如丽娘者,可谓之有情人耳。情不知所起,一往而深。生者可以死,死可以生。生而不可与死,死而不可复生者,皆非情之至也。汤显祖的《牡丹亭》所弘扬的追求爱情与自由在当时为不少人着迷至深,放之古今中外都有较大的精神价值。昆剧青春版《牡丹亭》在美国西海岸连演12场,场场爆满,在全世界巡演200余场,创下当代昆曲演出史上的奇迹。有美国戏剧专家认为,这是继1930年梅兰芳轰动美国东西两岸的巡演后,中国戏曲第二次盛大而辉煌的登陆。这足以见得戏曲艺术的博大精深与自身潜力,恰恰是我们该反思如何继承与发扬这门传统艺术。

传统艺术的现代化表达:得青年者得天下

创新是一个民族发展的灵魂,戏曲也一样。事实上,创新与变革,这本身就是戏曲的传统。从戏曲内容形式上,每一个剧种的形成都是在借鉴和吸取其他艺术样式精华的基础上,再结合自身的特点和时代的要求所创造出来的。从戏曲传播方式上,古老的戏曲艺术一向善于借助新的传播方式进行宣传推广。20世纪以来,戏曲艺术的传播方式就先后经历"戏曲+电影""戏曲+广播""戏曲+电视",以及我们现在所处的第四个阶段——"戏曲+互联网"。在这个阶段,传统艺术更需要通过现代化的表达"得青年者"以"得天下"。

戏曲icon王佩瑜可以说是把"戏曲+互联网"玩转得淋漓尽致。相信很多人都被她和歌手杨宗纬合唱《凉凉》的视频刷过屏。这位自幼成名的京剧女老生借助互联网新媒体,红出了戏曲圈,红遍大江南北:登上微博热搜榜、参加中央电视台《朗读者》节目以京剧念白朗诵《念奴娇·赤壁怀古》《跨界歌王2》当评委、在年轻人的聚会《吐槽大会》中担任吐槽嘉宾、音频分享平台喜马拉雅开京剧节目……年轻、时尚的王珮瑜成为"戏曲网红",不但维系了原有的京剧戏迷,同时又一步步把自己的粉丝变成戏曲的观众。对此,戏曲理论家、中国戏曲学会副会长龚和德说:"王珮瑜是针对对象的需求和特点来的,她的目标很明确也很正确,就是要搭建京剧和青年人之间的桥梁。"

贾怀胤认为,京剧并不是保守的艺术。"大家不喜欢,或者这个东西不怎么流行,我觉得还是大家很难接触它。但是你一旦接触到它,还是有很多理由喜欢上京剧的。"不少网友也留言表示,这就是国粹的魅力,认为京剧艺术主动与流行歌曲融合创新,也不失为将国粹传承下去的一个办法。

《叮咯咙咚呛》《国色天香》等综艺节目也试图用年轻态方式传播戏曲艺术。戏曲频道推出的《叮咯咙咚呛》

微评

★ 作为一门活态的艺术,戏曲应顺应时代发展,与时代同呼吸。戏曲艺术的传承不仅需要老剧目的继续传唱,更需不断创作出具有当代特色的新曲。此外,戏曲与媒介的结合也是其发展壮大的重要方式。

这档中韩明星跨界体验界真人秀节目让中国传统戏曲和韩流不期而遇,无论在表现形式还是整体风格,抑或主题呈现上,都不乏原创性和前瞻性;天津台的《国色天香》,同样也是传统和流行的跨界表现。

诚然,戏曲的"逆风翻盘"还需多方面的努力。

培养受众的欣赏习惯与消费习惯

近年中央就下发了《关于戏曲进校园的实施意见》《关于进一步做好戏曲进校园工作的通知》等文件提高戏曲在中小学生中的认知度。戏曲既要通过现代化方式得"青年者",也要从小培养、抓住未来的"青年者"。孩子对一切事物都有着天然的好奇心,因而具有更强的可塑性。戏曲进校园可以让他们在潜移默化中亲身感受戏曲艺术的独特魅力,提高对传统文化的感知力,这种古典情结、审美情趣在幼年便能深深扎根。

注重戏曲人才的培养

戏曲人才培养是戏曲艺术得以发展和赓续的根本。戏曲剧团经费少、工资低,戏曲演员生活现状不容乐观,从而导致了戏曲艺术人才流失、断层现象严重。要成为一名戏曲演员,要冬练三九,夏练三伏,从小苦练基本功"唱,念,做,打""手,眼,身,法,步"。相较于其他行业,戏曲演员付出的多、经济收入却十分微薄,导致艺术家的改行和传承人数的骤减。很多戏曲演员一边演出一边另谋生计,练习和演出时间就会不同程度减少,所谓"一日不练自己知道,两日不练老师知道,三不练观众就能看出来",技艺不精便是衰落的开始。因此应加大人才培养扶持力度,为戏曲艺术的繁荣发展提供新鲜血。

保持内涵与精神,戏曲是娱乐更是文化

中国戏曲艺术注重虚实相生、形神兼备、刚柔并济、动静互见的特点,这是我们民族的文化精髓。王国维在《宋元戏曲考》中写道:"写情则沁人心脾,写景则在人耳目,述事如其口出是也。"昆剧《游园惊梦》中的杜丽娘清纯典雅而又风情万种，把杜丽娘对爱情的想象与渴望，化作幽欢缠绵的梦境，这是物境、情境的衍化与升华，在有限的境中展现无限的意，即更高层次上追求"神形兼备""意境交融""情理统一"的诗化舞台意象。中国戏曲艺术就是一种诗意化的演剧艺术，其写意性舞台所创造的是非生活常态的"诗"。

故宫口红的"嫡庶之争",超级IP火爆的背后是文博文创市场的激烈角逐

林一民

【写作背景】2017年,故宫博物院利用自营、合作经营和品牌授权等方式,开发出近一万种文创产品,收入超过10亿元。故宫博物院深度挖掘丰富的明清皇家文化元素,将故宫的建筑、藏品、历史故事,以及形象、色彩、图案等传统文化元素融入时尚新潮的当代设计品当中,让优秀的传统文化与时尚设计完美地结合。近年来,我国博物馆文创产品开发虽然取得了一些成绩,但总体而言研发经营水平不高。要想抓住文创新蓝海的机遇,还有产品同质化、实用性不强、人才缺乏、缺乏激励机制等问题亟待解决。

近年来,从抢不到的故宫胶带,到故宫淘宝和故宫文化创意馆的文创口红之争,从《我在故宫修文物》到《上新了·故宫》,600岁的故宫开始在贴合年轻人思想上面下功夫,通过文创产品、新媒体和影视节目等多元化的形式,将故宫文化推向了寻常百姓家。一方面,故宫IP火爆的背后反映了东方美学越来越受大众欢迎并融入日常生活,文博产品的创意化确实是门好生意;但另一方面,大众文创饥饿,文博行业仍然需要挣脱桎梏,继续发力。

文创口红,"庶长子"和"嫡次子"打起来了

你抢到故宫最火爆的"仙鹤口红"了吗?高颜值的口红着实又让故宫在这个冬天火了一把。2018年12月9日,故宫博物院文化创意馆推出了6支口红,取色、外观都源自故宫博物院的典藏。很多人都以为故宫博物院文化创意馆与故宫博物院文创旗舰店是不同平台上的同一家店铺,而人们所熟知的故宫淘宝立刻在官方微博上表示:"目前市面上见到的所有彩妆并非我们设计,故宫淘宝的原创彩妆,我们周二见。"

虽然这条微博发布没有多久就被删除,但故宫淘宝还是按照约定时间发布了"故宫仙鹤系列"彩妆。故宫文化创意馆和故宫淘宝居然不是同一家店铺,却同时举着"故宫"的大旗推出口红,这也让一众吃瓜群众有些摸不着头脑。

实际上,故宫淘宝、故宫博物院文创旗舰店和故宫博物院文化创意馆都有故宫官方授权。故宫淘宝是100%的国有企业,归属于北京故宫文化服务中心,于2008年注册;故宫文创旗舰店营业执照显示其属于故宫出版社,于2016年在天猫上线;故宫文化创意馆注册于2018年6月,隶属于故宫经营管理处。也就是说,三家不同的店铺其实是"一家人"。网友们打趣地总结:故宫淘宝是抱养的大阿哥,出了一系列有好看盒子的彩妆;故宫文创旗舰店是亲生的太子,这次风波中无辜躺枪;故宫文化创意馆是亲生的三阿哥,他出的口红被大阿哥故宫淘宝吐槽了。

回过头看,这更像是一场精心策划的营销战,不管是在微信还是微博平台,虽然故宫文化创意馆和故宫淘宝两家掐得厉害,但共同的结局就是口红都售罄了。有数据显

微评

★ 同是"故宫妈妈",但"孩子"却会互相打架。授权问题处理不好则会对本体产生更大影响。消费者不知道如何选择,生产者也是烦恼多多。

示,故宫文化创意馆的口红上线两天的订单就已经超过了3000支,其中网红色"朗窑红"的预订数量超过了2000支。截至2018年12日24时,故宫口红成交量超过7800支,其中有四分之一的销量来自海外。

口红之争的舆论影响力也恰恰说明其背后博物馆衍生品的市场之大。2008年,故宫淘宝上线,其推出的"萌萌哒"系列产品性价比高,接地气,这也是最初故宫文创产品走向大众的最主要的渠道。如今,故宫淘宝的店铺粉丝数量已经突破366万。而此次被牵扯进来的故宫文创旗舰店创立于2016年,短短两年时间也积累了194万粉丝。

2017年,故宫博物院利用自营、合作经营和品牌授权等方式,开发出近一万种文创产品,收入超过10亿元。故宫打破脸谱化形象,越来越靠近大众尤其是年轻人,并在"超级IP"之路上越走越远。

榜样故宫,文博开发的"神操作"

2007年,为了迎接北京奥运会,故宫博物院文创团队开始起步,但推出的产品都反响平平。直到2013年,中国台北故宫推出"朕知道了"系列胶带,使故宫博物院院长单霁翔看到了北京故宫的文创产品在种类、设计、营销上的差距,也看到了市场的巨大潜力,改变就此开始。

"清晨起床,先用四方罍样式的茶器泡了壶茶,随手撕下《故宫日历》上过去的一页;中午,你边用故宫筷子吃着饭,边用朝珠耳机听音乐;午后纳凉,你穿上如意凉拖,用'朕亦甚想你'的扇子扇来习习凉风……"这是故宫博物院"掌门人"单霁翔院长所描绘的故宫元素融入现代生活的愿景。事实上,这幅场景正在慢慢成为现实。

微评

★ 在故宫文创产品大热的背后是消费者对中国传统文化的认同,也是文创企业的精心制作挖掘。但巨大的利益面前,如果文化企业拿捏不好尺寸,也会出现乱开发、滥开发的可能。

立足传统文化，提炼创意元素

故宫博物院文化创意设计的灵感源泉，就在于故宫本身。**多年来，故宫博物院深度挖掘丰富的明清皇家文化元素，将故宫的建筑、藏品、历史故事，以及形象、色彩、图案等传统文化元素融入时尚新潮的当代设计品当中，让优秀的传统文化与时尚设计完美地结合。**

如故宫中的碧螺亭、藏品《千里江山图》的图样，还有皇帝皇后的形象、龙袍上的海水江崖纹，以及富有美好象征意义的蝙蝠、仙鹤、葫芦、祥云、如意等传统文化元素，如今都成了故宫文化创意设计的重要组成部分。

贴近日常生活，优化文化体验

故宫的文创产品主要为手机壳、冰箱贴、骨瓷杯、折扇、记事本、胶带、书签等生活和办公用品，实现了故宫文化与日常生活的深度对接。2014年，故宫淘宝推出的朝珠耳机、顶戴花翎官帽伞、"奉旨旅行"行李牌等一系列文创产品走红，供不应求。2015年8月，故宫淘宝开展网上促销，1500个手机座在一小时内全部售罄，日成交量1.6万单。2016年7月，故宫与阿里巴巴签署战略合作协议，在阿里巴巴开设官方旗舰店，**利用互联网进一步拓展影响力，深度优化故宫爱好者的文化体验。**

同时面向不同阶层、不同人群在生活中的审美需求，故宫还出品了系列App，大受欢迎。例如，"皇帝的一天"App主要面向9至11岁儿童，让孩子们通过体验清代皇帝一天12个时辰是如何度过的，学会更合理地规划时间；再如，"清代皇帝服饰"App精选了故宫院藏清代冠服、佩饰等多个门类的代表藏品，采用三维立体高清呈现，让人们得以零距离欣赏传统织绣工艺的巅峰之作；而"每日故

微评

★ 文创产品是艺术与生活的结合，趣味性与审美性的结合。但文创开发不能单纯依靠一两件爆红产品维持，而是要有持续开发的能力。

宫"App采用日历的形式,每天介绍一件故宫藏品,用户利用碎片时间就可以了解传统文化。三年来,从《天天爱消除》故宫主题版本、《奇迹暖暖》养心殿主题版本,到故宫腾讯创新实验室成立;从"玩转故宫"小程序上线、《故宫国宝唇彩》线上体验、《故宫回声》故宫主题漫画,到《古画会唱歌》首张故宫书画跨界数字音乐专辑发布,故宫在传统文化与科技融合的道具上不断探索并实现突破。

玩转新媒体,多路传播齐发

2010年,故宫博物院开通了官方微博,如今微博粉丝达到613万,长期居政务类微博排行榜的第一位,日均阅读数100万+。随后故宫又攻下文博类微信公众号的排行榜,《雍正:感觉自己萌萌哒》《雍正行乐图》《朕有个好爸爸》《都是倔强的男子》《朕是如何把天聊死的》等文章都成为朋友圈刷屏的爆款。故宫这几年也在尝试和互联网公司合作,曾与阿里巴巴、腾讯和凤凰等公司"强强联手"。在与腾讯的合作中,先后推出了故宫QQ表情、《故宫回声》主题漫画,还有刷屏的《穿越故宫来看你》。

单霁翔认为,以往故宫文化产品注重历史性、知识性、艺术性,但是缺少趣味性、实用性、互动性,与大量社会民众消费群体特别是年轻人的购买诉求存在较大距离。**故宫博物院要做的是在受众期望与文创产品的升级互动中,使人们真实感受故宫博物院所要传递的文化内涵。**

大众文创饥饿,文博开发依旧困难重重

故宫的文创口红火了,但这并不是博物馆向美妆产品跨界的首次尝试。2018年2月,《国家宝藏》大火,国家博物馆趁热打铁,和巴黎欧莱雅合作,以《千秋绝艳图》中的五位美人为创作灵感,推出了一款限量款唇膏,但没有激起太多的水花。早在2017年4月,故宫淘宝微博就大开脑洞,提出宫墙色口红、点翠系列眼影、花画鸟系列眼影、皇帝玉玺腮红、千里江山图和冰裂纹式指甲油等大胆设想。然而从设想到付出行动,总共历时一年半。

入场晚、动作慢是目前文博文创产品开发的现状，文博开发的绝对"老大哥"——故宫尚且如此，何况我国其他博物馆。以北京为例，一百多家注册博物馆，文化元素的开发却是冰火两重的现状。**一边是以故宫为代表的博物馆爆款频出**，故宫博物院院长单霁翔却直言："故宫的文化资源还远远没有利用好。"一边却是大量博物馆在文创开发方面"沉默不语"，10家国家一级博物馆中，半数官网上都不给文创产品"发言"的机会，即使开发了文创产品也是"哑售"状态。

相较而言，国际上博物馆文创产品的开发已经形成了相对成熟的产业链，多数知名的博物馆已经能够依靠衍生品收入生存。美国纽约大都会艺术博物馆2015年总收入为9.46亿美元，其中文创衍生品的销售收入占近六成；美国大都会博物馆、史密森尼博物馆群近年文化产品年均销售收入都超过了1亿美元；英国大英博物馆的艺术品衍生收入成为其主要收入来源。而反观我国，数据显示，北京故宫博物院2017年文创产品收入为10亿；上海博物馆2017年文创产品收入为3862万元；苏州博物馆2017年的文创产品收入为1400万。近年来，我国博物馆文创产品开发虽然取得了一些成绩，但总体而言研发经营水平不高，与发达国家和地区的博物馆相比差距很大。

2015年《博物馆条例》实施，明确博物馆可以从事商业经营活动，挖掘藏品内涵，与文化创意、旅游等产业相结合，并鼓励博物馆多渠道筹措资金促进自身发展，文博单位终于打断了束缚在手上的最后一根枷锁。在此之前，博物馆完全依赖政府补贴，缺乏活力，人才匮乏，没有自我造血能力。国家文物局在《国家文物事业发展"十三五"规划》中提出了2020年发展目标：打造50个博

微评

★ 一方面是文创从业者需要努力，另一方面是文化资源持有方要开放心态，勇于尝试。文创产品也是传递文化的重要方式，需要双方共同努力开发。

物馆文化创意产品品牌，建成10个博物馆文化创意产品研发基地，文化创意产品年销售额1000万元以上的文物单位和企业超过50家，其中年销售额2000万元以上的超过20家。也正因如此，业内普遍认为，这是一片充满机遇的蓝海。不过要想抓住这个机遇，还有产品同质化、实用性不强、人才缺乏、缺乏激励机制等问题亟待解决。

挖掘胡同文化因子，老建筑如何焕发新生机？

曹峰　王硕祎

灰瓦、砖墙、街巷，孩子们的嬉笑打闹和大人们的闲聊唱曲，共同勾勒出北京老城数百年来熟悉的胡同文化景致。春节前夕，习近平总书记在视察北京时说："北京的传统文化特色在哪里？就是胡同。如果北京的胡同都消失了，都变成高楼大厦了，还怎么记得住乡愁？我们搞现代化建设，既要把这个文化底蕴保留下来，又要让胡同居民过上现代生活，要把二者结合好。"胡同的历史在哪里？胡同里蕴含着怎样的文化因子？文化如何赋能胡同改造？

胡同里的历史风情

胡同，也叫"里弄""巷弄"，指在城镇或乡村的主要街道之间一直通向居民区内部的小街道，是沟通当地交通不可或缺的一部分。"胡同"一词最初见于诸元杂曲，关汉卿《单刀会》中就已经有了"杀出一条血胡同来"的表述。胡同与四合院均是北京古都文化的重要代表。

微评

★　由此可见，北京的胡同历史非常悠久，它不仅是一个居住空间，更是承载了历史的记忆，见证着岁月的变迁。从古都到首都，北京城走过的足迹都反映在胡同里。

北京胡同形成于我国历史上的元、明、清三个朝代，其中大多数形成于13世纪的元朝。根据元朝《析津志辑佚》中记载，当时北京的胡同数量已经超过四百条。几百年来，随着北京的城市规模不断扩大，人口不断增加，胡同的数量也与日俱增。目前，北京的胡同数量超过一千条，均分布在老城区。

胡同的走向多为正东正西，宽度一般不超过九米，两旁的建筑大多是四合院。胡同从外表上看相差不大，但其内在特色却各不相同。这些老建筑见证了城市的变迁，记录了城市的民俗风情。如今，胡同所代表的不仅仅是物理空间意义上的建筑、道路，更是亘古通今的文化纽带。**可以说，胡同是最有标志性的中国传统文化特色之一。**

挖掘文化因子，胡同价值几何？

胡同的历史价值

历史的兴衰变迁赋予了北京胡同厚重深远的文化底蕴，胡同所蕴含的历史人文价值是最重要的文化因子之一。据统计，北京胡同内现存建筑有相当一部分属于名人故居，其中知名的包括梁启超故居、康有为故居、鲁迅故居、杨昌济故居、婉容宅院等。**名人在胡同的工作、生活等痕迹，随着岁月轮转，变成了历史文化的一面镜子，使得北京胡同的历史价值、文化价值得以彰显，更加熠熠生辉。**

胡同的艺术价值

胡同的建筑风格是其人文风貌的体现。北京胡同是中国传统住宅建筑的经典，胡同里不仅有民居、王公府邸、名人故居、会馆，还有寺庙、道观、教堂等宗教建筑，

微评

★ 所谓名人古迹，胡同就是最好的"痕迹"，对于名人曾居住过的地方，不应只是简单地作为一个旅游地予以开发，而是要把最独特的元素挖掘出来，进行IP全面化布局。

具有极高的美学价值。街道的立面高度与胡同宽度如何调和？胡同的空间尺度怎样达到平衡状态？聚合感和空间感如何根据美学原理得以最佳呈现？胡同为现代设计留下了极为珍贵的空间美学参考。

文化赋能胡同改造有哪些可能？

以旅游为牵引，带动胡同整体发展

据统计，2019年春节黄金周期间（7天），北京市接待旅游总人数为811.7万人次，同比增长5.3%；旅游总收入81.85亿元，其中什刹海风景区接待55万人，位列第三名。

胡同集自然、人文资源于一体，其休闲旅游功能具有极强的可塑性。胡同更新改造的重点不仅是建筑空间的修补重建，更是胡同文化的重新呈现和历史记忆的重塑。塑造好北京胡同文化旅游空间，首先要用整体性规划统筹保护好古建筑、名人故居、历史遗迹，维持旧貌、保存历史痕迹，更清晰、更真实地呈现胡同历史风貌。

此外，还要考虑到物理空间载体与文化内涵的有机融合，让游客从走马观花地参观胡同向深度体验胡同文化转变，用多元化的呈现方式提升胡同文化内涵、丰富旅游感官体验。2009年，南锣鼓巷被美国《时代周刊》评选为亚洲25片"最佳风情区"之一，有着完整的元代胡同肌理和晚清、民国时期的建筑以及独具特色的交往空间的南锣鼓巷，不局限于物理空间的展陈，还将遗存下来的民间文艺、器乐、手工艺、美术等元素运用其中，成为北京的文化地标。如何让看得见、摸得着、感觉得到的"活文物"既反映出历史文脉又表现出鲜活创意，带动文化旅游的发展，胡同旅游的未来还有很多可能性。

微评

★ 在文旅融合大热的当下，胡同的开发必须要抓住这个机会，将遗留的历史文脉进行现代化表达与传播，用科技与互动彰显胡同的魅力。

营造多元文化空间，凝聚胡同文化活力

胡同作为文化记忆和精神遗产的载体，是活态的文化价值和有温度的生活图景的体现。**其承接的是人的主体活动，因而为其营造公共文化空间是做好胡同改造的题中之义**。砖塔胡同里的正阳书局，是北京市首个非营利性公共阅读空间"砖读空间"，里面的书籍大多跟老北京文化有关，成了砖塔胡同周边的一个"文化中心"，**其特殊的空间构造对于打造独具特色的公共文化设施提供了可借鉴的思路**。

微评

★ 不管是城市改造，还是胡同改造，最后的落脚点都应该是"人"。胡同原有的居民对自己生活过的地方倾注了太多的感情，所以胡同的改造必须要考虑到他们的需求，打造一个公共文化服务的场所。

在老北京胡同这个丰富载体上塑造富有温度的公共文化空间，还应该特别注重胡同改造与居民生活的协调，使之真正充当"公共文化会客厅"的角色。茶儿胡同8号院从曾有12户人家居住的大杂院到艺术教室、图书馆和舞蹈室等全新形态的公共生活空间，恰恰是抓住了文化认同——胡同文化传承和创新的根基。

创意点亮传统记忆，带动社区升级转型

胡同承载着首都发展的历史印记，**随着北京文化创意产业的快速发展，胡同区域的功能也应更加多元**。位于大栅栏胡同区内的PageOne书店办公室就是胡同功能创新的代表之一。其进行改造的院落原为家庭式旅馆在2014年的旧城更新中被改造成钢结构的小剧场；2018年在保留主体结构的基础上，PageOne书店融入复合业态的办公功能，延续了院落承载的胡同记忆和空间体验。

2018年6月21日，北京市印发了《关于推进文化创意产业创新发展的意见》，提出要通过功能性流转、创意化改

造，有效盘活老旧厂房资源，建设新型城市文化空间。以箭厂胡同文创空间等为代表的文化创意园区同样成为胡同转型升级的契机。将承载着历史记忆的胡同与周边地区的社区营造相结合，是实现社区转型升级、带动地区经济发展、传承区域传统文化的应然。

结语

法国历史学家皮埃尔·诺哈在1978年编写的《新史学》中指出，历史遗留的地方空间对于地域文化认同的建构有非常大的贡献，因此对于留存着共同记忆的场所进行保护、传承，十分有利于实现群体的文化认同和情感归属。在我国城镇化高速发展的今天，城市中的胡同、老建筑是宝贵的文化财富与城市记忆场所。**胡同不仅承载着一个城市的历史文化，更与城市未来的发展命运息息相关。传承胡同文化，以文化为胡同发展赋能，始终是城市建设的关键环节。**

微评

★ 胡同与未来城市的发展也密不可分，不管是文化还是科技，都需要给具有烟火气的互通，注入新能量，让烟火气更浓郁，让文化气更朴实。

感悟城市创新与乡村振兴

　　实施乡村振兴战略是党的十九大做出的重大决策部署。消费社会与信息时代的同时到来催生出全新的视觉消费时代,城乡空间视觉化特征不断凸显,范围不断扩大。在此背景下,感悟城市与乡村的发展,思考文化在城市创新与乡村振兴中的作用是文化领域应当持续思考的重要命题。

在传统村镇保护性开发中建设文化生态的路径探讨

李朋

【写作背景】传统村镇，是指形成较早，拥有较丰富的文化与自然资源，具有一定历史、文化、科学、艺术、社会价值，应予以保护的村落。传统村落中蕴藏着丰富的历史信息和文化景观。文化生态，源自文化人类学的理论，重点是文化与所处的不同环境的联系和研究。根据文化生态研究先驱斯图尔德的研究，"文化生态"是指人类文化与其共生共存的整个自然、社会环境因素相互交互最用，这使得人类文化产生、发展和变异。国内较早研究文化生态的学者司马云杰在斯图尔德观点的基础上，提出文化生态系统，是指影响文化生产、发展的自然环境、科学技术、经济体制、社会组织及价值观念等变量构成的完整体系，其包括自然生态在内的文化与上述各种变量的共存关系。

在国家积极推进乡村振兴和文化生态保护区建设的大方向、大规划的背景下，在传统村镇保护性开发中建设好

微评

★ 设立国家级文化生态保护区，以非物质文化遗产为核心加强文化生态保护，对于推动非物质文化遗产的整体性保护和传承发展，维护文化生态系统的平衡和完整具有重要的意义。

文化生态十分必要。这便要求我们从宏观的文化生态视角，以系统性思维，建立基于核心价值的传统村镇保护体系；坚持以人文本，使传统村镇的开发与保护走向动态、积极、多元、包容的可持续发展之路。

摸清家底，系统调研

传统村镇之所以进行保护性开发，就在于其具有一定的文化、历史、科学、艺术、社会等价值；就在于其具有区别于他地的独特性。因此，首先要做的就是对目标开发的传统村镇进行系统的文化生态调研。

以徽州地区的传统村镇的文化生态调研为例：徽州地区以徽商为经济基础，以宗族为社会基础，以理学为价值观基础。该地的非物质文化遗产具有鲜明的地域性，体现出浓郁的地域特色；非遗的密集度高，类型十分丰富；当地的非遗产生、流传于民间，但是具有很高的文人审美意趣；精粹性高，甚至可以代表国家级技艺；与日常生活紧密，至今在居民的生活中都起到着实用功能。多重文化因素相联系，构成了徽州地区完整的文化生态系统。

对目标传统村镇的文化生态要进行家底的核查，具体可以划分为民俗文化类、民间习俗类、村民信仰类、农耕习俗类、传统音乐类、传统竞技类、物质文化遗产和非物质文化遗产等。

在调研的基础上，需要整理出目标传统村镇的文化遗产名录，理清目标传统村镇的文化发展、传承和传播脉络。 在此基础上，针对其特殊价值建立综合评价体系，具体可分为文化创造力价值、文化影响力价值、文化代表性价值、地域特色价值、技能水平价值、历史传承价值和生

微评

★ 在系统规划调研的基础上，整理文化遗产名录对于提高文化自觉，建设中华民族共有精神家园，增进民族团结，增强民族自信心和凝聚力具有极大的作用。

态环境价值七个方面。构建出包括空间格局完整性，传统风貌真实性，文化生态丰富性和功能活力持久性的评估指标体系，全面认识当地的文化生态系统构成。

实事求是，科学规划

在摸清家底的基础上，要建立传统村镇保护性开发的科学规划，主要包括规划的定位、预期危害的预判和建设路径三个层面。

规划的定位

本真性定位。文化生态一定要是本真的，是原住民身边的，是传统村落本身所固有的，是要在乡民在经过开发后依然能够找寻的到乡愁的。如果偏离了本真性，这个就谈不上对传统村镇的保护了。

典型性定位。传统村镇保护性开发中的文化生态建设，一定要具有时代特征和人文基因的典型性。首先，是时代的典型性。是明清时代的古村古镇，还是民国时期的古村古镇，一定要体现出各个不同历史发展阶段的文化肌理。其次是空间典型性。传统村镇在开发保护前一定会因时代的变迁，受到外来"物种""新事物"的侵占，而空间典型性就是要保留该有的，去除不合时宜的"洋化的"和"城市化的"等不该保留的东西。

整体性定位。非物质文化遗产与物质文化遗产的融合，自然生态环境与人文生态环境的融合，都要统筹考虑进去。这个整体性融合就是传承传统村镇的文化生态，保留全貌。

生产性定位。传统村镇的保护性开发要尊重当地的活

微评

★ 以保护非物质文化遗产为核心，对历史文化积淀丰厚、存续状态良好，具有重要价值和鲜明特色的文化形态进行整体性保护，从项目化到整体化，避免碎片化、单一化管理。

态性，这是文化生态留存的基础。要实现活态性需要通过生产性保护来实现，这便要求保留一定的原住民的生产生活方式，使文化遗产能够在百姓日常的生产生活中照常使用。

规划的危害情况预判

旅游活动的进行，会在特定时间内骤然给当地的生态承载力造成压力，甚至破坏原有文化生态系统。传统村镇的开发主要是指将其作为旅游地吸引游客参观的开发方式。因此在规划阶段就要未雨绸缪。以下从四个维度来进行说明。

物质维度。物质维度包含的内容较多，主要是指与物质相关的对于当地文化生态造成的压力。例如游客涌进，携带的电子科技产品、现代衣着服饰对当地造成的冲击；例如公共厕所、排水系统的建设；例如民房客居、交通设施的建设，例如餐余垃圾的处理等。

精神维度。原本封闭的传统村镇在开发前尚有传承下来的世界观和价值观，而突然涌进的游客势必会带来多元化的世界观和价值观，如何确保传统村镇精神维度的独特性，使之能够不受不良世界观的冲击，是需要考虑的问题。

行为维度。作为景点开发的传统村镇，最大的变化就是商业的兴起。而根据目前已开发的传统村镇的经验表明，舍弃传统村落最为珍贵的民俗传统而过分的迎合旅游者的兴趣，造成了商业的泛化，对当地的民风民俗造成了破坏。

制度维度。传统村落在保护与开发后，其要兼容生产生活以外的更多社会功能，在商业利益的驱使下，道德行为的放纵会造成对历史传承下来的村规民约的挑战。

微评

★ 文化生态保护区重点是文化关系的建设，是乡土、乡风、乡愁的统筹推进，能激发群众在自己家园内的文化自信，增强幸福感和满足感。

★ 在制度层面强化保护规划，强化保护措施，着重保护整体文化生态，留存文化记忆。

文化生态的建设路径

激活文化资源的条件。文化生态的建设归根到底是人的行为，因此要激活文化资源再生运用的人才、机构和场域。**通过建立文化生态发展轴、文化遗产密集区、文化遗产保护区、文化遗产传习基地等文化场域，使文化资源有安栖之所。**

此外，还要为从事特色民俗文化产品生产的盈利或非营利性机构、作坊提供发展空间，例如非遗产品展示销售区、非遗技艺传承地、非遗宣传大会等。通过公益性的公共文化场域和营利性的市场系统场域的共同打造，为文化生态的传承提供合适的场所，另外，注重对包括文化遗产项目代表性传承人、将现代技术与传统工艺相结合的创意性人才在内的文化引导者的培养，通过文化引导者的作用，激发建设主体的积极性。

最后，要跟随时代发展大潮，充分利用互联网等高新技术手段，建立虚拟的文化场域，拓展传统村镇的展示、宣传渠道，促进传播和发展。

文化参与的趋势和形态的预判。传统村镇的保护与开发，不仅要使得原住民生活得更好，留得住文化的根。**而且要通过其本身的文化魅力，通过旅游业的发展，将附近游客、城市游客、国内游客乃至国际游客吸引至此。**从研究文化参与的趋势和形态入手，从消费、闲暇时间和文化参与方式等三个角度进行考虑。传统村镇的开发与保护工程不仅仅是政绩工程，形象工程，更是惠及原住民和普惠游客的活态化的历史传承场所。要坚持吸引游客但不无底线迎合游客，拥抱现代但不迷失自我，打造喜闻乐见但不哗众取宠的文化参与方式。

文化支撑体制扶持。传统村镇保护与开发离不开政府部门的顶层设计与规划，离不开文化支撑体制的扶持，离不开公共财政资源的投入。要通过财政拨款起到引导作用，改善公共财政资源的分配机制，促进规划建设的科学化。同时要研究民间资源的利用情况，引导公益性基金，民间资本参与进来。

保护文化的多样性。文化多样性是传统村镇的价值所在，是构建均衡的文化生态的必要条件。因此要针对不同的文化遗产资源进行分类的保护，具体可以分为资料性保护、传习性保护、馆藏性保护、生产性保护、展示性保护和体验性保护等。通过合理的保护、开发、利用当地的物质文化遗产和非物质文化遗产，保证文化的多样性。

总结

随着我国的经济发展步入新常态，经济发展模式也从最初的摸着石头过河早已经过度到从顶层设计出发统筹发展的阶段。**因此，针对传统村镇的保护与开发要能守得住最核心的"精气神"，大处着眼，小处着手，实现人与自然、人与历史的和谐共生。**

历史文化街区需要怎样的配套商业？

李晓飞

【写作背景】建筑形态可以被模仿，内容产品也可以被复制，在商业街区日趋同质化的今天，人们对于"逛街"的追求，已不再局限于传统的吃喝玩乐。历史文化街区是连接传统与现代、融合文化与商业的独特存在，如果说文化是一个街区有别于其他城市街区的主要因子，那么商业就是这种文化氛围的构成和外延，而并非简单的附属品。北京南锣鼓巷、成都宽窄巷子等知名历史文化街区，是如何布局商业版图的？

成都宽窄巷子：再现老成都的生活韵味

宽窄巷子位于成都市中心区，核心保护区占地面积108亩，建筑面积44000平方米。街区由成都文旅集团具体实施保护整治工作，修复工程历时4年，总投入5.8亿元，全部改造成保留原有街巷肌理的45个完整院落式建筑，并于2008年6月对公众开放。

成都宽窄巷子商业分析
宽窄巷子的总体定位：最具典范性的成都历史文化商业步行街区、中国首个院落式情景消费体验区、成都城市怀旧和深度旅游的人文游憩中心。为突出项目"时尚生活街区"和"体验街区"的定位，**宽巷子被定位为"闲生活"，窄巷子则定位为"慢生活"，井巷子定位为"新生活"**，既便于吸引各种业态的进驻，又使整个项目层次分明；既保留了老成都的文化内涵，又融入了西方文化，在实现中西合璧的同时为老巷子赋予了新内涵。引进外资或国外著名品牌占到了整个招商项目的10%，其中有法国西餐厅、星巴克咖啡，还有法国皇室巧克力品牌黛宝嘉莱在窄巷子开出中国区第一个沙龙概念店，此外，香港著名室内设计师高文安将他的健身中心"MY GYM"、咖啡馆"MY coffee"也开在窄巷子。

微评

★ 成都宽窄巷子的定位有利于存护当地风情，对于延续成都的旅游城市定位具有很大的助力。

宽窄巷子商业运营

政府主动调节和整合文化旅游资源是推进文化旅游业发展的重要途径，市场运作则是推动文化旅游业发展的根本动力，**宽窄巷子的运营模式采取"三位一体"的方式，概括来说就是政府经营环境、企业经营市场和民众经营文化**。成都文化旅游发展集团全面负责宽窄巷子项目的投资、招商、运营和管理。文旅集团为做好宽窄巷子这一历史文化保护区重建工作，组建了成都文旅资产运营管理有限责任公司，全面负责保护区的商业定位、招商规划和市场营销，并为商家提供安保、保洁等服务。同时，青羊区政府成立了由分管副区长任组长、各职能部门参与的"宽窄巷子历史文化保护区管理委员会"，由街道与资产公司负责人组成管委会办公室，负责日常事务管理。管委会制定了《宽窄巷子历史文化保护区管理办法》，对历史文化片区的保护与布局、市容秩序与环境卫生、公共秩序与交

★ 作为历史文化街区的三个主体，政府、居民、企业只有相互配合，理顺体制机制，这样就能在很大程度促进历史文化街区的良性发展。

通安全日常管理，公共设施和商业经营日常监督管理，行政执法部门集中执法、便捷服务等方面作了具体规定，实现综合管理规范化、制度化。

北京南锣鼓巷：从历史走向现在

南锣鼓巷形成于元代北京建都之初，全长786米，位于北京旧城中轴线北段东侧。1993年，南锣鼓巷被划入北京市第一批25片历史文化保护区范围。南锣鼓巷是北京最古老的街区之一，也是我国唯一完整保存着元代胡同院落肌理、规模最大、品级最高、资源最丰富的棋盘式传统民居区。

审视南锣鼓巷商业业态演变，最直接的概括就是从"创意空间"到"旅游景点"。20世纪90年代以来，在南锣鼓巷周边艺术机构的带动下，这里逐渐成为孕育艺术创意者的摇篮。随着南锣鼓巷知名度越来越高，到访游客也急剧增加，南锣鼓巷成为不折不扣的"旅游景点"。这一转变反映在商业业态方面：一是商业业态数量迅速扩张，在不到10年的时间内增长了将近6倍，关联业态、配套业态一直保持高速增长态势，但主导业态、社区业态却出现退化现象；二是业态类型有所丰富，在早期的以酒吧、咖啡店、特色餐馆为主的业态基础上，新增工艺品店、创意工作室、服装服饰、饮品小吃、音像书刊等多种业态类型。

主导业态数量呈波动式变化，主要服务对象发生转变。酒吧、咖啡店的数量从2005年的13家猛增到2009年的31家，但由于经营不善关店或者搬迁至周边胡同，2013年已经回落到19家。从所占比例来看，这类业态近十年来持续下降，已经从原来的35.1%，下降到目前的8.6%。同步改

微评

★ 对于"创意空间"的打造，不能只局限于眼前利益考量，更应该注重空间打造之后对社会和环境的长远影响。

变的还有酒吧、咖啡店的服务对象，已经不局限于周边的中央戏剧学院和国家话剧院等群体特定客户，而是转向来自了国内外的到访游客和青年群体。

关联业态增长迅猛，工艺品店、服装服饰店比例大，出现"一品多店"现象。关联业态变化最大，从零迅速增加到目前的120家。与其他业态相比，关联业态所占比例也最大，达54.5%。关联业态中，以工艺品店、服装服饰店为主，比例分别占到28.6%、21.4%。2006年以后，随着游客急剧增多，在政府的直接引导下，通过《交道口街道社区发展规划（2006—2020年）》《南锣鼓巷保护与发展规划（2006—2020年）》，以及"南锣鼓巷商业业态调整专项资金"等措施和方式，促使类似"铁皮猴子""布衣谷""金粉世家"等创意品小店聚集，使得南锣鼓巷从一个传统的居民区变成更具文化气息的街区。值得注意的是，近年来部分业主在原有店铺基础上增开"分店"已经成为一种较为普遍的现象，比如"丹宁海""石宝斋""一朵一果"等品牌在此都有数家店铺。

自2016年以来，南锣鼓巷进行商业业态升级和腾退，关闭28家无证无照商铺，清理"一照多店"，由目前的92家合并为39家，转型10类低端小吃业态。这样做的目的是提升现有的经营层次和管理水平，让游客更多体验皇城胡同文化、老北京生活。

南锣鼓巷作为被美国《时代》周刊曾推荐的亚洲必去的25处旅游风景体验地之一，不仅对中外游客有着极大的吸引力，同时涌来了众多知名商家。随着南锣鼓巷知名度的提高，居商矛盾也开始凸显。为此，南锣鼓巷所在的交道口街道工委应用"公众参与社区管理"模式，召开"社区茶馆对话会"，让利益相关方聚在一起充分表达自己的想法，推动多方对话和协调。

哈尔滨中央大街：城市异域风景线

哈尔滨中央大街全长1450米，宽21.34米，以其独特的欧式建筑，鳞次栉比的精品商厦，花团锦簇的休闲小区以及异彩纷呈的文化生活，成为哈尔滨市一道亮丽的风景线。

哈尔滨中央大街商业分析

哈尔滨中央大街街区改造后定位为哈尔滨城市风光展示区，属于综合类商业中心，其业态包括了生活服务类、餐饮类、休闲娱乐类、专业市场类的所有业态，是一道集休闲、娱乐、旅游、购物为一体的城市新风景。

目前，中央大街有辅街25条，在这些辅街上有700余家店铺，加上中央大街两侧的店铺，总共900家左右的店铺中，主要有九类店。一是餐饮业，其中仅肯德基和麦当劳就达5家，还有西餐、华梅、波特曼、东方莫斯科等多家正宗西餐厅；二是婚纱摄影，维纳斯、雪中彩影等十多家；三是皮草业，东北虎、江南等皮草专业店及商场皮草专柜；四是宾馆酒店业，拥有马迭尔宾馆、金谷大厦、凯莱酒店等大型酒店，其辅街上有很多中小型饭店；五是医药，以宝丰和康泰两家为主；六是金店珠宝业，多家品牌的钻石珠宝店遍布大街两侧；七是品牌专卖店，众多知名品牌的服装店、鞋店；八是银行业，工商银行、农业银行、中国银行、建设银行、光大银行、招商银行、交通银行等几乎哈市所有的银行在中央大街都有营业点；九是美容业，中央大街的各条辅街上都有美容美发店的存在。

"中央大街"：文化旅游和商业开发并举

依托中央大街两侧原有的马迭尔宾馆、教育书店、秋林·里道斯商店、华梅西餐厅等知名历史建筑，在保留原有建筑风格的基础上，**新建、改建了部分与街道原有历史建筑整体风格较相似的新建筑，扩宽了原有的面包石制马路，新建了基础设施**。由于准备充分，设计合理，改造后的中央大街体现了西方建筑艺术的精华，整条街道宛如一条建筑艺术长廊，观赏性极强，构成了亚洲最大最长的商

微评

★ 哈尔滨中央大街应该着眼于城市综合体的打造，营造餐饮、购物、娱乐、住宿等多种业态于一体的开放性街区生态。

业步行街。

政府着力将中央大街打造为集休闲、娱乐、旅游、购物为一体的城市新风景。具体做法：遵循文化旅游和商业开发并举的思路，使中央大街两侧建筑既是"历史文化景点"，又是"现实的商业机构"，一方面强化历史建筑的文化、旅游观光功能，另一方面继续发挥其原有的商业价值。双管齐下，重现了中央大街作为"哈尔滨第一街"的辉煌。

结语

微评

南锣鼓巷的传统北京建筑和人文风貌吸引了各地游客，商家看到了更多服务的可能性，这就形成了一个商业生态圈。单纯的街巷、胡同参观不花钱，但街区的文化氛围已经决定了其商业环境的特殊性，商业也维持或冲击、重塑这种特殊性。从入驻商业也可以发现一些特点，例如，具有大量客流的街区吸引了国际品牌的进驻。例如，星巴克在前门、南锣鼓巷、宽窄巷子等都有店铺，结合街区建筑装饰店铺。这些品牌需要的"可见""可达""可用"因为街区的发展得以实现。

然而有关历史文化街区商业比重的讨论仍在继续，未有定论，很多街区也已经开始了对"低端"餐饮业态的清退工作，哪些服务才是满足街区居民、游客甚至工作群体需求，又能反哺文化氛围的商业，还需观察。

★ 历史文化街区的活态性发展，不能离开文化品牌的植入。应该借助文化品牌植入，凸显历史文化街区的内涵主题，这样才能构建有味道的生态历史文化街区。

知名度就是生产力！"网红城市"如何将关注红利转为发展动力

孙巍

【写作背景】早在半个世纪以前，著名波普艺术家安迪·沃霍尔就曾说："未来，每个人都有机会成名15分钟。"在万物皆媒的今天，安迪·沃霍尔的话不仅成为现实，一夜成名爆红的事件更是司空见惯。因网而红的不仅有人，更有城市。借助短视频、直播等互联网新媒体，许多城市摇身一变成"网红打卡地"，线上线下"吸粉"无数。当外部世界已用全新眼光丈量城市的价值，城市也需要"重新发现自己"。

"网红城市"的诞生

中国的城市化已经步入快速发展的阶段，城市与城市之间的竞争日益激烈。"千城一面"的诟病使城市个性化发展需求日益上升。在去中心化的互联网时代下，大多数城市的文化形象都面临着重塑。在这样的风潮之下，以抖音短视频为代表的移动互联网新媒体带火"慢生活"成都、"4D魔都"重庆以及"仿古狂魔"西安等网红城市。

以西安为例，近十余年间西安在本地和外地居民的城市形象仍然固化在秦始皇、兵马俑、大雁塔、钟鼓楼等为代表的传统古都形象。"千年古都""历史文化名城"的标签似乎已经成为一种固化的形象认知。然而自2017年以来，从永兴坊的摔碗酒、毛茶坊的毛笔酥、《那年花开月正圆》的甑糕再到歌曲《西安》《西安人的歌》，西安这座老城正不断趋于年轻化。据统计，2018年的1月至3月，抖音上关于西安的视频总播放量超过36亿次，点赞总量超1亿。网络曝光率直线上升吸引大批人来此"打卡""点赞"，西安摇身一变成网红城市。2018年上半年，西安全市接待海内外游客约1.15亿人次，同比增长45.36%，旅游业总收入同比增长56.32%，互联网不断带动着城市消费新景观。

根据《短视频与城市形象研究白皮书》显示，2017年抖音上关于记录城市生活瞬间的短视频达到了8000万条，累积创造了2000亿次播放量。其中，排名前十的城市共贡献了600亿次短视频播放量，这一数据甚至超过了2017年全年网综全网播放总量。其中重庆成为最大赢家，关于重庆的城市形象短视频播放量达到了惊人的113.6亿次。以"摔碗酒""西安人的歌""大雁塔"等元素，西安以89.1亿次播放量位居第二。成都也顺利拿下榜单第三位，播放量为88.8亿次。它们在抖音上的火爆程度，已经超过了北上广深。这三座城市，也正是国内新一线城市的代表。

互联网思维下的城市文化形象塑造

在"人人皆是传播者"的互联网时代，依托于报纸、杂志、电视等媒介的传统城市形象宣传塑造已经不能适应时代需求。时代发展变化的大背景下，变则通，不变则壅，城市文化形象的塑造亦是如此。"网红城市"的成功

微评

★ 互联网时代，互联网思维无论对政府部门、文化产业从业人员还是普通公众而言，都是必不可少的。没有互联网思维，我们就无法正确地看待自己与世界。

之处就在于它们紧跟互联网时代，在互联网思维下重塑城市文化形象。

首先，观念转变。从某种层面来看，"网红城市"的背后是一座城市营销意识的崛起。"抖音"在西安赢得高人气，从另一个方面展现了互联网思维下西安自我营销的观念意识的突破与转变。互联网思维是依托于互联网技术进步之上的思考方式，人工智能、物联网、5G技术的突破为网络传播带来更广阔的发展空间，如今城市文化形象的塑造与传播越来越依赖于移动互联网下新媒体的整合营销。在抖音上，短视频传播的符号载体具备短时间内走红的特征，而这种市井、本土、鲜活的城市形象取代过去抽象而扁平的城市定位，提高了一座城市的辨识度。

其次，政府搭台。政府、媒体和城市居民都是城市文化形象的传播者，在不同维度上的共同作用影响了城市的发展与城市文化形象的传播与塑造。然而政府在城市文化形象上仍然是占据主导权，始终是城市文化形象的主要推手。在抖音上，如果说一座城市的最初走红是偶然，那么它的影响力升级则更得益于政府的大力推动。其中最具代表性的城市便是西安。西安市政府在看到移动互联网对城市的巨变与机遇后，当机立断转变发展思路，2018年4月19日，西安市旅游发展委员会特地组织了与抖音的合作计划，成为DOUTravel城市合作的第一站。同时，通过节事会展等提升城市知名度，并充分利用科技手段造势。在2018年"红五月·西安城墙国际文化节"期间，1374架无人机编队飞行表演，"最多无人机同时飞行"吉尼斯世界纪录。

最后，群众唱戏。平等、开放、包容、公开、互动是互联网时代下的突出特点，在互联网时代下，群众主体话语权的力量不断显现。根据抖音数据显示，政府依然是城市形象的定义者、热点的制造与推动者，而市民则大幅度参与到城市形象相关的内容创作，是城市形象的具体阐述者。市民成为城市形象传播主力军，在软件中播放量最高的前100位城市形象视频创作者，个人账号占比超过八成。互联网环境下广大市民可以成为城市形象传播的主体，作为"第三种声音"展现城市风貌、传播城市形象、感知城市魅力。让更多的民间的、商业性的、非政府个人与组织发声，以新媒体为媒介为城市的文化形象代言，往往比政府以官宣手段进行城市文化形象的硬性塑造来的成效更为明显。

反思：别让"网红城市"成为"昙花城市"

随着"网红城市"的热度不断上涨，一些问题同样接踵而至，以抖音等为代表的短视频新媒体作为新兴事物，政府管控、市场监管等配套制度尚不健全。处于风口浪尖下的短视频尽管短时间内能够获得大量关注度，但是其病毒式的全民娱乐、价值观导向传递偏颇等问题可能会使城市文化形象塑造跑偏。同时，不少专家根据网络热点高频更替规律而质疑这种热点和蹭热点式消费的可持续性。城市盲目地追求网络曝光率，不仅有失公共部门的公信力，而且在某种程度上也有损城市的人文形象和文化品格，依托移动网络新媒体进行城市文化形象塑造终归不是长久之计。

知名度就是生产力，然而如何将"关注红利"真正转化为"发展动力"还需要进一步深挖城市文化内涵与外延，延展城市文化产业链条。"网红城市"要有内容，要有外延，要有张力，要有创新，如果只做表面的包装，那吸引过来的只可能是短暂的一次性消费，"网红城市"也将随之变成"昙花城市"。

不可否认的是"网红城市"从某种层面上讲也是双刃剑，好的网络宣传有助于城市招财招智，能够为城市提供源源不断的发展动力。但是由于网络环境的公开透明，一些城市在有了网络曝光度之后，并没有及时趁势而上制造口碑，构建城市文化品牌。一些消费者在打卡了所谓的"网红城市"之后褒贬不一，稻城亚丁、茶卡盐湖等许多网红地区尚不能容纳大批量的游客涌入，地区承载力不

微评

★ 网红是一把双刃剑。为城市带来流量的同时，对城市管理也带来了极大挑战。为了不断吸引流量，应该从基础做起，提高公共文化服务能力，打造文化精品，让城市气质体现在城市的每个角落。

足、基础设施不完善,游客甚至对当地的自然环境造成严重破坏。

因此,要打造一个具有持续影响力、知名度的"网红城市",就要在更深层次上下功夫,网红或许只是时代途经某一个节点的产物,只有城市本身的魅力会永远鲜活,城市所蕴含的文化底蕴也会随着时间的洗礼而日渐芬芳。城市价值的核心要义是基于文化底蕴的识别体系,深入挖掘城市文化软实力,不断延伸整个城市的服务链条,真正给人以认同感、自豪感和归属感。

总的来说,在互联网技术不断更迭换代的时代,当互联网已经成为人们生活方式的常态化技术手段,城市文化形象的主要传播也越来越需要大众传媒全方位的协助,传播者应当将互联网思维当做传播的动态手段。从这个层面来讲"网红城市"的出现是偶然也是必然,移动新媒体对城市文化符号的继承和延续是对城市文化形象和城市文化认同感的解构与重构。尽管目前来看移动互联网环境下的城市文化形象塑造方面仍有些不尽完美的地方,但是"网红城市"这种以互联网思维进行城市形象传播与塑造方式的出现,为我国其他中小城市的弯道超车带来前所未有的机遇。

狂飙突进式的城市化进程以后,中国城市如何迈向创意城市

言之有范

【写作背景】改革开放以来,中国城市开始了轰轰烈烈乃至狂飙突进式的发展,城市化进程的背后,又使城市承载了过多的压力,例如人口膨胀、环境污染、公共资源紧张等。随着社会经济的发展,人们对外表"硬朗"的城市开始提出更多的需求。在多方因素的驱动下,创意城市成为城市转型升级的新思路。

创意与创意城市

微评

"巴黎人既珍视上千年的城堡和教堂,又乐于接受工业化时代的埃菲尔铁塔,同时也痴迷属于城市底层的小书摊。"

要知道中国创意城市的构建路径,首先应该知道什么是创意城市。

有学者通过对15世纪的雅典,14世纪的佛罗伦萨,莎

★ 随着创意经济时代的到来,创意城市理论的研究被学界逐渐重视。创意城市是推动文化经济、知识经济的重要关键,也是未来城市发展的重要趋势。

士比亚时期的伦敦，18世纪晚期的维也纳和巴黎以及19世纪的柏林进行了创意城市的考察，发现这6座城市有着共同的特征：

城市规模不一但地位举足轻重；都处于急剧的经济和社会变革之中；都是贸易大都市；能够吸引来自世界各地的人才；人才的成长需要特殊的土壤，而创意城市则是社会和意识形态剧烈动荡的中心；城市政策就如磁石一般吸引着天才和财富创造者的移民。因此，高度保守、极其稳定的社会并不是创意真正产生的地方。

由此可以看出，创意城市至少应该包含这些因素：政策、人才、资金和适宜的社会环境。

与西方国家相比，我国文化创意城市的倡议和建设相对较晚，目前仍处于"摸着石头过河"的起步阶段，但各个城市对建设创意城市的热情日益高涨。2017年，武汉入选全球创意城市网络"设计之都"，长沙入选"媒体艺术之都"，青岛入选"电影之都"，澳门入选"美食之都"。

2006年被称为我国"创意产业元年"。《国家"十一五"时期文化发展规划纲要》《文化建设"十一五"规划》出台，首次将"创意产业"纳入其中。此时，国家对于文化创意产业的发展重点集中在长江三角洲、珠江三角洲和环渤海地区，在这三个地方建设创意产业城市，通过园区建设集聚文化创意产业。此后，各地政府纷纷推出扶持文化创意产业发展的相关政策，比如《北京"十一五"时期文化创意产业发展规划》《深圳市实施文化立市战略规划纲要》、广州市《关于加快软件和动漫产业发展的意见》以及《西安高新区鼓励创意产业发展指导目录》等。创意产业的发展热潮在中国各大城市风起云涌，并迅速在动漫、影视等相关领域蔓延开去。

过去的40年，中国许多城市成功完成了从农业型向工业型，从工业型向服务型的转变，而在服务型城市向创意城市迈进的过程之中，城市审美、艺术设计、文化产业、生态旅游、"互联网+"、公共文化服务、创意街区等方面的建设和发展被提到了重要地位。

创意城市的典型案例

《2017年中国城市创意指数报告》显示，北京、上海、香港、深圳占据了前四强，杭州、南京等则成为新一线城市中的代表。这些城市有的是规划先导，顶层设计引领；有的则是模式创新，理念超前，都对其他城市的创意探索提供了值得借鉴的经验。**同时我们也要认识到，城市发展必须契合本土文化特色，采取因地制宜的发展方式，在借鉴学习其他成功经验时，也需要提出适应自身的解决方案。**

北京市朝阳区

1. 立足本地，构建特色产业结构体系

朝阳区已基本形成了以文化传媒为龙头，以高端会展、旅游休闲、设计创意、信息服务为主导，以古玩及艺术品交易、文艺演出、时尚消费为特色的多元支撑的产业结构体系，即"一个龙头、四个主导、三个特色"的产业结构体系，逐渐形成了以国家文化产业创新实验区为主轴，以奥林匹克公园文化体育融合功能区、大山子时尚创意产业功能区、潘家园古玩艺术品交易功能区为重点，以众多文化创意园区（基地）为延伸，错位、融合、协同的空间格局。通过实施产业高端化和梯次发展战略，全区文化创意产业不断优化产业结构，占据价值高端。科技含量高、创意程度高、附加值高的软件和信息技术、广告会展、文化休闲娱乐等行业收入占比不断增加。

2. 政策红利助力产业升级换代

2014年，国家文化产业创新实验区在北京市挂牌成

微评

★ 近年来，北京市文化产业发展迅速，十三年来文化产业年均增长16.1%，文化产业增加值占全市地区生产总值的比重为9.6%。文化产业已经成为首都经济发展的重要引擎。

立,实验区的核心功能区落户在朝阳区。实验区努力在文化产业发展的体制机制、政策环境、市场体系、金融服务、人才培养、发展模式等方面争取先行先试政策,集聚一批有影响力的文化创新企业,促进文化与科技、金融、商务等的融合发展。

3. "文化强区"推动创意空间转型升级

自2000年起,朝阳区开始通过财政补贴、资金奖励、贷款贴息等方式,引导旧工业厂房转型升级。像北汽齿轮厂的生产车间、京棉二厂的纺织车间、胜利混凝土建材厂的水泥筒,都在"腾笼换鸟"的同时实现转型升级,吸引着文创企业入驻。

上海:如何走上创意之路?

1. 促进对外开放:自贸区先行先试,加强国际合作

2014年,上海市开始落实自贸试验区文化市场开放政策,发挥国家对外文化贸易基地的示范作用。国家文化部牵头与上海共同组建了首个国家级对外文化贸易基地。截至2017年,园区内已经集聚了500多家企业,从文化装备生产到文化IP打造,涉及艺术品、动漫、游戏、影视等多个领域。自贸区充分利用保税区的独特优势,成功连接国内、国际两个市场,既能够引进先进国际文化产品,也能推动优秀的文化产品走出去,促进了文化贸易发展。

2. 细化空间布局,凸显集聚效应

《上海市文化创意产业发展"十二五"规划》提出"一轴、两河、多圈"的建设思路,形成了多重点、重细分的产业布局。2017年年末的"文创五十条"再次着重提

微评

★ 上海,是一座开放的城市。在这里诞生了中国第一个自由贸易区、第一个保税区,其制度创新与政策开放无疑成为了中国新一轮开放与发展的强劲动力,同样也为"文化+""+文化"的跨界融合发展提供了强劲的引擎。

到了上海市文化创意产业的布局，上海在吸收借鉴国外先进发展经验的同时，又立足本土特色，对文化创意产业进行规划布局。比如在影视产业方面，建设松江大型高科技影视基地，打造集人才孵化、影视制作和投资、影视取景拍摄等3类影视产业服务功能区；在动漫游戏方面，规划建设1～2个能够承接国际顶级电竞赛事的专业场馆，支持大型国际赛事落地上海，通过赛事推动本土电竞产业发展等。

深圳："文化沙漠"变身"文化绿洲"

近些年，深圳逐步探索出"文化科技""文化旅游"等发展新模式。"文化+科技"方面，通过发展数字、网络和软件技术等现代科技作为支撑，培育了腾讯、华强文化科技集团等以科学技术为依托、数字内容为主体、自主知识产权为核心的高成长文化企业。"文化+旅游"方面形成了锦绣中华、世界之窗、欢乐谷等知名主题公园。文化创意产业园区的集聚效应明显，为提升城市空间布局和城市形象起到重要作用。

截至2017年年底，深圳市已经下达专项资金超过26亿元，资助项目3034个。深圳市文化创意产业实现增加值2243.95亿元，增长14.5%，占全市GDP比重超过10%，产业增加值在七大战略性新兴产业中位居第二。深圳文化创意企业近5万家，从业人员超过90万，其中规模以上企业3155家。

依靠龙头企业引领，激活市场活力。深圳通过国内、国际招商、产业集聚吸引等方式，多渠道推动文化创意产业重大项目建设，并通过龙头企业的带动作用，培育起创意设计、动漫游戏、文化旅游、广告会展等多个具有杰出竞争优势的企业。截至2014年年底，全市的国家级高新技术企业达4742家。深圳目前拥有华为、中兴、腾讯、光启、华大基因、比亚迪等一批本土创新型企业，并且已经成长为国际知名品牌企业。此外，成功举办十余届的深圳文博会，不仅是广告会展行业的样板，更是文化创意产业发展平台，文化产业展示、交易和信息发布平台。大量的资金、项目、技术以及人才也汇集于此，有力推动了文化创意产业的发展。

微评

★ 2012年，杭州加入联合国教科文组织全球创意城市网络，成为全国首个公益和民间艺术之都。动漫产业、数字文化产业是杭州文创的优势所在。

杭州文创的发展模式

政府应如何作为？ 政府是为文创发展保驾护航的。在这里，政府不是要面面俱到、事无巨细的全面管理，而是要重点做好顶层设计，制度安排，为文化创意产业的发展创造良好氛围与发展空间。不论是《杭州市"十二五"文化创意产业发展规划》的宏观布局，还是杭州文化创意产业"两圈集聚、两带带动"的空间新格局，抑或是杭州市政企银合作推出的文化信贷担保产品，都体现着政府政策的导向性与撬动力。当然，在这一过程中，政府行为需要与时俱进，进而与产业发展不同阶段的特点相吻合，杭州专门成立的市区两级的文化创意产业管理办公室，就是制度创新的重要体现。

市场如何全方位盘活？ 第一，充分释放企业的活力，为企业发展提供支持，创造企业的成长空间。第二，通过对园区、集聚区、功能区的有效规划为文化创意产业的发展助力。第三，健全投融资支持体系。文化创意产业是资本密集型产业，资金是企业的根本血脉，而文化投融资体系则更是文化市场的重要组成部分。

人才如何为我所用？ 需要以人为本，长远谋划，战略部署人才策略，解决好人才关怀的"最后一公里"，这样才能够真正将文化创意产业的人才资源盘活，为我所用，真正发挥出人才，尤其是领军人才的"场效应"。不论是杭州市的高端人才引进计划，还是本地人才的各类培训项目，都是杭州市立足长远，将文创人才为我所用的具体体现，这都是值得借鉴的具有长远目光的举措。

南京经验：三大平台助力发展

南京市以文化集团作为平台抓手，推动大型企业朝着

集团化、国际化方向运作。如推进南京报业传媒集团的优化组合，通过现代企业化运作，积极推动公司做大做强。成功改制的企业还有南京广电集团、南京市文化投资控股集团、南京出版传媒集团，等等。其次，创新智库平台。南京市高度重视发挥智库对科学决策的重要作用，引领南京文化产业新发展。成立专门的文化产业专家委员会，并聘请国内顶尖专家，为南京文化产业发展建言献计，提供决策咨询。再次，创新市场平台。南京市通过打造交易平台、金融服务平台、公共文化服务平台等，充分释放市场主体的新活力。以金融服务平台为例，南京市依托南京市文化集团，按照"政府引导、市场运作、公共服务、多方共赢"的原则，组建了全国第一个具备综合功能的文化金融服务中心。

警署、监狱变身香港文创新地标,大馆的华丽转身带给我们哪些启示?

侯雪彤　谭腾飞

　　监狱一直是关押犯人的地方,但有些监狱在废止后居然被改造成艺术场馆,如魁北克城19世纪古堡监狱、香港前中区警署、关押过奥斯卡·王尔德的英国雷丁镇牢房等。始建于1841年的大馆,见证了近代香港的社会变迁。它曾是香港的警署、裁判司署和监狱重地,也是目前香港大型的古迹保护项目和地标性文化综合体。历经十年改造,香港大馆如何变身世界上最文艺的监狱?

　　在香港,戒备森严的监狱是社会高度法制化的象征,而以《监狱风云》为代表的监狱题材电影曾经见证着香港电影的辉煌。或许世界上没有哪个地方的电影像港产片那么频繁地表现警察和黑道主题,展现黑白正邪的较量。

　　在香港,有一个能满足你"警察梦"的好去处,这就是位于荷李活道的大馆。"大馆"是昔日香港人对于警察总部的旧称,其是由中区警署、前中央裁判司署及域多利监狱等共16座历史建筑构成的建筑群,占地1.36万平方米。

大馆的"前世今生"

从中环地铁站D口出来,沿着人流向高处走,走过一条长长的台阶,从奥卑利街的岔路就能进入中环大馆。虽然与外面仅仅一墙之隔,但是这里显然静谧很多。

进入警察总部大楼,就能看见大厅的侧面墙上有一块标志牌。这栋楼已经有了一百多年的历史,三次扩建的建筑过往被浓缩成几行字印刻在铭牌上。大厅一侧的墙面上还原了当时警察在此等待上司接见或升职面试时的情景。有不少警员会在这里站立等待,不敢坐下,担心弄皱警服,有失仪态。成为一位警察,身体素质、身高、视力和体能缺一不可。

沿着指示牌走下楼,能看到"关公驾到"的展览,其实不光是在警察署,香港的大街小巷,很多地方都能看见供奉关公的痕迹。关公代表着忠义诚信的精神,过去很多案件会在关公像前审判,一些孩童收养和结婚的重大时刻,也会在关公像前举行仪式,以表信守承诺,这是传统的忠义诚信精神在现代社会的延续。

除了极具大馆特色的文创产品之外,这里还有许多由香港本土设计师设计并制作的文创产品,如讲述香港文化的立体折页书,随手翻开,茶餐厅、大排档、便利店就会立体化地呈现在你眼前。

经香港赛马会的统一改造、招商后,沉睡的古迹因为餐饮、日用品零售、艺术品定制等商业业态的介入又重新焕发了活力。**据工作人员介绍,大馆里衍生产品主要是由这里的工作人员自己设计,有时会采取与知名设计师合作的方式。**业态涉及餐饮、服装配饰等,其中餐饮是最主要的盈利方式。

微评

★ 其实,在警察署放置关公是非常契合的,关公代表着忠义诚信,这与警察的品质密不可分,既能时时刻刻提醒警察的作风,也能由此形成监狱的特色风景线。

★ 其实,让这里的工作人员自己设计是非常具有生活化的一种方式,工作人员对这个地方最熟悉、最了解、最知道可以展示的核心点在哪里,有时候不经意的小细节就能打动人心。

穿过营房便是域多利监狱。这是英国皇家海军在1841年登陆香港后建造的第一座公共建筑物，它也曾经受过"二战"炮火的洗礼。修缮了一年后便重新启用，直到2006年，政府将关押在其中的罪犯转移之后才正式关闭。

这里曾经囚禁过越南领导人胡志明、诗人戴望舒等名人。胡志明曾这样回忆："囚室面积不值一提，只够人蜷缩而睡。头顶有一扇封着铁枝的半月形窗口，日间仅有些少光线射入""抬头只见细如手帕的天空，令人觉得置身井底"。

走过监狱操场，我们能够看到一座现代化的建筑在古朴的建筑群中"不太合群"，这是大馆当代美术馆，由瑞士事务所赫尔佐格和德梅隆设计，2018年上半年才刚刚竣工。值得一提的是，北京的"鸟巢"也是这家事务所的作品。

大馆当代美术馆计划每年策划并主办六到八个展览以及艺术相关的公共项目。新建筑下方的半地下空间原来是监狱的洗衣场石阶，现在也已经过修整成为一个半露天的活动场所，经常会有电影放映活动和演奏会举行。

1841年至2005年 域多利监狱

1841年1月26日，英军从现在的上环水坑口区域登陆香港。同年，英军在香港兴建的第一栋公共建筑物，便是大馆内的域多利监狱，既现在的大馆的前身。据讲解员介绍，彼时的域多利监狱中，九成以上是华人囚犯，只有极少数是欧洲籍士兵或水手。

2005年至2018年 活化改造期

域多利监狱在2005年底停止运作，2007年10月，时任香港特区政府发展局局长的林郑月娥将中区警署建筑群活化项目交由香港赛马会负责。此后，香港赛马会历时10年，斥资38亿港元进行了修复及保护等工程，由曾经设计过北京鸟巢体育馆的建筑事务所负责。据介绍，中区警署建筑群活化项目采用了最高的建筑修复标准，保留住九成以上的原建筑结构。**除了保留其原有建筑风格，还加入不少现代设计和科技元素。比如，在所有开**

放给公众的空间内都配有二维码讲解、数码拍摄道具、3D多面展示等多媒体互动装置。

微评

2018年5月 重新开放

据了解，大馆将分三个阶段开放，首批开放11座历史建筑，包括警察总部大楼、监狱长楼、沐浴楼、A至F仓等。在大馆，访客可以通过保留的古建筑和文物回顾历史，亦能透过展览、表演节目、教育和外展活动，培养对艺术的欣赏。同时，**大馆的公共空间和部分展览目前是免费开放的，香港市民只需提前在网上预约就可免费参观。**

★ 这是传统与现代结合的一种方式，把既有的传统的建筑风格保留下来，并古老的文化印记保留下来，然后把现代科技融入其中，通过多媒体互动装置等便捷公众的游览。

从监狱到文创地标，大馆的华丽转身带给我们哪些启示？

寻找现代与历史的平衡点

大馆是近代香港的重要历史地标，在活化改造的过程中既保留了原有的历史记忆，又融入了现代元素。

从外部建筑来看，目前大馆建筑群共有18座建筑，其中的16座是原有建筑的修复，两座是全新建筑即内设美术馆及当代艺术空间的赛马会艺方和内设演艺厅用作表演艺术、电影放映及教育活动的赛马会立方。**新老建筑的融合既保留和活化了历史的印记，也为大馆在现代社会发挥新的功能提供了空间载体。**

从内部改造来看，大馆的活化用现代创意的方式保留了很多它之前作为监狱的**特色元素**。比如，保留了包括15座监仓的域多利监狱，在这里设置了有不同故事的投影及声音效果，展示当时被囚禁者的日常生活；还有警察总部大楼以及监狱操场，这些场地除了最大限度保留原有风

微评

★ 名人向来是文化开发的重要内容，很多旅游地利用名人故居吸引游客，而大馆利用曾经关押过的痕迹进行开发，使游客对这些人的过去和历史岁月都有了一定了解。

貌外，也被活化用作展览及活动场地，活化后的监狱依旧保持当年原貌，室内也未安装空调，活化团队希望前来参观的游客能感受囚房冬冷夏热的环境，让人可以身临其境地走进历史。同时，**善于挖掘运用原有的历史文化资源**，比如对关押过的戴望舒和胡志明等名人的墨迹和故事进行开发。

在大馆的开馆仪式上，香港特别行政区行政长官林郑月娥说："从今天起，大馆将成为香港一个重要的文化设施，一个年轻人和艺术家聚集之处，一个让不同年龄段的人们回顾香港历史之地。"

大馆见证了香港社会的变迁。从一个集执法、裁判与囚禁的三合一建筑群，转化成为如今香港心脏位置的文化、历史、艺术的新的三合一中心。**"保育古建筑、活化城市历史"**近年来成为一股不可逆转的风潮，但城市中不同时代建筑的并存则是另外一种创新的思路。

业态多元化

目前的大馆除了是一个饱含历史记忆的文化地标，更是一个集餐饮、展示、办公、教育、文创衍生品销售于一体的大型现代文化综合体。其中包括一个可以容纳200人的表演艺术中心、一个室外剧场、一个放映室以及大量专为公共艺术准备的开放空间。比如，监狱操场被巧妙地从令人生畏的区域转变为一个致力于文化活动的新的开放公共空间，**增加新的艺术和文化项目是开放和激活老建筑的关键策略之一。**

创意主题活动集聚人气，承载公共文化服务功能

除了别具一格的新老建筑和丰富的业态以外，**大馆还**

运用自身的公共空间举办各类创意活动，进一步集聚了人气，也承载着公共文化服务的功能。

以重点展览《大馆一百面》为例，馆方在建筑群中的警察总部大楼内重建了旧时香港中环，将100个不同声音、故事融入互动展览，通过动画、行为艺术、影片及录音等方式将口述历史具象化，生动地构建出当年大馆内外的原貌。在"行大馆""逛大馆""入店铺""望中环"及"去茶记"等5个展区内，观众可了解到中区警署建筑群的历史岁月及中区老店的兴衰变迁。

还有目前正在进行的"关公驾到"的展览，也吸引了大量参观者。除了展览历史资料外，还将现代的技术和创意融入其中。比如数字化技术让关公"活了过来"。不同时期，不同地区的关公模样完全不同。参观者在电子屏幕上选择相对应的朝代地区后，投影仪便将那时的形象"投射"到立体雕塑上，原本平面的形象顿时活灵活现了起来。

从开馆至今，大馆已陆续开展丰富多样的文化、教育、娱乐活动。随着内部场馆的进一步开放，更多艺术展览、艺术设计师的入驻，这里的"文化味儿"变得越来越浓厚，并有望成为继红磡体育馆、香港文化中心、星光大道等场地后，下一个香港文化新地标。

微评

★ 大馆是一个特殊的公共空间，而在这里面进行公共文化服务，既出人意料，又让人感动，所谓创意，就包括公共文化空间的创意营造，通过向公众提供公共文化服务来服务公众。

10年拆除万余个，传统城市报刊亭该何去何从？

邢拓

随着数字化阅读、终端阅读时代的到来，一度作为大众传媒终端、文化传播窗口的报刊亭的数量正逐年减少。曾经"麻雀虽小、五脏俱全"的报刊亭为何难逃衰落的命运？当更高效更快捷的"拇指阅读""数字阅读"成为当今社会的常态，传统报刊亭还有"置之死地而后生"的转型可能吗？

承载着记忆与旧时光的报刊亭正在消亡

你有多久没有去过报刊亭了？还记得上一次去报刊亭买了什么吗？在不少"80后""90后"的心中，报刊亭是他们一代人集体的记忆和文化符号。连载小说《最小说》《小说绘》是"90后"钟爱的课外读物；《读者》《意林》《青年文摘》等杂志在中学生群体间轮流传阅；车迷喜欢看《汽车之家》，NBA球迷总是来一份《篮球先锋报》，时政读者不会错过每一期的《Vista看天下》。如果说，《英语周报》填充了我们的课堂，那么报刊亭一定填充了我们的童年和青春。

每天上下课或上下班的路上顺手买份报纸，成为很多人的生活习惯。除了报纸杂志，报刊亭还会售卖饮料冰棍、零食小吃、电话和网络游戏的充值卡，为过路人提供即时的便利，可谓是服务社区的微型便利店，麻雀虽小但五脏俱全。

在光怪陆离、众生喧嚣的时代，信息的传播不过在指尖触屏的一刹那。伴随着纸媒折戟，承载着几代人岁月和青春的报刊亭逃不过被拆除的命运。曾经密密麻麻分布在城市各个角落的报刊亭，它的数量正逐年减少。数据显示，2008年以来，全国共拆除了10000多个邮政报刊亭。以北京为例，2008年，北京市报刊亭数量达到高峰，共有2510座，五年后，仅剩下1484座，锐减近半。北京并非个例，上海、广州、南京等城市也面临着同样的问题。

报刊亭数量逐年减少的同时，读者群体也进一步流失。移动阅读、数字阅读的兴起，多数年轻人转而拥抱互联网。无边际的网络为阅读、求知提供了更多的可能，而坚守传统的老年群体，则成为报刊亭的守望者。目前，50岁以上的中老年群体是新闻报刊的购买主力，他们和报刊亭一样，都是当今社会的"夕阳一族"。

微评

★ 近年来，由于城市化建设与数字阅读的便利，报刊亭减少的趋势日渐明显，但是大众对于报刊亭的不在意可能是对纸质文字不在意的一种反映，如何保护、如何维持运作值得我们思考。

报刊亭消亡的原因

20世纪八九十年代，报刊亭开始出现在城市的各个角落。而报刊亭规模的进一步扩张与中国城市化进程的不断加快和报刊零售业的蓬勃发展密切相关。2000年后，报刊亭红火一时，迎来了它的黄金时代。近十年来，随着中文互联网络和数字阅读的广泛普及，报刊亭日渐萧条，在寻常巷陌难以觅其踪迹。**传统报刊零售业的寒冬已临，报刊亭的关张、拆除，纸质读物的停刊、告别，或可视为一个时代的终结。**

数字化阅读的冲击

随着数字化阅读时代的到来，人们的阅读方式、消费习惯正在发生改变。数字资源丰富、无边际、成本低的特点，迎合了年轻人个性化多元化的阅读需求。在这种趋势下，报刊亭贩卖的产品所代表的传统纸张阅读方式逐渐被人们摒弃。

受此影响，传统出版物出版量呈现出年年下滑的态势。以2017年为例，2017年全国期刊出版总印数24.92亿册，同比降低7.59%；报纸出版总印数362.50亿份，同比降低7.07%。以期刊报纸为核心业务的报刊亭，无法避免地陷入了颓势。

微评

★ 当年，初中生几乎人手一本《最小说》，被称为"青春伤痛文学"的郭敬明的小说好像没有人没看过，而现在，《最小说》停刊了。

近些年来，一批报纸杂志由于营收不善、管理失当、转型失败等原因，消失在了人们的视野中。2017年起，在年轻群体中风头无两的杂志《最小说》停刊，改版为选题书；处于第一梯队的纸媒《京华时报》纸质版休刊，引发了业界的热议和集体怀念。据不完全统计，仅2018年上半年，停刊或休刊的报纸便有20家左右。可以预见，在未来的一段时间里，如果传统媒体仍抱残守缺、止步不前，市场上还会有更多的期刊报纸迎来相同的命运。

报刊亭经营者收入微薄，难以为继

据央视主持人白岩松的调研数据，广州多家报刊亭日均收入不到100元，月收入3000元，而同期广州市最低工资标准为每月1550元。即便是如此低的营收，依靠的也是报纸杂志以外的附属产品。报刊亭功能业务不断扩大，食物、饮料和玩具一度担当起了报刊亭的主角，占据"C位"。曾有报刊亭档主接受采访表示，卖一瓶饮料的利润相当于卖六七份报纸。而夏天卖饮料的收入能占到报刊亭总收入的50%以上。

尽管报刊亭收入来源日趋多样化，但服务范围和对象毕竟有限，服务质量差强人意。随着复合型城市文化空间和人性化阅读体验概念的兴起，报刊亭原有的用户人群不断流失，报刊亭市场的光景势必一年不如一年。

新型文化空间的兴起，读者人群流失严重

在用户注意力有限且用户资源稀缺的情况下，谁吸引到用户注意力，谁就有可能在互联时代抢占高地，赢得读者群的信赖和支持。以报刊亭为典型代表的传统文化空间受到新型文化空间的挤压，生存空间进一步缩小。

城市街头文化空间的兴起，为城市文化地标的构建做出新的定义。近年来，许多城市街头涌现出一批微型自助图书馆。例如，北京朝阳致力于打造"书香朝阳"24小时自助图书馆。它们广泛分布于朝阳区的43个街乡，与传统公共图书馆错位运行，能提供图书预借、查询、数字阅读等多种服务。同时，与自助图书馆配套使用的移动端App还拥有5万册图书和3万集听书资源，能方便市民的数字端阅读。街头自助图书馆与报刊亭本质上都属于城市公共文化服务体系建设的一环。而自助图书馆打通了网络渠道，实现供应机构线上与线下的互补，显然更能适应时代的变化趋势，更具活力。

复合式文化空间的营造，则成为城市新的文化地标和"文青"的朝圣地。诚品生活、方所、西西弗书店等一批复合式书店的成功实践有力地回击了实体书店"唱衰论"。诚品生活能屹立图书市场三十年不倒，除了图书销售的业务收入，还依赖于影像制品、家居用品、画廊经营、艺术展览、文化培训、餐饮酒店、音乐表演以及物流建置等业态。在这里，复合式书店不仅仅是一间书店，更像是一个糅合着人文关怀与生活美学的综合体。

微评

★ 其实，报刊亭和图书馆、书店面临的问题具有相似之处，在数字时代之下，如何实现线上与线下的互补，适应时代变革，显得尤为重要。

微评

★ 现在的实体书店，大部分都不是单纯地阅读空间，而是加入了饮食、休息、游乐等各个方面的元素，努力打造服务综合体。

无论是遍布街头的城市文化空间，还是作为各大购物中心标配的新型实体书店，都在试图围绕着"阅读"的初衷，为消费群体提供普遍的人性化的服务体验。相比之下，报刊亭作为城市新闻与文化传播的窗口，却因其单一的业务和"熟人式"服务，让读者无形中产生"拒人于千里"之感。

报刊亭如何谋求生存与发展

就目前不少城市的报刊亭被拆除、整治这一现象，社会上出现了两方声音。一方认为，报刊亭已经不适应时代的需求和社会的发展，支持逐步拆除、淘汰；另一方认为，报刊亭是城市文化的体现，是现代都市一道文明的风景，应该着手进行改造与更新。笔者更认同后者的观点。报刊亭早已成为市民文化生活的一部分，构成了城市里最基本的阅读生态。一味地拆除，只能将报刊亭从地理空间上"连根拔起"，不能从根本上解决城市文化空间与市民阅读需求的矛盾问题。**报刊亭应该保留下来，破而后立，打造成新时代的人文之亭、智能之亭、艺术之亭。**

规划先行，建筑设计应体现城市文化特色

目前，国内许多报刊亭被拆除，原因不外乎有三，一是占道经营，影响到了周边交通运输的秩序；二是违法经营，报刊亭经营范围超出了营业执照范围；三是"脏乱差"，影响到了市容市貌。

针对占道经营的问题，应根据有关条例和政策进行整改，不应该一味地拆除，否定报刊亭的存在和其应有的价值。此前郑州实施"退路进店"政策，全城四百多座报刊亭被陆续拆除，有媒体称："郑州以厚重文化自称，却做了件最没文化的事。"

针对超范围经营的问题，一方面，经营者应当在核准登记的经营范围内经营，自觉承担相应责任，致力于打造思想舆论的传播阵地；另一方面，在新型文化空间层出不穷、传统报刊亭步履维艰的情况下，有关部门应该与经营者共同就扩大经营范围的问题进行沟通与协商，寻求问题的最优解。

在不少人心中，报刊亭与"脏乱差"画上等号，极大影响到周边环境与城市形象。在统一规划、统一建设的指令下，报刊亭的设计几乎无美感可言，统一的大字、绿色的铁皮、简陋的设施，便是我们对于报刊亭的传统印象。而在审美经济的作用愈发凸显的今天，报刊亭应该是功能性与审美性兼具的文化空间体。**在未来的建筑设计中，应考虑将其融入周边环境，使之相辅相成，通过精心设计，来体现出地方特色，为城市增光添彩。**美国纽约曼哈顿区有200多座报刊亭，每座报刊亭都融入了一定创意，独具特色，没有一处是相同的。

微评

★ 传统的报刊亭明显已经跟不上时代的步伐，与时俱进地进行创意设计与规划非常重要，每一座报刊亭都应该是独一无二的，它代表着一个小小地块的特色。

顺应数字化阅读趋势，打造智能型报刊亭

迎合数字阅读的趋势，以智能化的姿态重新回到公众舞台。与网络电商进行合作，打通电子阅读的渠道，走上自我转型升级的道路。广州在传统报刊亭智能化的道路上走在前列，顺应共享经济的热潮，打造无人智能报刊亭，只需一部手机，读者便可以完成借阅服务；搭建起公益平台，向市民、国内外游客免费推送岭南文化、广府美食、热门景点的咨询服务。与当前受到热捧的"朗读亭"合作，打造智能报刊朗读亭，为市民提供《背影》《再别康桥》等数百篇文章朗读的免费体验。实际上，近年北京、武汉、无锡等地相继推出了智能型报刊亭，主推综合性便民信息服务，受到市民欢迎。智能化并非报刊亭唯一的出路，但随着5G、人工智能等新技术的到来，这会是其走向未来的最合适的道路。

加强多元化人文服务供给，打造一站式服务空间与社交场所

在新媒体消息持续轰炸眼球的今天，不少人提出回归书本，回归传统的阅读方式。对于消费群体而言，报刊亭等线下文化空间不能被数字阅读取而代之的重要原因，是它能提供一种可视化场景化的阅读体验，这种体验是网络电商、数字阅读所不具备的。基于此，报刊亭应提供更为多元的人文服务，为读者营造一个书香空间，为社区的居民开辟一个休闲、社交的场所，为过路的游客提供一站式的人文服务。

巴黎报刊亭可谓是业界转型升级的样板。为了挽救报刊亭及报刊本身的颓势，巴黎市政府授权报刊亭业主出售纪念品、雨伞、非医疗性防护品。同时，为了促进报刊亭的商业竞争力，政府决定在报刊亭独家出售"给我讲巴黎"纸张系列产品，包括笔记本、明信片等，既能保证多渠道的营收，又在无形间传播了巴黎的城市形象。

报刊亭作为重要的城市道路公共服务设施，是城市形象的重要组成部分。每一座报刊亭，都应该当作一个独立的个体来进行设计与改造，避免"一刀切"。根据不同店铺的地理位置、周边人群的特征，适时调整策略，做出更为精准、个性化的服务定位。

总结

《全民阅读"十三五"时期发展规划》提出，支持实体书店、书报亭、高校书店等各类阅读设施的发展，发挥其促进全民阅读的公益功能。一座城市，需要包容更多的报刊亭，留住更多的人文地标。报刊亭作为城市的文化之窗，务必要在转型升级上多下功夫。迎合数字化阅读的趋势，提供更为多元化便捷化的服务，传达出文化空间应有的温度和关怀，这应是当前报刊亭转型升级所需要考虑的。

汲取国际文化发展新模式

变革时代下,要紧紧围绕建设社会主义文化强国,增强国家文化软实力的总体目标,不断加强文化软实力的顶层设计,才能有力地推进中华民族伟大复兴中国梦的实现。而实现这一伟大目标,既要着眼于国内实践,又要放眼于国际经验,从国际经验中汲取国内发展新模式。

日本、新加坡、泰国老旧厂房保护利用怎么做?

侯雪彤

【写作背景】目前,亚洲国家和地区在工业遗产的保护和利用上与世界其他国家和地区有所不同。从世界工业化进程的视角来看,亚洲属于工业后发地,工业发展的文化、理念、技术等大多从欧美国家地区引进。进入城市更新阶段后,工业区转型和腾退也有各自的历程。究竟日本、新加坡、泰国等亚洲国家在老旧厂房保护利用方面有何值得学习借鉴的经验呢?

微评

★ 要保护弘扬中华优秀传统文化,延续城市历史文脉,保护好前人留下的文化遗产。要结合自己的历史传承、区域文化、时代要求,打造自己的城市精神,对外树立形象,对内凝聚人心。

2012年11月5日,国际工业遗产保存委员会(TICCIH)在中国台北举行大会,这是TICCIH第一次将例行大会移至亚洲城市举行,可见亚洲工业遗产的保护和利用日趋受到世界的关注。会议上国际工业遗产保护委员会指出了亚洲工业遗产的特点,即"强烈表现出人与土地的关系,在保护的观念上应该突出文化的特殊性和创新性"。这一特点也贯穿在亚洲各国家和地区对于老旧厂房等工业遗产保护和利用的实践中。

新加坡克拉码头：绿色可持续创新的典范

新加坡国土只有700平方公里，人口却接近500万，因此在城市规划方面必须精心考虑土地用途，比如依照经济和人口发展需求来划分工业、住宅、娱乐及社区用地，以满足新加坡人口短期和长远的发展。2009年新加坡发布《可持续发展总蓝图》，在此背景下政府将拨款1亿新元推动"绿色标志奖励计划"，对建筑物的环保改造工程提供补贴，从而使至少80%的建筑在2030年之前达到最基本的绿色建筑鉴定水平，减少35%的能源消耗。**在对工业遗产的保护和利用的问题上，新加坡依然坚持了绿色可持续的发展原则。**

新加坡克拉码头位居新加坡河口地区，总占地仅有50多亩。这里曾经是新加坡城市起源的海上商贸货运交易之地，因新加坡第二位总督安德鲁·卡拉爵士而命名。20世纪60年代凯德置地从政府购得产权，并耗资8500万新币进行保护性改造、开发，新建的历史文化休闲街区于2006年底完工。在业态方面，"餐饮45%、文化娱乐20%、酒吧20%、零售4%、加之少量办公"的架构形成了如今的新克拉码头。

克拉码头是由五座拥有超过60间老仓库和厂房的建筑所组成，在修复保护旧建筑的同时，根据现代城市的需求对建筑空间外部色彩、灯光、景观进行了现代创意设计，呈现出传统与现代的对话和协调融合。比如，将老仓库建筑砖瓦材料与玻璃（配合以大面积的钢框架）、塑料顶棚等相结合，如此突兀的材质强烈对比，正是克拉码头乐

微评

★ 在老旧厂房的利用保护过程中，应该注重思想的上的解放，从多种角度思考开发的方向。切记不可将目光局限于传统的空间利用上，应该注重打破常规。

于呈现的一种现代与传统的碰撞。**国内类似的工业遗产和老旧厂房开发及利用大多数都强调"保护优先""修旧如旧"等原则，较少将老旧厂房的建筑格局和风貌完全打破。**

新加坡向来重视环境保护，被誉为"花园城市"。由于特定的地理环境，新加坡一年四季炎热、多雨气候，因此克拉码头的开发充分运用现代环保科技，实现对微环境的改造。比如，克拉码头喷水池内的水全部来自于地下，温度保持在16摄氏度，当河面的风吹拂而来，码头的温度会瞬间下降。克拉码头摒弃了将产生巨大能耗的露天空调降温，采用了被动式环境控制法，在尽可能降低运行能耗的条件下，创造出适宜的室内环境，在这里我们看到了新加坡人的"环保心"。

微评

★ 因此，工业遗产的保护和利用，从资源重新优化配置的角度来理解，政府是推动相关工作展开的合适主体。

日本富冈制丝场：整合多方力量

地方的发展，有赖于资源使用效率的提升。早在1988年6月，日本文化厅就意识到这一点，发布了《我国的文化与文化行政》白皮书，重点指出了国土开发与产业遗产保护之间的矛盾。1990年开始，文化厅主持了日本近代化遗产的综合调查，从近代化这一视角入手，进行遗产普查，其中就包括了记录日本近代化历程的工业遗产，调查至1999年才初步完成。2008年以来，日本文化厅又开展了文化艺术创造城市、文化政策评价等一系列的调查研究工作，确认对工业遗产的保护状况。同时日本经济产业省于2007年、2009年总计公布了66处"近代化工业遗产群"，以及1115处个别认定遗产。近40年来，日本的工业遗产保护与利用从无到有，从理论到实践均取得了长足的进步。

日本工业遗产保护利用的最具代表性的案例是位于日本群马县的富冈制丝厂，它是日本第一家官营的制丝示范厂。工厂的生产经营活动一直持续至1987年，此时日本的产业布局逐渐倾向于高附加值的工业产品，且因为生丝价格低迷等原因，工厂只得停业。工厂区保存了自明治时期至战后的大量工业建筑以及配套的工人生活设施，尤其是明治时期的工场建筑，日本全国能完整保留至今也仅有富冈制丝场。2014年，群马县富冈制丝厂及近代绢丝产业遗迹群被列入世界遗产名录。

片仓工业在工厂停止运营后，采取了不出租、不转卖、不破坏的政策，将厂区划归片仓集团下的不动产部经营。但纯粹地保存这一工业遗产，成本巨大。片仓工业每年为此需支付固定资产税2000万日元、维护费用1亿日元，这成为集团的一个沉重负担，因此片仓集团开始了对其进行开发和利用。

老旧厂房对于企业来说是"负担"，但是对于地方政府来说可能就是文化"富矿"。2005年片仓工业将富冈制丝场捐赠给地方，其中制丝场建筑全部无偿赠予，土地则采取有偿转卖的方式。片仓工业完成了工场遗迹保护的历史任务，同时也卸下了一个沉重的开支负担，将资产转让至能让其更好发挥社会效用的所有者手中，地方政府开始正式接手富冈制丝场的工业遗产开发任务。通过产权的灵活转移，资源重新得到了优化配置。

在将工厂转接后，政府将原先的老厂房改造为产业观光学习馆并引进了富冈制丝厂同好协会、富冈制丝厂世界遗产传道师协会。产业观光学习馆致力于观光服务人才的培养，例如对旧时产业技术解说人员的培养。同时，产业观光学习馆还会举办相关的讲座和交流活动，比如已举办多次"绢产业遗产群解说者养成讲座"。富冈制丝厂同好协会编绘了与福冈制丝厂历史有关的短剧，为孩子们进行解说表演，并定期组织会员义务清扫制丝厂以及开办制丝厂观光周边产品连锁店。

由此可见，日本的工业遗产保护利用的主要特点就是政府主导，同时着重整合多方力量。比如，在本案例中富冈制丝厂最初是由政府牵头建设的官营工厂，工厂实现稳定生产后，政府将富冈制丝厂转制为民营。当富冈制

微评

★ 工业遗产的物质形体和文化内涵，形成于城市化的过程之中，工业遗产的保护和利用问题，又伴随着城市的更新而产生。因此，政府在老旧厂房的利用开发中应更多地发挥引导作用。因为它是整个塑造整个城市形象的关键一环。

★ 在老旧厂房的利用中，创意作为不可或缺的重要一环。倘若创意能够很好地与老旧厂房相结合，那么将发挥"1+1>2"作用。

丝厂完成其制丝的历史使命并转型为工业遗产时，政府再度成为第一推力。在转型渐趋成形之时，政府又引入各种民间力量参与经营，充分调动起相关人力资源，扩大工业遗产社会价值的散播范围，令相关人士各取所需、利益均沾。在两次开发中的共性，与其说是历史的巧合，不如说是日本在进行产业结构调整、资源优化配置中的一种成熟战略，值得我们进一步探究和借鉴。

泰国果酱工厂——创意设计的试验场

2004年泰国工业部开始推动的曼谷设计之都计划，以举办专业展览的方式，行销推广泰国的设计产品，以及把泰国设计师推向国际时尚舞台，并将曼谷定位发展为全球时尚设计的连接点。2010年泰国政府更进一步施行创意泰国（Creative Thailand）计划，从基础设施、教育、社会意识、产业等面向，全面推动创意设计产业的发展。在这样的政治和社会背景下，**泰国在老旧厂房的保护和利用过程中最突出的特点就是对创意设计的重视，无论是从园区外部形象还是内部业态来看都渗透着创意设计的元素。**

比如近两年泰国最具人气的文创空间——果酱工厂（The Jam Factory）。这个工厂并不生产果酱，它原本是一个泰国曼谷唐人街附近废弃了近三十年的老厂房，后由泰国著名设计师Duangrit Bunnag买下并改造为创意办公空间，成为一个集餐厅、咖啡馆、画廊、书店和文创店于一身的综合空间。

建筑师在三栋厂房仓库分别规划设立了对外开放的书店/咖啡店、自家家具品牌展场、艺术展览空间。目前入驻的店铺包括Duangrit Bunnag建筑师事务所、The Jam

Factory Gallery果酱厂画廊、Library Café 咖啡馆、Candide文创书店以及Anyroom创意家居商店等，从这些入驻店铺的选择上也可以看出其对于创意设计领域的偏重。除此之外，The Jam Factory也出版了介绍文化、流行新资的同名免费杂志给大众取阅。这里每个月的最后一个周末还会举行市集，让创意人分享设计灵感。**新鲜血液的加入，使这个原本被废弃淘汰的老厂房变成了年轻人的创意设计试验场。**

【延伸阅读】北京举行《保护利用老旧厂房拓展文化空间指导意见》（以下简称《意见》）发布会

在深入调研论证的基础上，《意见》聚焦老旧厂房保护利用中的痛点难点问题，制定了六条具体政策条款，是《意见》的重点核心内容，也是最主要的创新和亮点。

第一条，关于保护利用标准问题。《意见》提出要按照分级分类标准开展保护利用，针对不同区域、不同遗产价值的老旧厂房及工业设施提出了不同要求。

第二条，鼓励非营利性公共文化设施建设。提出利用老旧厂房改建、兴办文化馆、图书馆、博物馆、美术馆等非营利性公共文化设施，依规批准后，可采取划拨方式办理用地手续。

第三条，支持发展文创产业项目。根据国家有关政策规定，提出实行5年过渡期政策。具体来说，是指在不改变原有土地性质、不变更原有产权关系、不涉及重新开发建设的前提下，经认定批准，可在5年内继续按原用途和原土地权利类型使用土地，暂不对划拨土地的经营行为征收土地收益。过渡期满或涉及转让的，可按新用途、新权利类型、市场价，采取协议出让或长期租赁、先租后让、租让结合等方式办理相关用地手续。这条措施将有效降低企业运营成本。

第四条，破解改造"审批难"问题。老旧厂房转型文创项目，如变更用地性质，高额的土地出让金会让企业难堪重负；不办理变更，后续改造中立项规划、建设施工、安监消防等一系列手续又难于办理。"两难"之中，给企业带来很大困扰，也容易造成一些灰色地带。《意见》提出通过"允许临时变更建筑使用功能"来解决审批困境，并明确了有关申报办理程序。老旧厂房产权单位，或经产权单位授权且取得五年及以上经营权限的运营主体，可通过以下程序申报办理：

首先，申请主体编制《项目保护利用综合方案》；

第二，申请主体提交保护利用申请，由项目所在区会同市相关部门联合评估后，报市文创产业主管部门备案，对评估合格项目，项目所在区出具允许临时变更建筑使用功能的认定意见；

第三，申请主体依据认定意见，按照相关行业审批管理程序报审并组织实施，各审批部门参照改造后的建筑使用功能属性进行审核、验收和监管。

同时也规定，项目涉及国有土地上房屋征收的，按本市有关规定执行。

这条措施对老旧厂房改造利用从政策上进行了创新突破，从程序上予以规范明确，是《意见》最核心条款。有了这条政策，老旧厂房文化再造的通道就真正打通了。

第五条，按要求对建筑内部空间调整。结合老旧厂房特点和市场实际需求，提出在不改变原有土地性质、不变更原有产权关系、保证消防和结构安全等前提下，可按要求对建筑内部空间适当调整装修，提高厂房使用效益。

第六条，加强工商登记注册支持。对暂未取得房屋所有权证的项目，以及经市相关部门确认的文创产业功能区内示范园区、文创小镇、文创街区、文创空间的入驻企业，在工商登记注册方面将予以支持。

（资料来源：中华人民共和国国务院新闻办公室，http://www.scio.gov.cn/XWFBH/gssxwfbh/xwfbh/beijing/Document/1626994/1626994.htm）

究竟是怎样的人才培养模式成就了日本动漫传奇?

李晓飞

【写作背景】日本是世界上动漫产业最为发达的国家之一，目前已形成以动漫创意为起点，以漫画为基础，以动画为中游，以衍生产品为末端的完整链式结构。日本动漫产业之所以能取得巨大成功，与其科学完善的人才培养体系有着密不可分的关系。

日本动漫产业人才培养模式

日本是全球动漫行业的领军者，其动漫发展模式具有鲜明的民族特色而不失创新和吸引力，不仅为其赢得全世界的掌声，更成为现代日本文化史上最为出彩的一笔。据统计显示，日本动漫产业年营业额达90亿美元，动漫产业产值占日本GDP的比重超过10%，已经成为日本经济的支柱产业之一，其产业链涉及动画、漫画、游戏、音像制品、玩具、服装等方方面面。目前，全球播放的动画节目约有60%为日本制作。日本动漫行业的成功，不仅是政府重视、行业创新的结果，更与其科学、完善的人才教育培养模式息息相关。那么，究竟日本是以怎样的动漫人才教育模式来支撑这个庞大产业的呢？

学校教育：方向明确，培养实用性人才

日本动漫人才培养主要有学校教育和社会教育两种方式，其中学校教育是日本动漫人才培养的一支重要力量，学校教育主要分为两个部分：一是大学教育，以东京工业大学和京都精华大学等综合性大学为主；二是职业学校教育，以代代木动画学院等综合性动漫艺术院校为主。

综合性大学更加强调动画与媒体的结合，将其视为不同数字艺术领域的创作手段。 以东京工业大学为例，动漫、游戏开发等媒体艺术专业课程旨在培养为多种媒体服务的专业性人才。从它开设的娱乐媒体、商业传媒、生活多媒体三大主干课程来看，其目的在于培养学生的艺术创造性，使他们能够利用先进设备熟练地制作多彩的数码媒体作业，如基于网络平台的电子交易，教育、文化、公共服务等领域的交互信息艺术设计平台开发等，此类课程在日本社会各领域应用广泛。

专业性动漫职业院校则以培养实用性人才为主。 一是对专业方向进行详细的划分，许多学校设置诸如漫画插图、数字漫画、漫画原创、动画剧本创作等众多专业方向。二是在明确专业的基础上，培养优秀实用性人才，通过几年的专业学习使学生明确未来就业方向。同时强化实践性学习，对学生的实践性学习给予学分认定，并要求学生在校学习期间，必须到动漫企业等单位实习方能毕业。

社会教育：灵活多样，培养行业后备军

在日本，社会上举办的各种形式的培训学校、培训班及讲座是日本动漫人才培养的关键力量，动漫社会教育培训主要有以下几种办学模式。

一是私立动漫培训学校。 动漫培训学校多由各种补习

微评

★ 学校开设动漫专业，在某种程度上促使动漫作为一种专业教育得到社会的认同，有利于动漫后续的长足发展。

★ 社会力量的参与，可以更好将学校与企业需求相结合，学生将有机会接触到动漫产业制作一线，在学校学习过程可以不断提升学生的创作理念，目光将始终聚焦在行业一线。

学校经营，定期开设各种形式的动漫培训班，这些培训学校不仅拥有大量先进的计算机及相关数字设备，还重金聘请漫画家或动漫大师担任教学工作。

二是电影厂或出版社举办的各种培训班。例如，东映动漫研究所十几年来一直致力于动漫人才的培养，此类学校最大特点为采用边实习边学习的方式进行动漫人才的培养，学生直接成为企业的后备力量，参与企业相关的动漫创作及生产。

三是各种形式的漫画教室。这些漫画教室多由某一个地区或社区举办，或是由漫画家个人不定期举办的小型培训班，如日本著名漫画家手冢治虫家乡冈町在2004年8月就曾举办过"漫画教室"的初级讲座。

四是函授教育。在日本的函授教育中开设有"漫画家培训函授讲座"，通过函授教育来培养动漫人才。各种基金会或国际动漫展也会举办动漫讲座，如东京国际动漫展每年都会举行各种形式的动漫专题讲座。

虽然日本动漫社会教育卓有成效，但是诸如吉卜力工作室等知名动画家工作室的人才培养机制尚不完善，有前吉卜力成员称吉卜力制作的动画就两种，"宫崎骏监督的动画"和"高畑勋监督的动画"，个人想法不被重视，缺乏对年轻人才的传承和培养。

政府、财团与基金会资助培养人才

东京是日本动漫产业最发达的地方，绝大部分漫画出版社和动漫制作公司都集中在东京地区，因此，东京又集中了日本全国大部分的动漫人才。东京地方政府非常重视动漫产业的发展，制定了一系列鼓励和扶持动漫产业发展的政策，并为动漫产业的发展提供巨大的财政支持。早在2009年日本东京练马区就投入4600万日元用于扶持动漫企业发展，还设立基金会来专门支持包括从事动漫制作在内的内容生产人员的培训与培养，如2002年秋季启动的"杉并动漫匠塾"人才培训计划，就是在地方政府大力支持下开展的动漫专业人才培养事业，该计划能够为从事动漫工作的人提供在动漫制作企业进行培训的机会。

除了政府支持，日本动漫人才培养得到了许多财团或基金会的资助，尤其是对动漫新人的培养更是离不开财团或基金会的帮助。如日本上月体育·教育财团就制订了"漫画家与数字游戏原创作者培训计划",为有潜力的动漫新人提供奖学金或助学金,资助他们的学习和作品创作。

校企合作,搭建产学研一体化平台

日本动漫产业的产业化程度非常高,学校对学生的培训教育不仅要考虑作品的文化内涵,还要注重市场需求,要使学生能够符合企业用人的需要,因此,学校教育除了注重理论学习外,更注重搭建社会实践平台。例如,由日本知名企业投建的数字好莱坞大学为学生搭建了众多岗位实习平台。同时,学校通过校企联动、有机结合,使得产、学、研形成一体化链条,不仅实现了校企共赢,更能确保学有所用、学以致用,促进行业持续良性发展。

日本动漫人才培养的启示

日本的动漫教育与其相应的产业发展具有强烈的联动效应,既有高端创作型人才培养模式,亦有应用型的制作人才培养方案,层次分明、衔接合理,形成了科学完善且适合产业发展需求的动漫教育模式,对于我国动漫人才培养具有极强的借鉴意义,我们要认真反思,寻找差距,取长补短。

明晰培养计划,区别培养目标

对照上述日本动漫人才培养模式,国内高校动漫专业应认真研究并形成清晰的人才培养定位。目前,我国并不缺乏动、漫、游创作的制作型人才,而是缺乏处在上游的

微评

★ 动画大师加入师资队伍,使学生在理论知识之外,能够更加直接地了解动漫产业的"现在",将学生的兴趣爱好与动漫产业的发展实际有机地结合在一起,提高了动漫专业人才培养与动漫产业发展的切合程度,从而提升动漫人才培养的整体质量水平。

★ 高校要深化教育观念,合理地调整动画专业课程结构,培养应用型创新人才,不要一味地将学生规划在统一的课程要求上。课程设置上应该更加灵活。

高端创意、编导、项目管理等方面的人才及处在下游的市场营销、国际授权和代理等方面的人才。完善动漫人才培养分担机制，积极利用高等教育、职业教育、成人教育、现代远程教育等方式，**培养相应的不同层级的动漫人才，这是日本动漫教育模式给我们的第一个启示。**

研究产业趋向，变革教育思路

在日本，导师在指导学生做动漫研究课题前，会先指导学生做大量的调研规划，分析社会需求，总结发展规律，从而快速地定位动漫教育目标及创作方向，而我国动漫教育缺乏这方面的研究。未来我国动漫教育要想实现与产业有机结合，就必须认真研究市场，按照市场需求和动漫产业发展趋势，研究动漫受众的审美情趣及文化偏好，**从而引导创建适合中国动漫产业发展的教育模式，这是日本动漫教育模式给我们的第二个启示。**

理论结合实际，重塑校企合作

日本动漫产业的成功之处就在于产学研转化力度强，学生直接成为企业的后备力量，参与企业相关的动漫创作及生产。为此，国内高校应积极借鉴这一方式，依托企业的经济实力和市场目光，通过让企业投资或设立奖学金等方式，让其参与到教育和人才培养中来，从而将尖端技术及社会市场元素进一步融入学校理论知识的熔炉，使学生提早接触行业就业及行业发展的相关信息，**进一步确立自身的发展定位，进一步满足企业的用工需求，促进行业的良性健康发展，这是日本动漫教育模式给我们的第三个启示。**

微评

★ 我国高等院校动画专业人才培养模式存在的问题就是过于专注于理论学习，学生在校学习的内容与社会市场需求脱轨，造成毕业后无法直接进入企业工作。这种供与求不平衡的现象，充分反映出我国高校动画专业人才培养和动漫产业发展都面临着严峻的时代考验，二者必须有机地相互融合，企业项目化管理模式走入高校课堂，高校科研功能可以解决企业生产需要的原创动力。

美国、荷兰、加拿大的运河保护、利用怎么做?

侯雪彤

【写作背景】我国的大运河时间上跨越两千多年,空间上地跨数千公里,支撑了世界上历史最早、距离最长的内陆连续水运。时至今日,大运河已不再单单是水利工程,也是承担着文化传承和交流的重要遗产。那么,未来应如何妥善处理好保护利用的关系、遗产管理与水利航运管理的关系、文化功能与航运功能的关系?美国、荷兰、加拿大等国的运河保护开发如何做呢?

美国:法案先行,保护与可持续利用相结合

伊利运河位于美国,是世界第二长的运河,开凿于1817年,其兴建与改善工程一直持续了100多年。它通过哈得逊河将北美五大湖与纽约市连接起来,属于纽约州运河系统。**伊利运河全长为584公里,共有83个水闸,最高可以行驶排水量68吨的平底驳船。**伊利运河是美国第一个提供东海岸与西部内陆的快速运输途径,19世纪动物拉动的拖车是主要的运输方式,运河航道则高效便捷得多,同时还将运输成本减少了95%。

**纽约作为港口城市在资本积累初期对航运十分依赖,伊利运河强大的运输能力成就了纽约这个国际大都市的繁华。虽然在21世纪的今天，面临航空、铁路、公路运输的竞争，伊利运河的航运功能逐渐居于下风，但是为了充分开发伊利运河的历史文化价值，为区域经济的增长再添动力，美国政府以《伊利运河国家遗产廊道法案》为基础对其进行了全面的保护和开发。

2000年12月，美国国会通过了《伊利运河国家遗产廊道法案》，其保护对象包括伊利、卡普兰、卡尤加塞内卡和奥斯威戈的843公里的通航运河、阿尔巴尼和布法的废弃运河段落，以及塞内卡和卡尤加等通航湖泊；保护范围覆盖了运河沿线的234个市镇。

法案肯定了伊利运河在美国的发展进程中所起到的积极作用，同时强调了对该廊道的保护与利用将在历史、文化、娱乐、教育和自然资源的保护等方面具有"无与伦比的民族意义"。同时，政府基于法案对运河的具体保护利用的措施有：

在历史遗迹保护方面，对包括运河、附属建筑物、船舶等相关遗产，文件、图片等物质文化遗产以及与沿运河地区民俗、艺术等相关的非物质文化遗产进行保护。根据具体对象的不同，保护方式也有所区别，有的维持现状，有的尝试恢复原状，有的则要求与当地政府的经济决策相适应。

在自然资源保护方面，本着可持续发展的原则，以水质保护和植物群修复为核心，以设置缓冲带、清除污染源、预防外来物种入侵等方法来实现生态系统的恢复。

在旅游开发方面，旅游业在纽约州的经济结构中一直扮演着重要的角色，但2006年以前的各类旅游规划并未将纽约州运河系统作为重要的独立旅游产品。因此，近年来

微评

★ 对历史与文化资源保护的首要策略是建立元素尺度上的保护设计导则，即涉及的遗产单体和沿线聚落、自然保护地等廊道资源保护导则的制定。

★ 旅游业作为促进城市转型发展的重要产业支柱，在大运河的保护利用中，可以发挥更加强大的作用。不仅可以带来良好的经济收益，同时也可以提升云和的知名度，更好地促进大运河的保护。

伊利运河遗产廊道旅游开发的核心在于将独立的遗产旅游、自然资源保护、户外休闲游憩、遗产解说教育活动等加以整合，形成品牌效应，**比如建立统一的伊利运河国家遗产廊道发展平台**。同时关注遗产廊道的可持续性，在资源保护和地方经济增长之间寻找平衡，不仅创造良好的游览体验，而且提升当地居民的生活质量。

同时伊利运河国家遗产廊道还构建了非常完善的解说系统，在最大程度还原伊利运河丰富的历史文化内涵。在廊道建立之前，各个遗产点的解说内容和媒介较为混乱，为了帮助这些团体更好地沟通，同时使得廊道整体层面的教育功能更加高效，政府还组织建立了一个清晰的层级解说系统。**这一点在满足人们游览需求的同时，无形中保护了伊利遗产廊道的一些非物质文化遗产内容。**

荷兰：保护开发与城市文化品牌建构相结合

阿姆斯特丹的运河总长度超过100公里，拥有大约90座岛屿和1500座桥梁，使得该市被称为"北方的威尼斯"。三条主要的运河为绅士运河、王子运河和皇帝运河。运河带开挖于17世纪的荷兰黄金时代，组成环绕城市的同心带，称为运河带，主要运河沿线有1550座纪念建筑。

如今，运河已是阿姆斯特丹的一大旅游胜地，每年有超过500万的游客。根据阿姆斯特丹旅游会议发展局的数据，38%的游客到阿姆斯特丹参观的是其文化、历史、市中心和运河带。乘坐观光游船，顺着运河领略水城风光已经成为各国游客参观阿姆斯特丹的经典项目之一。

不同于世界上大部分运河的建设初衷，阿姆斯特丹运河的开凿并不是为了航运，而是城市生活的需要。因此其沿岸分布着密集的住宅区，**也由此催生了阿姆斯特丹最具地域特色的"建筑"——船屋。**

这些船屋固定在岸边，其出现的原因是过去穷人住不起陆地的房子，只能用旧船改造船屋以满足居住需求。船屋在阿姆斯特丹有大约2000艘，很多船屋的历史已有100年甚至更久，阿姆斯特丹最古老的一座船屋可以追溯到

微评

★ 创意在大运河保护过程中，可以更好地将人类智慧、自然生态与社会生活相结合，最大程度上发挥创意对于三者的整合作用，同时又不破坏整体的景观。

1840年。过去一个世纪以来，运河失去了运输功能，旧船屋也逐渐丧失了居住功能，大多数被改造成了改建为小型博物馆、画室、酒吧以及民宿，成为阿姆斯特丹新的城市文化符号。

除了运河景观等城市文化符号，运河相关节庆活动也是阿姆斯特丹运河城市文化品牌建构的重要组成部分。比如每年8月11日至20日持续十天的阿姆斯特丹运河音乐节，主办方会在运河上搭建一些浮台，观众们坐在河边就可以欣赏表演。音乐会的表演日程安排十分密集，10天的时间里有超过150场音乐会上演，举办地点多种多样，如花园、屋顶露台、游船、传统运河房屋、隧道等。门票的价格也十分优惠，甚至有许多是免费。音乐节的时间与当地的旅游旺季时间相重合，因此虽然门票免费，但是可以进一步帮助城市集聚人气，打造高质量旅游目的地，产生周边消费，从而获取经济效益。

加拿大：完善保护管理规划，推动旅游产业发展

加拿大里多运河，建成于1832年，全长202公里，由渥太华延伸至金斯顿。里多运河包括47个石建水闸和53个水坝，是19世纪工程技术的杰出代表。目前它的绝大部分设施都还保持着170多年前的风貌，2007年入选世界文化遗产名录，联合国教科文组织对它的评语是："它是美洲大陆北部争夺控制权的见证。"

里多运河始建之初是用于军事目的，19世纪中期后主要用于商业运输功能，甚至替代了圣劳伦斯河(St. Lawrence River)，成为美洲大陆北部的商业和战略的重要通道。随着旅游业的发展，运河目前已经成为当地人们休闲娱乐的场

所。里多运河目前由加拿大文化和自然遗产地管理的专门机构——联邦公园管理局全权管理，每年维护费用达1900万加元（约合1768万美元）。

在联邦公园管理局的主导下，里多运河管理规划1990年开始编制，1996年编制完成，2005年重新修编。规划的目的是为了建立运河遗产长期的、战略性的保护和管理目标，制定公众参与基础上的法律政策框架，确保遗产的完整性，指导公共利用的合理性。此外，加拿大政府在每六年一次的报告中将重新评估和更新规划。同时，在规划中对运河遗产的展示、游客服务设施、遗产旅游与休闲娱乐、合作与公众参与等内容都有明确提及。

纵观里多运河保护利用的历程，最具代表性的就是"缓冲区"概念的提出。目前，我国大运河保护和开发的相关规定中也有类似的缓冲区和遗产区，但是由于沿途8省市的情况不同，缓冲区的范围设定也有所不同。加拿大现行规划政策规定除了码头外，河岸两边的建设必须后退30米，30米宽的缓冲区内不允许建设新建筑物。目前运河两边95%的地段的建设做到了这一点，有近5%的地段没有退后，是因为在30米规定制定之前所建。

保护的目的是开发，开发的基础是保护。里多运河完善的保护管理规划为运河的后续旅游开发打下坚实基础。2008年加联邦公园管理局、安大略省以及渥太华和金斯顿等城市宣布将联手推出"运河遗产旅游线路"，提供运河游艇休闲观光、沿途住宿购物等一条龙服务，这意味着对里多运河旅游资源的开发进入了全域整体性开发的阶段。

里多运河旅游开发最具代表性的项目是渥太华冰雪节。将冬季的运河用做室外滑冰场的奇思妙想源于1970年，是时任加拿大国家首都规划委员会（NCC）主席道格拉

微评

★ 活化保护才是大运河保护的正确原则。在生产中保护，在保护中发展，要平衡好二者的关系。

斯富尔顿先生（Douglas Fullerton）的提议。那年冬天，他派了一队人马清理结冰后的里多运河上的积雪，随即民众发现了在运河上滑冰的乐趣，自发形成了第一届里多运河滑冰活动。随着几十年的发展和完善，现在人们不仅可以在世界上最大的里多运河溜冰场上（Rideau Cannel）参加传统的溜冰、滑雪，还可以观赏国际冰雕比赛，参加富有民族特色的美食节和文化节。发展至今，每年有近百万的游客来此体验，极大地推动了当地旅游业的发展。

微评

★ 大运河保护不仅强调了遗产保护的文化意义，而且强调了其生态价值和经济性，其目标是包括遗产保护、休闲、教育，生态功能在内的多赢战略。

他山之石如何攻玉

从美国伊利运河来看，法案对于运河的保护和利用具有重要意义。**针对目前国内现有法律法规无法全面涵盖大运河文化带建设面临的问题，不少地方呼吁制定专门的《大运河保护条例》**，对大运河保护的基本指导思想、基本原则、主要内容、监督检查以及法律责任等做出明确规定，在根本上推动大运河工作走上法制化、科学化、规范化轨道。

从荷兰的阿姆斯特丹运河和加拿大里多运河来看，品牌节庆活动对于运河城市文化品牌的建构和旅游产业发展具有重要意义，**相比于威尼斯、阿姆斯特丹等世界知名运河城市，我国运河城市的世界影响力还不足。**虽然扬州先后成立和举办了世界运河历史文化城市合作组织(WCCO)和2017世界运河城市论坛，但是缺乏世界性运河文化节庆活动，因此国际影响力和关注度不足，未来可以在这一点上重点突破。

寓教于乐，日本、美国的"研学游"怎么做？

侯雪彤　曹峰

自古以来，中国就非常重视游学在人格培养和知识储备中的重要作用。据史学记载，游学活动最早起源于春秋时期，以孔子为先，"读万卷书，行万里路"更是成了传承至今家喻户晓的教育古训，现代教育意义上的"研学游"其实也是游学文化的体现。虽然我国的游学文化源远流长，但是在现代教育领域，我国"研学游"的起步和发展还是略晚于世界发达国家，那么日本的"修学旅行"、美国的冬夏令营对我国的"研学游"发展有着怎样的启示？

日本"修学旅行"：政府主导、体系完善

日剧、日漫迷们应该对"修学旅行"不会陌生，它在电视剧抑或电影中是一个高频词汇。日剧《红线》对于日本的修学文化有一个直观的刻画，其中一个情节就是男主西野敦史曾计划在去长崎的修学旅行途中向女主竹宫芽衣表白爱意，但无奈造化弄人，计划最终搁浅。村上春树的小说《且听风吟》中，主人公"我"回忆起在"修学旅行"中帮助女同学找到丢失的隐形眼镜，女同学因而借给其一张珍贵唱片的往事。

历史悠久

日本的"修学旅行"最早可追溯至江户时代,但真正意义上的"修学旅行"则源于1882年的一次学校活动——栃木县第一初级中学(现栃木县立宇都宫高中)的老师组织学生们到东京上野参观"第二届实业发展促进博览会"。1883年,"修学旅行"一词出现在长野师范学校(现信州大学)举办的类似活动中。1886年,东京师范学校开展"长途远足",学生徒步到千叶县参观研究,次年4月20日发行的《日本教育杂志54号》第一次使用"修学旅行(しゅうがくりょこう)"来记述这次长途远足活动。1888年8月,日本文部省将"修学旅行"写入"普通师范学校设施准则"。历经百余年的发展,日本"修学旅行"日臻完善,构建起了一整套完备的实施体系。

政策保障:从中央到地方

1958年,日本文部省发布通告,将远足和"修学旅行"作为学校的"例行教育活动"纳入教育课程,至此,"修学旅行"被正式纳入日本的学校教育体系之中。此后,在文部省历次修订的《学习指导要领》中,对"修学旅行"都做出了具体的规定。1968年,日本文部省专门向各都道府县(省级行政区)教育委员会发出了"关于小学、初中、高中远足、观光教育的通知",要求各地教育委员会要指导所辖区域内的学校妥善组织观光教育活动,并提出十项具体实施规定。

2017年3月,新修订的《小学学习指导要领》和《初中学习指导要领》对"修学旅行"做出了更加细致的规定,并且对"修学旅行"的意义进行了拓展。目前,**日本47个都道府县及政令都市(相当于计划单列市)的教育委员会都根据文部省的有关要求制定了《修学旅行实施基准》**。各地方制定的基准分为国内与海外两种,以国内"修学旅行"为例,基准内容主要涵盖学校类型、"修学旅行"时间、旅行费用、实施年级、学生参与人数、带队教师的配备、"修学旅行"地点选择等。

体系完善：政产学研联动

日本"修学旅行"的顺利开展除了有政府部门的政策法规保障外，还有众多专业组织机构的"保驾护航"。成立于1955年的全国"修学旅行"研究协会一直致力于对日本全国中小学的"修学旅行"进行管理、监督和指导，该协会立足"确保学生安全""完善'修学旅行'的教育功能""在校学生的'修学旅行'费用负担以及政府的相关财政投入方面实现经济效益最优化"等核心理念，每年都会围绕"修学旅行"的现状、成果以及遇到的问题等开展研究，发布相关的调查统计，面向社会广泛提供信息和资源，帮助学校和学生向政府申请相关的设施或财政投入等，促进学校与社会的紧密衔接。此外，该协会下还专门设有面向日本不同地区的"修学旅行"委员会，譬如关东地区公立初中"修学旅行"委员会、东海三县初中"修学旅行"委员会等。这些下设机构会协作铁路部门公告"修学旅行"专用交通工具的运输计划和时刻表、定期组织当地学校召开"修学旅行"研讨会、开展当地学校"修学旅行"的调查研究，组织召开"修学旅行"成果发表和经验分享会。

日本的"修学旅行"开展的时间较早，经验比较成熟，形成了一套完整的机制。正是基于这样完善的政策、机制、体系，让学生收获了书本上难以学到的知识。据日本"修学旅行"研究协会的相关调查，"修学旅行"后，**学生认为最大的收获是"因为亲身看到、体验到书本上学到的东西而感动。"**

美国"冬夏令营"：市场成熟，内容新颖

从1861年出现第一个有组织的夏令营——射击训练营开始，美国的"冬夏令营"已拥有超过150年的历史。美国学生参加假期活动主要还是出于兴趣爱好，所以美国的"冬夏令营"在内容选择上普遍倾向于针对学生的个人爱好进行设计，以科技、自然和文化类为主。**目前，美国拥有各类主题的冬夏令营共20000余种，尤以夏令营影响最为巨大。虽然基数大，但并未出现难以管理、乱象丛生的现象，这对目前处于野蛮生长时期的我国"研学游"市场来说，有着很大的借鉴意义。**

内容个性化

目前美国大约有1.2万个夏令营,其中有7000多个住宿营和5000多个非住宿营,参与人员除了青少年之外还有大量的成人。其中面向青少年的夏令营有更为细致的划分:活动时间短则半天,长则数月;活动主题十分丰富,有学术类、探险类、体育类、艺术类、科技类、职业体验类、社区服务和特殊需求等类别,每一个大类下有更为细致的小类项目。**也正是因为内容足够垂直和新颖,形成了一批具有国际影响力的美国冬夏令营品牌。**

比如美国NASA太空营,创建于1982年,位于美国阿拉巴马州亨茨维尔市,隶属于美国太空与宇航中心,至今有超过60个国家的国际学生到这里参加培训学习。它是美国最早、也是目前唯一一个能够同时容纳儿童、青少年、成人、家庭不同类型夏令营的太空营地。在这里,可以体验模拟火箭制作和发射全过程,在真正模拟的太空舱里亲身体会航天员的太空生活。此外,参与者还可以进行攀岩、水上救生训练等活动。

组织体系化

早在1910年,美国就成立了夏令营协会ACA(American Camp Association),这是一个由宿营专家组成的社会团体。其创始人威廉姆斯创建了一个为年轻人组织夏令营所需经验的模型,并使之产生的影响标准化。1948年,ACA制定的夏令营认证标准得到美国的法律认可,并被政府指定为夏令营产业的行业标准,现在已发展成为包含健康、安全和规划等300多项实施细则的认证体系。在美国,除了ACA外,还有萤火组织、童军组织等多家行业协会。**这些自律性的行业组织,因为历史悠久、经验丰富形成标准化的认证和管理监督系统,极大规范了"冬夏令营"行业的运行秩序。**

行业协会打通全产业链

美国的夏令营早已成为极具市场价值的产业领域,每年有超过1000万青少年和100万成年人参加营地活动,市场规模在500亿美元以上。作为全美历史最为悠久的夏令营协会组织,ACA建立了一套完整的产业链条,影响力巨大。

登录ACA的网站（http://www.acacamps.org/），首页上有三个菜单框："Find a Camp"（选择夏令营）、"Membership"（会员服务）和"Marketplace"（产品商城），在"Marketplace"下，则分别对应着"For Camps"（面向求职者类）、"For Parents"（面向消费者类）、"For Business"（面向商家类）。网站首页就清楚地显示其服务对象为消费者、求职者和夏令营经营者。

消费者可以在网上挑选夏令营、了解夏令营排行榜和对每个营地的评估报告、学习不同类型夏令营的相关知识，还可以和其他消费者交流营地体验。求职者不但可以在这里找工作，还可以找到相关的培训机构和资格认证机构。夏令营经营者除了可以申请加入协会外，还可以在ACA交易营地及设施。《野营》（Camping）是ACA的专业刊物，通过分享经验、提供信息，全方位地指导和帮助夏令营经营者。以服务为核心，以网络为平台，ACA不断拓展延伸，形成了完整的夏令营产业链。

结语

纵观日本的"修学旅行"以及美国的冬夏令营，虽然文化和环境差异在名称和内容上与我国的"研学游"有细微差别，但是其本质上有着异曲同工之妙。相比于我国近年来才刚刚兴盛的"研学游"产业，这两个国家从政府管理和产业化的两个层面为我国"研学游"产业的未来发展提供借鉴。日本的"修学旅行"以政府为主体，从中央到地方都出台了相关政策，体系完善、内容丰富，涵盖"修学旅行"的各个环节的实施细则，为未来我国各级政府出台"研学游"相关政策文件提供了参考。而美国的冬夏令营以市场为主体，通过自身内容的革新和行业协会的助力成功打造了百亿美元级的产业。其在内容上的创新为我国"研学游"的发展提供了新的思路，即既有"大而全"，也有"小而精"，从而更好地满足人们升级后的文化消费需求。同时要注重行业协会的力量，逐步完善自身产业链，规范行业健康发展。

跟"狮城"学习如何打造城市文化空间

张楚炀

新加坡的城市文化意象是"'现代化'符号对碎片文化的覆盖",以实用主义著称的"狮城"在城市文化空间的营造中也注入了实用性的考虑。在多元、杂糅的历史文化背景下,如何通过城市文化空间的建设完成身份认同和文化认同成为空间设计的重要考量因素。博物馆、艺术馆等城市文化空间不仅起到了文化传播和保护的作用,更是增进文化归属感和实现经济可持续发展的重要载体。

微评

★ 博物馆有很多展品,有很多故事,每一样元素单独拎出来的价值,都赶不上它们与环境、历史、情感融合后形成的一体的价值高,那是岁月赋予它们的积淀。

博物馆内的历史文化空间

"我想看看人类进步的奇观,那变化无穷的万古千年。这么多的年代,怎么能被压缩成一天呢?当然是通过博物馆。"《假如给我三天光明》中曾写道。

博物馆的功能构成中,不仅强调对物品的陈列和展示,还侧重历史与"人"的交流。博物馆的空间形态、色彩线条以及环境布局,这一切的内部元素共同构成了博物馆的整体，与历史文化、艺术情感等融为一体，帮助现代每个走入博物馆的人建立与历史的联结和交流。从进入博物馆的一瞬间，你就能感受到不同的"场"，感受到不同国家和地区，以及不同类型博物馆所特有的物理空间和精神空间。在新加坡的三天时间，新加坡国立博物馆成了我们此行的重要目的地，是我们了解新加坡历史和文化的重要"窗口"。

新加坡国立博物馆是新加坡历史最悠久的博物馆，始建于1849年。坐落在城市中心的新加坡国立博物馆是一座典型的古典主义风格的建筑，与现代化的城市景观相交融，并无任何突兀的感觉，想必这也是源自新加坡这个多元、包容的国家所特有的风格。新加坡国立博物馆在20世纪末至21世纪初的一段时期，也被称作新加坡历史博物馆。自2006年经过三年多的修复工程后，才继续沿用原来的名字。博物馆主要分为两大部分，一部分是新加坡历史馆，展示了新加坡的历史发展过程，以历史学家的叙述和历史亲历者的叙述为主线；另一部分是新加坡生活文化馆，共有四个展厅，分别为"摩登都会""苦难昭南""成长岁月"和"多元声音"，从休闲娱乐、服饰、家居等方面全面地展示了新加坡的生活文化。

融入现代科技的视听体验

新加坡的建国时间较晚，国家长期处于英、日等国的殖民统治下。相较于四大文明古国之一的中国，新加坡的发展历史较短，馆藏数量并不算丰富，馆藏珍品相对更少。其中，博物馆大部分内容以装置展示为主，通过历史场景复现等方式使参观者置身其中，有快速的历史代入感。**此外，博物馆内最大的特点就是在展示中体现了科技与历史的融合**。除了历史场景的复现外，通过声光电等现

微评

★ 科技与历史的融合非常可贵，历史承载着过去的场景、文化与记忆，而科技则用现代化的手段将其进行展示。

代技术手段，便于参观者获得沉浸式体验。馆内最常见的便是影像资料展示，但每个影像资料都不会进行声音公放，在这里你听不到高音量循环公放的影像资料声音，馆内安静有序，在影像资料前专门设置椅子、听筒或者耳机等，方便游览者观看。

新加坡国立博物馆内还有一个名为"Story of the Forest"的特别展览，也成为笔者此次参观的亮点。进入展区，你仿佛置身在森林中一样。通过一个悬空在展厅内的桥，你可以看到漫天落下的花瓣。通过悬空的桥后，需要通过140米的走廊，走廊一侧墙面同样以生动的动画投影向参观者展示了童话般的森林。最后到达一个圆形厅内，3D效果的森林画面让参观者完全融入其中，仿佛成了展览中的一部分，而不是以旁观者的角度被排除在外，并且不会受到其他观看者的影响。整个展的设计充分体现了艺术与科技的融合，投影在屏幕上的动画是由69幅绘画作品经过3D技术处理后呈现出来的，艺术作品借助技术的应用而达到了最佳的呈现效果。

历史与展览空间的构建

新加坡的历史主要分为殖民和联邦两个时期，殖民时期又分为英属殖民和日属殖民两个时期。博物馆内的历史馆中，不同历史时期分属不同的展厅。展厅内的装置和布局也依照不同殖民时期的建筑风格和文化符号进行了区分。英属殖民时期的展馆以欧洲复古风格为主，欧式古典的楼梯上进行了该时期的服饰展示；日属殖民时期的战争历史则以残破的墙壁等装置进行生动展示。

新加坡的500多万人口中，华人占74.1%，马来人、印度人以及欧美裔白人只占总人口的三分之一。在政治、文

微评

★ "熟悉的陌生感"或许就是新加坡国立博物馆的最大特色，对于新加坡的人口构成来说，既具有中国文化特色，又进行了新加坡的本土化改造，非常符合他们的文化需求。

化等方面的多重因素影响下，华人居多的新加坡却与中国保持着一种既亲切又疏离的关系。**在新加坡国立博物馆的生活文化馆中，能看到很多中国文化内容，但这些生活文化内容又不完全等于中国原生的文化意象，而是一种新的、杂糅的多元文化下的一种文化记号，始终透着一种"熟悉的陌生感"。**

身份和文化认同的重要场所

新加坡作为独立主权国家的历史只有54年，长期处于殖民统治下，具有多元的种族、宗教文化。在这样的历史背景下，构建其身份认同和文化认同成为新加坡博物馆的重要功能。目前，新加坡共有55个博物馆，除了新加坡国家博物馆外，还有亚洲文明博物馆、土生文化馆、新加坡集邮博物馆、艺术科学博物馆等。在亚洲文明博物馆中，无论是华人、马来人还是印度人都能找寻到自己的文化本源。博物馆作为城市乃至国家的文化积淀，能够增加不同种族的文化认同感和身份归属感。其中，新加坡美术馆、新加坡艺术之家等，都是由曾经的旧国会大厦和议会大厦改造而成，是艺术与历史的融合体现。

"文商联动"的城市艺术空间

作为"世界设计之都"的新加坡，现代化的设计感和独特的城市审美使得新加坡更具艺术感。新加坡的标志性建筑之一——滨海艺术中心，位于滨海湾鱼尾狮公园对面，以其独特的外观形态而闻名。它的主设计团队DP Architects以昆虫复眼为灵感，设计成两个酷似"榴莲"的主体建筑，这也是对热带地域气候的一种景观映照。

滨海艺术中心以"全民艺术中心"为理念打造而成，以提供公益文化服务为主，内部设有2000座大剧院和1800座音乐厅，还有小型实验剧场、室外剧场、图书馆等文化空间，可以满足不同类型的文化消费需求。内部的业态布局以餐饮为主，也有部分销售纪念品、小商品的零售店。**在满足市民文化艺术消费需求的同时，辅以配套的商业空间和休闲娱乐空间，滨海艺术中心**

成为文化和商业复合联动的城市艺术空间。

滨海艺术中心通过文化与商业的联动发展赋予了公共文化空间可持续发展的能力，为城市公共文化空间的运营提供了成功的案例。以政府为主导的公共文化服务可以不一味地依靠政府投资"输血"，而是通过商业设施的营业贡献反哺公共文化服务内容。

当然，除了滨海艺术中心外，新加坡还有很多艺术展馆和画廊，共同营造了浓厚的城市艺术氛围。新加坡以"现代化"符号黏合多种族的碎片文化，以丰富的文化符号构成了城市景观和意象，形成并传承特有的城市文化记忆，逐渐构筑起本土的文化认同。通过"文化＋商业"的模式使城市公共文化空间实现了可持续发展，同时充分满足了居民的文化消费和艺术审美需求。

微评

★ 文化与商业复合联动已经成为一大趋势，国内的很多商场采用的也是文化商业综合体的策略。一方面，打造自己的文化符号，另一方面，通过商业化形成经济流通。

★ 文化认同是一种群体文化认同的感觉，是一种个体被群体的文化影响的感觉。本土的"文化认同"是一个国家制胜的关键，是民族凝聚力的重要内容。

◎ 后记

　　本书是"言之有范"系列的第九卷，从零到一，从一到九，未来还会有更多卷。在我能力所及之下，这件事情我会一直坚持下去。在这里，我和我的学生们从未停止思考、停滞脚步，虽然每天日复一日的更新文章、分享知识可能会有些辛苦，但我想未来有一天，当他们真正步入社会的时候再回首往昔，可能会怀念大家因为一个观点争论的面红耳赤，因为一个标点符号的使用而"吹毛求疵"的那些时光。

　　"言之有范"这几年发展下来，我尝试着让我的学生们有更大的自由发展空间，放手让他们独立思考问题。每年的9月份，"言之有范"都会有新鲜的血液加入进来，他们新的想法和新的观念涌入进来，使"言之有范"能够一直保持年轻的状态，紧跟时代发展的热点问题。所谓"弟子不必不如师，师不必贤于弟子，闻道有先后，术业有专攻，如是而已。""言之有范"的年轻也让我不断学习新知识、接触新领域，时刻保持一个年轻的心。

　　五年来，先后有近百名同学参与其中工作，他们由此而熟练地掌握了自媒体公众号的写作文体、后台编辑、选题特点、互动交流手段、线下活动技巧等许多书本上没有的技术技能。特别是为了选题和写作的需要，同学们每天都要关注政策变化、业界前沿动态、爆款文化事件背后的形成原因。久而久之，就会培养大家的分析判断能力。尤其是集中读书活动、现场采访、年度盘点、园区发展模式剖析、区域规划参与等，都丰富了课堂教学的不足。近年来，还在企业的支持下每年都安排小编们赴中国台湾、中国香港、新加坡、日本、韩国、迪拜去游学体验，开阔视野，引发新的思考。

五年来，这个公众号成了我的第二教学平台。接下来的五年，继续努力提升，不求廉价流量和盲目粉丝，踏踏实实的做好一个学术公众号，把培养学生作为第一要务，认真研究自媒体发展特征，与时俱进。"沉舟侧畔千帆过，病树前头万木春。"时代的迅猛发展中，新的需求正在被激发，新的秩序正在被建立，新的未来也正在路上。"言之有范"已五岁有余，但它依然风华正茂、异彩纷呈，记录时代印迹、记录文化脉搏、记录发展轨迹。

这一卷的编辑工作是由孙巍负责统筹，林一民、王硕祎、赵航、李姝婧、路俊迪、万晨阳、常天恺、隋缘、李渊、巩仪等同学参与了编辑校对工作，在此对他们的努力和付出表示感谢。

2020年7月20日